高校英语课堂教学改革与大学生交际能力培养

杨海娟◎著

吉林出版集团股份有限公司

图书在版编目（CIP）数据

高校英语课堂教学改革与大学生交际能力培养 / 杨海娟著 . — 长春 : 吉林出版集团股份有限公司 , 2020.4
ISBN 978-7-5581-8284-6

Ⅰ . ①高… Ⅱ . ①杨… Ⅲ . ①英语－课堂教学－教学改革－研究－高等学校 Ⅳ . ① H319.3

中国版本图书馆 CIP 数据核字 (2020) 第 047955 号

高校英语课堂教学改革与大学生交际能力培养

著　　者	杨海娟
责任编辑	王　平　白聪响
封面设计	李宁宁
开　　本	787mm×1092mm　1/16
字　　数	287 千
印　　张	15.5
版　　次	2020 年 5 月第 1 版
印　　次	2020 年 5 月第 1 次印刷

出　　版	吉林出版集团股份有限公司
电　　话	010–63109269
印　　刷	炫彩（天津）印刷有限责任公司

ISBN 978-7-5581-8284-6　　　　　　定价：68.00 元

前　言

　　大学英语语言教育是随着中国经济的发展及世界发展趋势而同步进行的。大学英语教学改革的目标是要不断加深对现代教育思想的理解和对国内外外语语言及教学的研究，既要总结过去国内英语教学的成功经验，又要探索大学英语教学中如何贯彻素质教育的精神及如何同国际外语教学接轨的新路子。

　　英语是国际上最为通用的语言之一，随着全球化经济的日益发展和广泛交流，帮助学生掌握和熟练运用英语是大学英语教学的一项重要目标。新大纲要求课堂教学能体现学习任务的多样性、学习的自主性、学习内容的灵活性，使学生养成正确的学习方法和很强的自学能力，传统的教学模式和教学方法无法满足新时期社会对英语人才教育的需求。

　　大学英语的教学目标是培养学生英语综合应用能力。以往的教学方法多以教师为中心，很难实现这新的教学目标。而英语课堂是实施大学英语教学目标的主要场所，对教学的质量有着重大影响。提高教学质量和学生应用语言的能力是每一位教师关心的问题。进一步深化大学英语课堂教学及整体教学改革，是目前大学英语教学改革和研究的关键。因此，探索大学英语课堂教学模式的新思路在整个英语教学改革中有着举足轻重的作用。

　　21 世纪是高度信息化的时代，英语作为交际工具在国际信息交流中的中介作用日益突出，传统的教学模式受到了挑战。为了顺应时代的要求，大学英语教学改革势在必行。总之，我们应以培养学生的语言交际能力为最终目的，改进教学方法，提高教学质量。大学英语教学改革任重而道远，作为大学英语教师应该本着为学生负责、为社会负责的态度，跟上时代的步伐，提高自身的素质，积极探索有效的教学模式；必需认清大学英语教育的人才培养目标，深入开展大学英语教学改革，在实际工作中总结探索新办法、新思路，应该大胆尝试各种不同的教学模式，使课程体现多样性、开放性和选择性；吸纳先进的外语教学理念，体现超前意识和可操作性，在保证不影响学生语言习惯质量的前提下来激活英语教学，提高英语教学质量，为社会提供更优秀的英语人才，使大学英语教学迈上新台阶。

目　录

第一章　大学英语教学概况

第一节　大学英语教学改革的历史沿革

英语之重要毋庸置疑，但目前我国的英语教学改革似乎处于一种极为尴尬的境地，国家对英语综合应用能力强的英语人才的迫切需求与英语人才培养上长期对综合应用能力的忽略是一对突出矛盾。从社会历史发展中寻找规律，认清现实需求和可能性，将更加有助于大学英语教学改革的成功。

一、大学英语教学的社会历史发展和教学政策的演变

一个国家的外语教育政策总是与其外交政策、经贸往来、科技发展密切相关。解放初期由于我国政治经济对外关系上的"一边倒"，致使我国外语教育发展片面，俄语发展过快而英语大大萎缩，由此也造成英语师资长期匮乏。20 世纪 60 年代我国与苏联关系恶化并与西方一些国家以及很多第三世界国家建立了外交和贸易关系，初步表现对英语人才的需求。这一时期外语教育方面主要采取了两项措施：制定外语教育七年规划纲要和建立一批外国语学校。纲要特别指出："学校教育中确定英语为第一外语"。这是首次在正式文件中提出英语是我国学校教育的第一外语。外国语学校的目的则是"培养高级外国语人才"。这两项措施对扭转当时的外语教育起到了重要作用，但由于国内的政治运动而使刚刚起步的英语教育规划流产。改革开放以来，我国外语教育特别是英语发展极为迅速，英语作为世界通用语言在外语教育中的地位日益突出。1979 年教育部在《关于加强外语教育的通知》中提出，当时主要的任务是大力发展英语教育。

经过 20 多年的发展，我国大学英语在课程建设、教学大纲、教学内容、教学手段和方法、教学评估、师资队伍、教学管理等方面，均取得了显著的进步，为我国现代化建设培养了大量外语人才。我国大学英语教学的发展大致可分为三个阶段：80 年代到 90 年代中期是起步阶段；90 年代中期到 20 世

纪末是发展阶段；现在正处于深化改革阶段。

1980 年颁布了我国第一个《英语教学大纲》（简称 80《大纲》）。80《大纲》只对阅读和语法教学内容有所规定，其他技能则无任何要求。1982 年 4 月我国公共外语教学研究会的成立和公共英语课经验交流会的召开，标志着我国公共英语教学进入了一个新阶段，公共英语教学作为一门学科受到了广泛重视。1985 年和 1986 年分别颁布了理工科本科用和文理科本科用两份《大学英语教学大纲》（简称 85、86《大纲》），85、86《大纲》都提到了培养学生的听、说、读、写技能，并要做到准确而流利。随着大纲的颁布和大学英语四、六级考试的实施，"全国高校大学英语的教学面貌发生了突破性的变化。"在推动我国英语教学的发展方面大学英语四、六级考试在英语教学改革中影响很大，功不可没。但随着四、六级考试证书含金量的加大，社会人士也争相参加，作为监测大学英语教学质量的大学英语四、六级考试使得大学英语教学逐渐偏离了原来的轨道，人们追求考试结果胜过掌握这门语言。因此来自教育界和社会各界的批评越来越多，"投入高、效用低""聋哑英语"成为批评的焦点。

同时随着对外开放的力度加大，社会对外语的要求不再仅限于阅读外文资料，还要运用外语进行各种形式的交流。1998 年的全国高等学校大学英语教学大纲研讨会上，岑建君处长指出：外语教学已经明显滞后，修订大学英语教学大纲势在必行。在了解教学对象和进行需求分析的基础上，1999 年颁布了《大学英语教学大纲》修订版。新大纲在继承和发展的基础上突出表现出两方面的优势：一是在培养学生语言应用能力方面将原有的"以英语为工具获取专业所需要的信息"改为"要培养学生能用英语交流信息"；二是强调要帮助学生掌握良好的学习方法，提高学生的文化素养。但一方面由于大纲对国内高校的总体不平衡情况考虑不足，导致"一刀切"的弊端。另一方面，长期以来我国英语教学虽然有某种程度上的改变，但总体上整个英语教学体系仍一直采用的是"以教师为中心"的语法翻译法的灌输模式，对语言输出能力的培养重视不够。

二、目前我国大学英语教学面临的机遇和挑战

（一）我国大学英语教学面临的机遇

1. 国际社会背景呼唤高级外语人才

经济全球化使世界各民族之间经济文化的相互交流和借鉴日益频繁，国家之间的竞争更加激烈而且越来越表现为智力和人才上的竞争。因此，只有

拥有大量高素质外语人才——既懂一门专业又精通一门外语——才能在竞争中占有主动权。2001 年我国成功入 WTO，综合国力在国际竞争中的地位不断增强并逐步与世界经济相接轨，各行各业对外语人才的需求也日益迫切。

2. 现代教育技术的使用和开发为发展我国英语教学提供了契机

计算机网络技术的运用和英语网络资源的开发，给大学英语教学带来了无限便利。基于网络的多媒体辅助教学模式为实现学生学习的立体化、个性化、自主化、合作化等提供了无限空间，为大学英语教学闯出新路子创造了条件。"学生已趋向于摈弃仅仅靠教材来学英语的模式转而采取从多种媒介和渠道接受输入"。现代教育技术的运用为解决长期以来"聋哑"英语的症状提供了一条有效途径。2005 年初，《关于进一步加强高等学校本科教学工作的若干意见》和周济部长在第二次全国普通高等学校本科教学工作会议上的讲话的通知，也明确提出了高等教育应该以大学英语教学改革为突破口，提高大学生的国际交流与合作能力。高等学校要全面推广和使用大学英语教学改革的成果，大力推进基于计算机和校园网的大学英语学习，建立个性化教学体系，切实提高大学生英语综合应用能力，特别是听说能力。

（二）我国大学英语教学面临的挑战

高校连续扩招也给大学英语教学带来了压力和挑战。由于扩招带来了一系列问题：学生人数的激增导致班级规模扩大，学生英语层次差距加大，人均教育资源不足，师资严重短缺等，这些都是大学英语教学面临的实际困难。

自从 2004 年实行大学英语教学改革试点以来，虽然取得了一定的成绩，但也存在不少问题。部分高校和教师缺乏对大学英语教学改革的正确认识，高校领导在资金和人力方面的投入不够，无法营造起大学英语教学的网络环境。领导和教师对《课程要求》的认识不深刻，没有认真贯彻实施改革的根本任务甚至偏离改革的重要思想。有些高校没有做好对教师系统扎实的培训工作，对大学英语教学改革的文件精神领会不透，部分高校教师对现代教育技术有畏惧心理。教学改革在少数单位走了过场，部分高校教师对学生自主学习指导不得法，埋怨多于引导。因此，如何利用好现有资源和有利条件，打开大学英语教学改革新局面是当务之急。

大学英语教学在我国高等教育中的地位越来越重要，社会各界也对大学英语教学中存在的问题提出各种批评，但这正能说明了大家对大学英语教学的充分关注和期待。虽然目前大学英语教学面临重重压力，但只要我们冷静而理性地看待这种压力，认真研究教学的实际需要，努力适应形势和任务的变化，逐步调整发展方向，这些压力也会变成大学英语进行改革的动力。

第二节 英语教学的理论建构

一、英语学科核心素养的要素与内涵

历经几年探索，英语教学专家们已初步勾勒出英语学科核心素养蓝图。该蓝图从新课改倡导的从"语言技能、语言知识、文化意识、情感态度、学习策略"五个方面培育学生综合语言运用能力，转变为以"语言能力、文化意识、思维品质、学习能力"四个维度组成的英语学科核心素养。每个维度都有其独特内涵，同时综合作用于英语教育全过程，通过教学目的、教学主体、教学内容、教学过程、教学方法等体现每个维度的特质，既体现了英语学科本身属性所内含和特有的语言能力与文化意识的要求，又囊括了其作为一门普通课程所应指向的对学习能力和思维品质的培养，相较综合语言运用能力模式更能彰显并有利于发展学生核心素养。

语言能力是指借助语言以听、说、读、看、写等方式理解和表达意义的能力。这一能力是作为语言学科的英语课程所应具备的第一种能力，也是英语学科核心素养的第一个维度。听、说、读、写是四种经典的语言技能。而在大数据时代背景下，学习者面对各种图表、数据等形式的资料越来越多，如何通过"看"获得第一手和最新的信息成为英语语言技能的又一独立元素。听、说、读、看、写不仅是语言技能，也是理解并获得语言意义的基本方式。语言能力要求学习者可以整合这些语言技能并经由语境与语篇等传递意义，进行人际交流。

文化意识指对中外文化的理解和对优秀文化的认知，是学生在全球化背景下表现出的包括知识、观念、态度和行为的品质。英语学科核心素养尤其强调从多元文化的角度对文化意识进行渗入式培养。通过知识获取、内涵比较、异同分析、精华吸纳等手段，学习者应在自尊、自信、自强的价值观引领下达成传播优秀传统文化，理解运用外来异域文化，从而顺利完成跨文化沟通。

思维品质是英语学科核心素养中尤具要义的一种，也是最贴近学生核心素养个体个性发展的一个维度。思维品质的提出与深化课程改革，落实"立德树人"的根本任务紧密相关。思维品质表现为一个人的思维在学习过程中，以辨析、分类、概括、推断、分析等方式呈现并体现其在逻辑性、批判性、创造性等方面的水平和特点。思维品质的提出打破了学科教学知识单向度的取向，这一概念首次在核心素养体系中作为一个独立的维度列出表明这一品质在教育中的作用越来越受到重视。

学习能力指学习者应主动拓宽英语学习渠道，积极运用学习策略，从而提升学习效率的一种品质。学习能力与学生核心素养紧密相关。作为 21 世纪的学习者，我们面临的不再是拘泥于以书本、教室、传授为核心主体的教育情境，社会的深度变革带来了学习方式的改变。学习能力对英语学习越来越具有影响力。这种学习能力体现在对这一学科能保持学习兴趣、有明确学习目标、能有效获取学习资源并选择适当策略通过监控、反思、调整、评价等方式进行合理学习。

英语学科核心素养图紧紧围绕学生核心素养的发展有效诠释了如何从英语学科角度出发，通过语言能力、文化意识、思维品质和学习能力内涵的阐释为下一步研制英语课程标准和教学方案等奠定基石。但是，要把核心素养落实到课标与教学中，必需将抽象且具有一定主观色彩的维度概念细化为可测可量的元素，更要有科学合理的测试量表和手段，这将是核心素养具体落实到课堂的难点。另一方面，我国有悠久的教学历史和优秀的教学传统，以京师同文馆为标志的英语学科教学在我国已有一百五十余年之久。历经数代英语学人的钻垦探研，我国英语教学不仅取得了长足发展，也已积淀了可以面向未来学习的丰富经验。英语学科核心素养的提出不仅是一百多年英语教学的总结提炼，更应继续在英语课程改革中深挖本土教学经验，通过本土教学传统和优秀文化引领英语教学体系的建构与发展。下面以英语学科核心素养研究为基础，以我国百余年来各个阶段本土外语教师对英语教学的探究为例，通过审视本土英语教学在教学目的、教学主体、教学过程、教学内容等方面体现的核心素养内涵，探究本土英语教学的理论架构。

二、基于英语学科核心素养的本土英语教学理论建构

历经不断探索，我国外语教育曾出现八次高潮，一大批外语教育家不仅在教学理论上做了引入与整合的工作，还依照自身教学实境，以调查探究、实验教学等方式进一步发展甚至创生了新的中国本土的教学思想。这些研究如民国时期张士一的"外语情境教学理论"、林语堂的"外语意念—功能教学理论"，新中国成立以后，章兼中的"五因素十字积极教学法"、王才仁的"双重活动教学法"、李观仪倡导的"综合教学法"、李筱菊的"交际教学法"、张正东的"外语立体化教学法"、王初明的"写长法"等，虽然不是完全采用中

国本土的或者他们自创的教学理论，但他们对外来教学理论不是拿来式的套用，而是结合了中国的传统教学思想与教学实际，不仅有对异域教学理论的改造与批判，更有基于教学现场的创造性运用，是一种经过了对中外理论本土化过程后，在对教学理论探索的自我演进过程中的新生。以英语学科核心素养为导向，整合这些英语教学理论在教学目的、教学过程、教学内容与教学方法等上的特点，可以归理出一个由英语教学"学得"本质观、"以人为本"主体观、"工具与素养合一"目的观、"语文并行，精泛相生"内容观和"知行结合"过程观构成的理论框架，从而为本土英语教学体系的最终确立提供视角与启示。

（一）英语教学的"学得"本质观

英语作为语言是"学得"还是"习得"一直为学界所议。英语习得论认为学习者获得英语如同儿童掌握母语，是一种无意识、自然而然的习得过程。英语学得论则认为英语需要通过教学手段对语言结构进行有意识的学习和运用。两种观点实际是基于不同语境得出。英语习得论主要基于第二语言教学，而英语学得论则是指英语作为外语学习时应以学得为主，二者在教学环境、教学目的、教学方式、教学材料的运用等上异大于同。我国的英语教学应基于语言学得观。

英语学科核心素养图正是基于英语学得观生成。在英语核心素养结构体系中，语言能力和学习能力被列为英语学习应具备的两种核心能力。语言能力不但要求学习者能通过多种语言技能理解和表达有意义的语言，而且在获得语言的过程中，学习者还应具有一定的学习能力，通过多种学习策略的辅助，主动拓展和运用各项学习技巧，并运用感知、预测、分析、概括、比较、创新等思维品质进行建构性学习。此外，英语在我国以一种外语课程在学校开展，立足本土文化、了解目的语文化、达成跨文化沟通成为外语学习的一个内在学习目标。英语核心素养中的文化意识维度体现了这一点，表明英语学习不仅是一种有意识的语言学习过程，还是一种文化传播与交流的过程，是外语学得观的内化。

我国不少外语教学研究在教学本质上正是以"外语学得论"为主要观点。这些探索认为，中国的国情、教情和学情决定了中国的英语教学只能属于外语教学而不是二语教学。庄启在谈到对"外国文直授法"进行运用时就说到，"学己国文者，于未学之先，已有其本。学外国文者，不啻自其本学起。若以学甲国文之法学己国文，则其所得者必合甲乙国文而成一种非甲国非乙国文"；张士一的"外语情境教学理论"强调"学习一种语言是学习一种对于情境的反应，教学一种语言是教学一种对于情境的反应。所以语言不能就是当作字词和语法等来教，而应该当作情境的反应来教。"正是基于外语与二语的区别，认识到中国的英语教学属于外语教学，张士一的外语情境教学理论突出了以情境为介，致力于学得走向习得的探究；此外，张正东对中国英语教学的属性和类型进行了理论探究和独到分析。他认为将二语习得观贸然用于外语教学，容易导致师生对先天定数和禀赋的仰仗，过分依赖人人皆有的"语言习得机制"进行外语学习会削弱积极学习的动力和妨碍探究科学有效的学习方法。按照母语习得过程理解外语学习会造成外语教学路子、模式的单一化。

上述研究对英语教学"学得"本质观的倡导与英语学科心素养所提出的要立足本土文化，运用各项思维品质和学习能力建构有情境意义的语言体系的观点是相通的。英语学科核心素养体系中的语言能力要求学习者可以整合"听、说、读、写、看"等语言技能，通过语境与语篇等进行意义传达与互动交流。这一核心能力不仅要求英语作为一门外语在教学时尤其是对语言技能的教学需要通过多种多样的教学手段和方式使学习者得以系统的学得，还强调了语境的设定和意义的获得对外语教学的要义。正是基于外语学得观，中国不同时期的本土英语教学理论与英语学科核心素养体系的论点得以连接。

（二）英语教学的"以人为本"主体观

从基于内容和运用为取向的语言综合运用能力模式到融合学生核心素养与学科能力的英语学科核心素养结构体系，中国英语教学在全面深化课程改革背景下正坚实落实"立德树人"的根本任务。这同时凸显了"以人为本"的英语教学主体思想。英语学科核心素养图通过思维品质这一维度关注到了每一个独特的学习者的思维个性特征，强调个体在思维的灵活性、批判性、创新性等方面的发展生成。学习能力维度以兴趣、反思、调适等为元素，认为只有学习者主动进入学习现场，积极进行学习的建构与生成，英语教学才能由此及彼，促成美美与共的师生相遇，从而提升英语教学效果。这就将英语语言内容的学习与个体身心的发展结合起来，是智育与志育的融汇，是学习者在学习过程中主体地位的彰显，是"以人为本"教育思想的流淌。

我国不同时期的本土英语教学体现了英语学科核心素养所要求的"以人为本"的思想，在对教学主体的关注上呈现出相似的"人本"做法。"以人文本"教学主体观成为本土英语教学理论体系中的重要一环。本土英语教学需要进一步深化英语学科核心素养的特质，加强对"以人为本"理念的探索，从而真正走向发展学生核心素养的目标。

（三）英语教学的"工具与素养合一"目的观

我国外语教学在不同历史阶段有不同教学目的。教育部颁发的新中国第一个英语教学大纲指出英语教学目的在于"教会学生借助词典帮助，阅读并了解简易的英语读物和通俗文章，教给学生掌握将来进一步学习英语、利用英语所不可缺少的一些知识、技能和技巧。"这一目的显然重在对语言工具性目的的设定。新时期改革开放以来，我国加大了外语教学改革力度，外语课程标准的制定成为教学改革的先声，决定了外语教学的走向。《义务教育英语课程标准》指出，基础教育阶段英语课程的任务是：使学生掌握一定的英语基础知识和听、说、读、写技能，形成一定的综合语言运用能力；帮助学生了解世界和中西方文化的差异，拓展视野，培养爱国主义精神，形成健康的人生观，为他们的终身学习和发展打下良好的基础。这一任务对英语教学工具性目的和人文性目的进行了较全面的综合，但在以语言综合运用能力为核心的结构体系中外语教学的工具性目的仍占重要位置。课改进入深化期，《教育部关于全面深化课程改革，落实立德树人根本任务的意见》明确了"学生应具备的适应终身发展和社会发展需要的必备品格和关键能力，突出强调个人修养、社会关爱、家国情怀"。英语学科核心素养图正是在这一文件指导下进行的。该图完整体现了工具与素养功能合一的英语教学目的观。从工具功能角度，语言能力要求学习者能获得并整合性运用各种语言技能，而文化意识维度要求学习者能传播优秀传统文化，进行传递意义与跨文化沟通的活动；从素养功能角度，文化意识、思维品质和学习能力等都将对人的能力培养与素质提升有具体要求，如具备辨析、分类、概括、推断等思维品质，获得主动拓宽学习渠道、掌握各项学习策略的学习能力等。

"工具与素养合一"的教学目的观也体现在不同时期本土外语教育家们对教学法的探索上。陆殿扬在对"民国十年前后的我国青年学习英语的目的"做了实地调查后，认为"国人学习英语的目的大致说来可分直接的目的和间接的目的两大类"，主要"使学生练习运用切于实用之普通英语"，"使学生在此世界各国密切接近之时，能用本国语以外的语言表情达意。"这一目的观虽以实用性目的为主，但对间接教学目的的关照依然体现了工具与素养合一的朴实思想。张士一作为当时外语课程标准起草人之一提出，"中等学校外语教学目的有三个：一是使学生得到一种职业上应用的才能；二是使学生得到一种研究高深学问的工具；三是引起学生对于西洋文学的兴趣。"这一教学目的的设定既包含了使学生得到职业应有才能和研究学问的工具性目的，又包含了引起学生西洋文学兴趣，提升学习者文化意识的素养性目的。李筱菊对交际教学法有深刻探究，但多数人认为她的交际教学法在教学目的上是典型的工具论，因为李筱菊强调"语言是交际工具"。事实上，这是对她的交际教学思想的一种误解。李筱菊认为，交际是包括人与人之间一切思想感情的相互交流""交际是一种活的过程"，交际本领的获得须包含"有所知（知识）、有所会（技能）、有所能（能力）"三个方面，而在考核学生时应"检查学生的理解过程，而不是检查学生的理解结果"。无论是对"交际"一词的界定，还是对学生能力和理解过程的重视都体现了李筱菊对外语学习工具与素养目的的肯认。

　　这些教学法虽然在教学目的的侧重上有所差异，但他们对外语教学的工具性目的与素养性目的有着基本一致的看法。作为学校的科目，基础阶段的英语教学目的在于打好"双基"，实现"工具"功能，为后续阶段的学习和文化交流奠定基础；而作为一门语言，英语教学已内含着对学习者语言智识与文化素养的促进和提高，是作为人文学科的语言教学最本体的目的。综合来看，我国本土的英语教学探索在教学目的上体现了工具与素养合一的特点，而英语学科核心素养对英语教学的运用性目的与素养性目的也进行了重点诠释。本土英语教学理论在教学目的的设定上无疑应结合英语学科核心素养的内涵与特性，以本土英语教学实践为基础，进一步制定出符合新时代需求的综合型教学目的。

　　（四）英语教学的"语文并行，精泛相生"内容观

　　英语学科核心素养的制定将带来外语教学内容的改变。英语教学需要改变以知识为中心，以考试为主要评价手段建立的脱离语境的碎片式教学内容安排。进行主题整合教学，将语言与技能融入语境中，以促进文化理解和思维品质养成的课程观将成为主导。英语学科核心素养图虽然没有对教学内容作具体指导，但依照语言能力、文化意识、思维品质和学习能力的内涵，以及上述外语学得教学本质观、工具与素养合一教学目的观，英语教学在教材编写和内容设定等上应实行"语文并行，精泛相生"的内容观。外语学得的本质特征要求我们在实施外语教学的过程中突出对外语学习的学得性研究，以课堂有效教学为核心探索外语的学得方法，在教学材料上则要以"精泛相生"为原则，对输入与输出性学习和资料系统运用；工具与素养合一的教学目的要求外语教学突出"语文并行"的特点。外语教学不只是针对语言本身知识的获取，还要对涉及关于这一语言的文化特性进行提炼。语言与文化是外语课程内容安排的两大基点。总之，"语文并行"强调教学内容应主要指向语言和文化。语言的学习是英语教学的基础。英语教学应着重加强对语音、词汇、语法、阅读等语言基础知识的学习，也需要对听、说、读、看、写的

基本技能进行系统教学。文化的学习是英语教学的关键。语言是文化的载体，文化是语言的内核。一种语言的学习不仅应当掌握其语言技巧，还应对其所蕴含的文化内涵进行深层次的把握。"精泛相生"是指课程内容的安排有主有次，集中时间和精力来精学英语语言共核知识与技能，并通过大量课外阅读材料进行泛教泛学，对课内精学内容进行合理补充，共同构成精泛相生的课程内容。

"语文并行，精泛相生"的外语教学内容观可从我国百余年来一批本土外语教育专家的研究和一些外语教材的编著与运用中得到体现。民国时期，基于培养和发展西学素养为要旨，各类院校在英文教材使用上都特别重视英文原版教材的引进。此外，各学院学科还在课程参考书的要求上也有规约。１９３８年，教育部规定了课程整理的三条原则和九条要项，其中整理要项第三项就明确："外国文须能阅读各学院所习学科外国文参考书，才算及格（否则仍须继续修习，至达上述标准，始得毕业）"清华外文系在吴宓的推动下倡导博雅教育，课程设置上以"语""文"并重、"中""西"兼修为特点，课程内容"注重英国文学之文法历史"，并强调"用文化的内涵激发学生学习外语的积极性"。由此可见，当时的民国政府和外语院校不但在教学内容上采纳了基于语言、文学、文化为主体的内容设计，还对课堂内外教材的使用遵行了精泛相生的原则。李观仪在其编写的《新编英语教程》中涵括了她的语文并行、精泛结合的内容观。她认为"学生不应把阅读局限在课堂内的材料，即使使用多种教材，也并不是仅凭这些教材就表明学生的阅读量就足够了，还应另外广泛阅读。至于阅读材料，要文学性和时效性兼而有之，不能局限于一种。"张正东致力于中国特色外语教学体系的研究，认为外语教学内容应以"语""文"并行为特点，以"取法经典、学用结合、形式先行"为原则。"取法经典"就是要注意对蕴含文化知识的经典文本充分吸收到课程内容里去。"学用结合"强调课程内容的安排应有学而后用之的衔接性，体现教学内容的实用和交际特点。"形式先行"是对课内精学内容的指导，代表语言准确性的形式学习是语言知识学习的基底和根本，不可忽视。

本土英语教学在教学内容上应坚持这一特点，将语言基础知识的学习和语言文化的学习作为课程的两翼，将精选的教材资料和泛读性阅读材料结合运用到教学中，这与英语学科核心素养所提出的走向整合、关联与发展的课程，实现对语言的深度学习（语言、文化、思维的融合）的思想是一致的。

（五）英语教学的"知行结合"过程观

教学过程包含着认识与实践的矛盾运动，我们应从教学实际出发，依据教学的客观特性，运用哲学和心理科学共同理解和认识教学过程的本质。对教学过程的客观认识是构成教学理论体系的重要部分。英语学习是学生主动建构意义的过程。英语学科核心素养体系在教学方式上提出教师应创设丰富语境，整合语言知识和技能，培养学习者学习能力，体现教学过程综合性、实践性和关联性的特点，从表层学习走向深层学习。在教学过程中，教师应激活学生的认知与情感，使学习过程成为加工、认知、反思、创新等的综合，在学习过程中提出问题、分析问题和解决问题，从而达到知行合一的结果。

我国传统课程教学思想倡导知行结合的教学过程观，如"学思习行（孔子）""闻见知行（荀子）""学问思辨行（《中庸》）""知行合一（王阳明）""学问思辨习行（朱熹、王夫之）""教学做合一（陶行知）"等。这一教学过程观在中国本土的外语教学探索中也有呈现。本土英语教学不但很好地吸收了这些教学理念，还通过自身的教学实践和英语教学的特性对"知行结合"的过程论有适切性认知和深化。林汉达认为，英语学习是"听、说、演、读、写"的综合。他所编写的《标准英语读本》《高中英语标准读本》《高中英语读本》《英语》等教材都在教学过程的设计上突出了知行结合的特点。陆殿扬极力倡导情景教学法在外语教学中的运用。他认为"功用最大的方法，莫若情景教学法"，教学应该"说明在何种情景下应用何种言词来表达思想"。他不仅将知行结合的思想通过情景落实到教学过程中，还认为知行结合是英语教学的最高准则。张士一的情境教学理论更进一步实化了知行结合的教学过程理念。他认为课堂活动的设计要以"情境教学"为第一原则，而情境又可依照教学内容的性质和特点设定为三等，即第一等"真的英语情境"，第二等"逼真的英语情境"，第三等"假想的英语情境"。这就将语言的"知"与教学中的"行"进行了结合。王才仁对英语交际教学法有独特的本土化改造。他的双重活动教学法从大交际观的视角对教学过程有独特认识。外语教学应从"活"和"动"两个方面来理解。"活"意味着应先把语言文字活化为活动，把教材内容活化为实际生活，把教学活化为交际；"动"则指身体器官、认知结构和主题意识三个层面都要协调动起来。唯如此，外语教学活动才能达到讲用结合、书本与实际结合、优化教学过程，促进积极教学的产生，达到好的教学效果。这些理念形象地反映了知行结合的教学过程观。王初明的写长法一直坚持知行结合的教学过程观。写长法在外语学习的过渡阶段，通过设计切合外语学习特点的作文为教学任务，用长文获取成就感，帮助学习者克服外语学习心理障碍，不仅加速了外语知识的内化，又明显提升了外语输出的运用能力，正是对知行结合观的运用。

课堂是实现教学理念的重要场所，教学过程是对教学理念的一种检阅。

每一种具体的教学法都会有其独特的教学设计和教学过程的安排。通过分析上述本土外语教育专家对教学过程的认识，我们发现"知行结合"无疑是他们的共同观点。这一过程观不是对我国传统教学思想的简单重复，而是在本土英语教学实践活动中将理念落实、将过程进行客观描述的结果。知行结合的教学过程观与英语学科核心素养所提出的知行合一的过程论思想相切合。

本土英语教学理论不是对外来外语教学理论的照抄搬借，也不是对传统教学理论的机械套用。它不仅体现了外语教学应具备的语言学理论和学习理论，还凸显了本土文化情境下的本土教学思想与心理学思想，更综合了语言哲学、本土哲学和教学哲学。这一理论具有原创性、适切性、系统性等特点。通过对百余年来我国本土外语教育专家对英语教学的具体探究，本土英语教学理论框架在教学目的、教学内容和教学过程等上与核心素养所提出的各项要求是相一致的。这表明无论是建构核心素养体系，还是研制新的课程标准和教学方案，我们不能一味对异域理论进行移植转化，而忽视本土教学的发展轨迹。本土的并非就是过时的和不合乎现代教学的，指向人的核心素养发展的英语学科教学在每一个阶段虽有所侧重，但其教学理论框架所蕴含的主旨思想和观点可以相通。本土英语教学论的最终确立不仅是英语学科本身发展的需求所在，更是基于深化课改背景下，对学生核心素养培养的一种必然回答。本土英语教学论的建立依循着一条从学生核心素养到学科核心素养，从学科课程标准研制到教材呈现与课堂化实的基本途径。无论是大而化之的核心素养，还是形而为下的具体实践，英语学科的科学建构与人文发展离不开以文化素养为指向的自觉自信。我们应在"立德树人"的核心价值体系下，以本土文化为根基，以文化自觉与自信为动力，进一步探究和建构完整的本土英语教学理论体系，并开展多种样态的实践教学，最终形成中国风骨的英语学科教学论体系。

第三节 大学英语教学的现状

随着经济全球化的发展以及我国对外开放的不断深入，中国与世界各国的交流与合作越来越密切，基于这种多元文化的氛围，我们为了能让世界更好地了解中国，同时让中国更好地融入世界当中，英语则成了中国和世界各国交流的工具和纽带。大学英语这门课程是全国高校规模最大也是学生们最为重视的课程之一，为了进一步提高大学英语教学的质量，对其教学模式的改革已引起广大的重视。

一、大学英语教学的现状和问题探析

（一）轻视英语基础知识的积累

新课改以来我国教育人士对教育教学产生类型的认识，强调学生在学习过程中实践能力的培养，主张教师在教学中要加强对学生实践能力、创新能力等的培养。但是在这种思想的影响下，不少教师就出现了轻视学生英语基础知识的错误认识，导致在教学中过分看重学生的实践能力、交际能力等，没有重视学生在基础知识上的巩固和提高。当然，提高学生的英语交际能力和实践能力是英语教学中必需要求能够达到的教学目标，但是要完成这一目标也必需以学生扎实的英语学习为基础。当前不少学生存在这样的问题，即虽然学生能够进行简单的英语交际，但是掌握的词汇量却不够丰富，语法知识掌握也不够系统，导致学生的学习效果不佳，交际能力的培养也较为有限，因此需要引起英语教师的特别注意。

（二）过分夸大学生的主体性地位

目前我国对于学生的主体性地位较为重视，但是这种重视需要把握一定的尺度，能够将学生的主体和教师的主导相结合，从而实现教学改革的成功，提高教学的实际质量。但是随着学生主题思想的不断演变，教师的教学思想开始偏离了正常的轨道，从过去过于强调教师在教学中的主导地位到现状过于重视学生的主体性地位，均说明教师对教学中教师与学生的角色、地位和关系没有获得正确的认识。当前教育形势下不少英语教师过于看重学生的主体性地位，认为教学改革就是要将课堂完全交还给学生，让学生充分发挥其主观能动性，教师仅仅在少数时候进行干预。这种做法实际上过于弱化教师在教学中的主导作用，对于保证教育教学的质量和效果也较为不利，因此也容易引起教学质量的下降。

（三）对于现代教学手段的错误认识

从当前的教育改革形势我们可以发现，自从我国提出要进行教育改革、实现教学模式和方法的创新，教师和学生对现代化教学手段就过于推崇，提出了诸多的现代教学方法，如翻转课堂、慕课教学、微课教学等等，与此同时人们对传统的教学手段保持着高度批评的态度，认为新时期要进行教育教学改革就要完全摒弃传统的教学方法，采用现代化的教学工具和手段。这种想法和认识实际上是错误的。虽然现代教学手段有其独特的优势和特征，对于英语教学质量的提升有着不可忽视的积极作用，但是传统教学方法也有其存在的价值。大学英语教师在教学中不应该过于强调采用现代教学工具和方法来进行教学，而完全忽略传统教学手段和方法中的可取之处，这是当前大学英语教学中存在的另一重要问题。

（四）教学形式化现象严重

课程改革以及素质教育的提出给大学英语教学注入了新的生机，在教育改革思潮的影响下，大学英语教师的教学激情也得到了空前的提高，纷纷在教育教学过程中尝试新的教学方法进行教学。但是在教学中却出现了形式化的现象，即教师在教学中对教学模式形式上的探索要多于实践效果的探索，而在锻炼和提高学生实践能力方面也存在较多的不足，导致学生的实践英语发展受到严重的影响，教学质量有待提高。这些问题都是需要引起大学英语教师特别注意的问题，必需引起重视。

二、问题探析

目前在各大高校里，大学英语这门课程是所有非英语专业学生的一门必修课程，一般是在大学的一年级和二年级开设。在大学英语的课堂上，单词和句子依然是老师讲课的核心内容，这样便没有脱离中学英语的教学方法以及教学模式。对于刚刚踏入校园的大学新生而言，他们对于大学的学习有着全新的期盼，但这种陈旧的教学模式便会导致他们厌学情绪的产生。有这么一个普遍的现象：当老师认为学生基础差的时候，便会把课文里最基本的语法和词汇作为讲解的重点，然而这些知识学生们在中学时代就早已接触过，这种厌烦的情绪也早已产生，他们在潜意识里总觉得自己在学一些无用之物，究其根源是高考对学生心理上的影响。以至于学生们从一开始便形成了一种错误的意识：学习英语的目的就是为了应付考试。现在到了大学，虽然没有高考了，但又出现了新的英语考试——大学英语四六级，而且很多学校学位是与大学英语四级的成绩挂钩的，没有合格的大学英语四级成绩也就意味着你失去了学位证书。毕业之后又面临求职的问题了。很多企业在招聘的时候明确提出要优先录取英语成绩优异者，也就是说，在同等条件下，你的英语成绩越优秀，你得到工作的机会就越多。基于以上种种情况，英语学习成了许多大学生心理上的负担，加上专业课的繁重任务，学生们的厌学情绪也就随之加深了。一方面，他们认为学习英语并没有什么实际的用途，完全是在浪费时间；另一方面，他们又认为如果不好好学习英语，四级考试不能拿到理想的成绩就拿不到学位证书。在这种矛盾的心态下学习，学习效率自然也会很低。

还有一部分学生在英语学习上比较急于求成。这部分学生通常对于英语学习缺乏耐心和毅力。他们可以一时对英语学习很有热情，但当碰到小小的挫折，他们便可以轻易放弃。这部分学生通常对老师的依赖性很大，他们往往把能否学好英语寄希望于有限的大学英语课堂教学上，忽视了课后自主学习英语的环节，然而这一环节在大学学习阶段是至关重要的。当然，并非所有的学生都没有去自主学习，只是方法上有所欠缺。举一个最为常见的例子：很多学生认为学好英语就是要多记单词，因此他们在课后英语自主学习的第一步就是背单词，而且形式单一，时间长了就会觉得枯燥无味，更为可怕的是今天记的单词明天就忘记了，这样便挫伤了他们学习英语的积极性，于是只得打消学好英语的这个念头。可是过了一段时间，又意识到英语的重要性，只得又开始重新学习，但当遇到困难，又要放弃，就这样周而复始形成了一种恶性循环，最后的结果便是英语没学好，反而加重了心理上的负担。另外，还有同学认为"我又不是英语专业，为什么要学好英语"，"我以后工作又用不上英语，为什么要学好英语"，"我以后又不出国深造，为什么要学好英语"等等，如果持这样的心态学习英语，就很难把英语学好，当大学顺利毕业、就业，英语学习也就随之结束了。

三、大学英语教学未来发展的策略和思考

（一）转变教学思想和观念

新时期要实现大学英语教学的更好发展需要教师能够重新树立正确的英语教学观念。第一，教师需要重视学生在学习当中的主体性地位，教学过程中应该要尽量以学为中心，重视培养学生对英语学习的兴趣，提高学生的英语交际能力、应用能力和创新能力等等。但是在此基础上，教师也需要重视学生对于英语基础知识和理论知识的理解和提高，要在提高学生基础能力的基础上对学生进行进一步锻炼，促进学生各个方面的共同发展。第二，学校需要加强更新大学英语教学的思想观念，能够从人才培养的角度出发，以学生为中心进行英语课程的设置和教材的更改，促进学生的更好发展。例如，新时期大学英语教学改革必需要求学生能够具有较强的综合能力，因此要求在教学中能够加强对学生在实践能力方面的培养和提高。

（二）提高教师的专业素质

教师的专业素质对于转变正确的教学方法、树立正确的教学观念以及提高学生的学习兴趣和质量等有着密切的联系，只有当教师具有较强的综合素

质，能够不断加强对教学的研究，才有可能促进大学英语教学的不断发展，提高教学的有效性。因此，高校在进行大学英语教学改革时也需要从教师的综合素质着手，加强对师资队伍建设的重视，提高教学的有效性。例如，学校需要加大招聘力度，吸引更多的英语专业教师从教，帮助缓解其他教师的工作压力。此外，为了能够走在时代发展的前端，跟上时代发展的步伐，学习到更多有关教师的新理念和新知识，提高教师的教学能力和专业技能。尤其在要求提高学生英语实践应用能力的当下，教师自己的英语实践能力直接影响了学生的学习效果，因此教师需要从专业方面着手进行进一步的提高，推动大学英语的更好发展。

（三）重视教学的实际效果

新时期大学英语教学中出现了形式化的问题，即虽然教师在教学中采用了各种各样的教学方法进行教学创新，但是实际上起到的教学效果却不够理想，因此导致学生的学习质量受到严重的影响。要改变这种现状必需要求教师既要能够坚持以学生为中心，又要树立正确的教学目标，重视教学的输入和输出，尤其注意学生语言学习的输出，确保英语教学的质量。例如，在教学目标的设置中，教师就必需从学生未来的实践发展出发，巧妙利用各种教学方法来锻炼和提高学生的英语能力。如教师可以采用翻转课堂教学模式进行教学，让学生能够将所学的知识和内容进行融会贯通，并将其应用于实际的交际和处理问题当中，这样可以较好地达到教学的目标和效果。

（四）充分发挥教师的主导作用

在教学过程中，教师应该充分发挥自己在教学中的主导作用，引导学生获得进一步发展。学生主体地位的实现需要以教师主导作用为前提和基础，教师在教学中应该学会如何处理教师和学生之间的关系，既要充分尊重学生的主体性地位，又要在适当时候对学生进行引导，充分发挥自己的主导功能。不少教师在这方面存在较多的不足，导致学生的学习质量无法达到理想效果，因此要求教师在教学中能够有效加强对学生的引导和控制，同时又能够锻炼和提高学生的实践能力。例如，在教学过程中，教师可以给学生一定的时间和机会进行小组讨论和交流。这个过程可以帮助学生更好地理解和研究英语知识，也可以帮助学生提高英语交际能力，但是也不排除少数学生不明白应该讨论什么或者锻炼的程度不足的情况，此时就需要教师能够从旁进行协助和监督，帮助学生调整学习的方向，从而提高教学的质量。

综上所述，目前我国大学英语教学中出现了一些新的问题，如教师过于看重学生的主体性地位，却忽略教师的主导地位，又如教学中过于强调教学形式的变化，教学质量没有得到有效的提升等等。这些问题的产生使得学生未来的发展难度进一步加大，因此要求高校和教师能够从问题着手，采取有效的措施进行积极应对，促进教育教学的更好发展，提高教学质量。

第四节 大学英语教学的发展趋势

英语教育是国民高等教育的重要组成部分。改革开放以来，我国的英语高等教育对加快人才培养，提高全民族的整体素质起到了至关重要的作用，已经成为我国高等教育大众化的重要途径。随着改革开放的深入和中国加入WTO，社会越来越需要英语听说读写译等综合素质较高的人才。近年来我国大学英语教学改革已经取得了很大的成绩，同时在新形势下也出现了一些新的发展特点及改革趋势。

一、更加重视英语教学和学习的语言输入

英语听说读写能力是重要的语言技能，也是衡量一个人综合语言能力的重要指标。著名学者克拉申在谈到他的输入假设时说，人们习得语言是先注意意义的，而不是先要学好语言结构。因此，大学英语教学也应输入相当数量（即 i+1）的有效信息，输入多了，自然也就能听会说（输出）了。就我国目前的英语教学现状而言，英语教学和学习主要在课堂环境中进行，语言输入是有限的。因此，大学英语教学要培养学生的听说读写能力，教师应尽量用英语教学，多让学生听标准的听力材料，要在听的基础上开展说的训练，多做阅读和写作练习，变换多种练习方式，让学生始终保持新鲜感，鼓励学生多开口，在反复输入的过程中轻松培养学生听说读写的能力。

二、探索自主与合作相结合新的教学模式

我国传统的英语教学倾向于教师台上讲，学生台下听的讲座式教学方式，学生在课堂上花大量的时间记笔记，很少能与同学老师展开交流和讨论，更谈不上有自己独立思考的空间。这种机械的教学方式，不但不能形成教学相长，而且很容易使学生丧失创新思维和多角度思维的能力。要突破传统的教学模式，大学英语教学采取自主与合作相结合的模式是一种比较适应我国国情的选择。自主与合作相结合的教学方式即是指在教学中一方面确定学生在教学中主体地位，培养学生自主学习，自我管理的能力，另一方面发挥教师的主导作用，营造学生英语学习的氛围，创造语言应用的环境，让课堂成为学生的舞台。在课堂教学活动中，教师的任务是创设情景，而真正的交际活

动应当由学生完成。当组织 pair/groupwork 时，可以多组同时进行，然后再由一组或几组上台表演。要注意引导学生克服对教师的依赖心理，大胆活动，教师应尽可能树立学生的信心，培养其独立能力。实践证明：自主与合作相结合的教学模式有助于激发学生的学习兴趣，培养学生的合作能力和自主学习能力，提高学生整体的英语水平。

三、注重探索能激发学生学习兴趣的途径

随着我国社会经济、政治、科技等的发展，英语的运用越来越广泛，然而，当前很多大学生英语水平却不够理想，原因就在于学生缺乏学习的兴趣。著名外语教学法专家 H.H.Stern 说过"情感对外语学习的作用至少与认知技能同等重要，甚至更重要些"，即学生的学习热情越高，就越能产生学习语言的"内驱力"。因此，在大学英语教学过程中，教师应发挥主导作用，面向全体学生，研究他们的年龄特征、心理特点和学习需要，去确定自己的教学方法，努力培养学生的学习习惯，努力扩大学生的知识面，真正激发学生的学习兴趣以提高其学习英语的兴趣。在这方面，充分使用计算机多媒体、网络技术等现代化教学手段是激发学生英语学习兴趣的一个有效途径。

四、加强对大学英语翻译教学改革

（一）狠抓教学重点，加强翻译练习

翻译是运用一种语言把另一种语言所表达的思维内容准确而完整地重新表达出来的语言活动，翻译能力的高低直接影响着听、说、读、写各项能力的发展。翻译教学的重点应放在语言基础上。语言基础包括语言知识和语言应用能力，前者指语音、语法和词汇等方面的知识，后者指综合运用这些知识进行读、听、说、写、译等语言活动的能力。正确的语音语调、扎实的语法，一定的词汇量和熟练的词汇运用能力是提高大学生翻译能力的基础。同时，由于翻译是一项创造性的语言活动，具有很强的实践性，不通过大量的实践而要提高翻译能力，无异于想学游泳却又不下水一样，因此应当改变以往"只重理论，忽视应用"的做法，发挥英语翻译练习在翻译教学中的重要作用。学生们可以通过课本获得相关的翻译理论、掌握一定的翻译技巧后，再通过大量的翻译练习来切实提高自身的翻译能力。

（二）注重"双外"教学法的应用

近年来在英语教学改革中较有影响的做法有许多，笔者认为其中的"双

外"教学法,即既训练外语应用技能,又传授对外交流知识的教学法,比较有助于大学生在英语应用翻译能力方面的提高。因为翻译是人类不同语言思想交流的桥梁,翻译本身是一个互动的过程,而文化和语言是互相紧密联系着的,一定的文化背景知识有助于促进翻译应用能力的提高,翻译能力的提高反过来又能够帮助学生开阔视野,扩大知识面,所以在具体的翻译教学过程中,教师应当以学生为中心,一方面注重提高学生的文化素养,另一方面加强英语听、说、读、写等英语应用技能的训练,以使得学生积累较多的感性经验,使学生的语用能力得到协调发展,从而达到学以致用的目的。

五、充分发挥开展课外教学活动的优势

课堂教学与课外开展教学活动是外语教学体系中两个重要的组成部分。对于大学英语教学来说,课堂教学是基本的教学形式,起主导作用。但课外活动也不可忽视,它对学生掌握知识、培养技能起着不可低估的作用。教师通过课外指导,可以把课堂教学内容和方法进一步巩固、落实,并使之深化和个性化。英语课外活动是学生充分运用英语进行交际,激发创造思维火花的重要途径。教师在引导学生开展课外兴趣活动时应注重学生创新能力的培养。在活动中教师可以组织学生依据现有水平开展各种创造活动,让学生在这些活动中体会到学习英语的快乐和用英语进行创造的愉悦。

六、多元化的教学模式和功能定位是我国大学英语教学发展的必然趋势

进入 21 世纪以来,尤其是随着 2001 年中国加入了世界贸易组织(WTO),我国大学英语教学教育开始进入了第二个阶段,大学英语教学的功能定位出现了多元化的趋势,这主要是我国当前社会发展的总体水平和需求的变化决定的。这一时期,我国的英语教育,首先是中学基础教育有了长足的发展。比如,在我国《高中英语新课标》中就规定九级的知识目标描述为"学会使用 4500 个左右的单词和一定数量的习惯用语或固定搭配,……能根据交际话题、场合和人际关系等相关因素选择较为适当的词语进行交流或表达"等,甚至还为程度较好的同学开设一些选修课。这些要求都与大学英语教学要求已经差距不大。在一些发达地区,尤其是像以北京、上海、广州等为代表等一些大城市,中学基础英语教育相当发达,许多中学生的词汇量和英语水平达到了大学英语程度,许多学生在大学入学时就拿到了大学英语四级、甚至是六级合格证书。

（一）近年来在有关大学英语教学发展趋势的几种观点

1. 传统的"工具论"

此种观点认为，大学英语教学的最终目的就是让学生掌握一门交际工具和学习专业知识的工具，是我国大学英语教学的起点。大学英语教学应该坚持其原有的方向。目前，这种观点已受到很大的挑战。

2. 新近出现的"通识教育论"

此观点认为，大学英语教学应以"通识教育"为主，其主要目标是培养"合格公民"。大学英语教学不仅是掌握一门外语工具，更是要利用这一平台传递人文思想，使受教育者形成正确的价值取向。胡文仲教授在 2006 年提出"英语教育应该回归人文学科本位。"在中文数据库中国知网输入"大学英语"和"通识教育"等关键词，涉及该主题的论文竟然有 100 多篇，其中不乏南通大学的顾成华发表在 2010 年底 10 期《教育探索》上的"通识教育视野下的大学英语教学改革"、浙江大学的张雁、吴平发表在 2012 年第 5 期《未来与发展》上的"发展新路径：大学英语通识教育化转向"等观点。《全国大学英语信息化教学改革成果总结暨外语通识教育与课程设置高层论坛会议纪要》指出："外语通识化教育与课程设置改革思路势必成为外语教学的一个新思路，很可能会成为中国外语教学的一个重要转折点。"

3. "取消大学基础英语教育观"或"ESP 观"

从本质上讲，"取消大学基础英语教育"，进行学术英语或是专门用途英语教学，是"工具论"的一种延伸，是把获取"基础工具"变成"专业工具"。之所以把它和传统意义上的大学英语教学区分是因为持有这种观点的人把大学英语教学看成获取一种"纯粹工具"以及其在教学内容上的根本区别。比如，复旦大学教授、博士生导师蔡基刚提出"大学英语教学定位在基础英语是方向性错误"，提出"大学英语教学目标定位在学术英语"，"基础英语有望在高中阶段完成"等。北大的刘润清教授提出，"我预料，几年之内，大学英语教师的职业发展方向是走专门用途英语的道路"。程雨民、章振邦、陆俭明、杨慧中等知名学者也在不同场合提出，大学英语作为基础英语教学应该下放到中学阶段完成，大学主要进行学术英语以及专门用途英语的学习。

（二）多元化的大学英语教学模式和功能定位符合当今社会和时代的需要

有关大学英语教学的这几种观点，单独从各自的角度出发，都有其各自的合理性。大多数学者，尤其是一线的大学英语教师都不会怀疑英语作为外语其内在的核心属性，即"工具性"，这是大学英语教学的出发点。但是，随着我国社会经济的发展以及基础阶段英语教育的整体水平提高，大学英语教学作为开展通识教育、培养具有较高综合人文素养的合格公民的功能得到很大的提升。而随着专业人才培养要求越来越高，学术英语（EAP）或（ESP）也应该占有一席之地。任何对大学英语教学功能的单一定位都不能完全反映我国大学英语教学的现状。否定大学英语的人文性，把基础英语下放到中学阶段完成、把大学英语教学定位为"学术英语"（EAP）或是"专门用途英语"（ESP），将大学英语教学绝对（工具）化，更是不符合我国现阶段的国情。

应该看到，影响大学英语教学功能定位的因素很多。目前，我国高等教育尤其是大学英语教学存在着地区差异、学校办学水平差异以及学生的个体差异。地区与地区之间、不同层次高校之间发展极不平衡，甚至同一所高校内部的学生由于种种原因水平参差不齐。这些决定了不同地区、不同层次的学校和不同水平的学生对大学英语教学的需求是多元化的，因此也就决定了大学英语教学功能定位不是单一的，而是多元的。大学英语教学的各种功能定位相辅相成，互为补充。

对大学英语教学的定位决定了大学英语教学体系，包括教学内容、教学模式的选定。在北京、上海、广州等一些基础教育和高等教育较发达的地区，其大学英语教学的"基础工具性"功能定位可以相对弱化，通识教育和"专业工具性"（EAP 或 ESP）的功能可以加强；相反，一些基础教育和高等教育欠发达的地区，更应该侧重于其"基础工具性"，而非通识教育和"专业工具性"（EAP 或 ESP）的功能。同样，对于诸如像北大、清华、复旦等 985 高校，部分办学水平较高的"211"高校，其大学英语教学的"基础工具性"功能定位可以相对弱化，通识教育和"专业工具性"（EAP 或 ESP）的功能可以加强；相反，一些普通高校，更应该侧重于其"基础工具性"。即使在同一所高校内部，不同层次的学生，根据培养目标和英语水平的差异，定位也应不尽相同。其实，现在在各高校普遍采用的大学英语分级教学模式就是大学英语教学功能定位多元化的最好佐证。

全国统一的大学英语教学模式显然不能适应当今社会的多元化需求，因此，大学英语教学功能也应该是多元的，以适应不同地区、不同层次高校、不同层次学生的需要，并在此基础上建立多元化的大学英语教学体系，包括多元化的教学大纲、课程体系和多元化的教学模式，以适应新的历史条件下大学英语教学的发展。

总之，我国大学英语教学不能单一化，也不能静止不变。既要有基础，又要有特色，要使统一性和多样性有机结合起来，面对新世纪，开创新局面，为了培养高素质的英语复合型人才，我国高等教育的英语教学任重而道远。

第二章 大学英语的教学探索与研究

第一节 大学英语教学的系统论原则

语言教学是一项系统工程，是通过多种途径、采取多种手段培养学生灵活运用语言综合能力的复杂过程。大学英语教学大纲（修订本）把大学英语教学目的定位为"培养学生具有较强的阅读能力和一定的听、说、写、译能力，使他们能用英语交流信息"。为了达到这一目标，我们在教学过程中应当牢牢把握培养学生综合运用英语交流信息的实际能力这一主旨，贯彻系统论的原则与方法，把听、说、读、写、译各方面的能力培养训练有机地结合起来，系统、综合、协调地运用各种手段，生动活泼地开展教学活动。

系统论认为，系统是事物存在的普遍形式，是由相互联系、相互作用的若干组成部分结合而成的具有特定功能的有机整体。系统内各组成部分在功能上分工合作，使整个系统能完成特定的能量、信息、价值等转换功能。如果一个系统内的各组成部分之间处于和谐有序的状态，那么系统的整体功能就应当大于各部分功能之和，形成既包括各组成部分的功能，又包含了各组成部分交互作用产生新功能的整体效应。同时，一个系统与其外部环境又存在着交换能量、信息并互相影响的双向或多向的输出输入关系，进而组成更大的系统。用系统论分析大学英语教学，至少应注意两点：一是注意从整体性、综合性原则出发，去把握听、说、读、写、译等各个教学环节，不能割裂它们的联系。因为英语应用能力是各种语言技能的综合反映，这些技能是相辅相承的。二是注意把握系统功能转换和开放原则，协调好学习者与语言学习环境之间的关系，并在此基础上，正确定位教师的作用，为学生创设良好的英语条件。

一、从整体功能上把握各种语言能力训练，培养学生的综合能力

系统的整体结构决定系统的转换功能，只有系统内各要素有机地组合成

合理的结构，系统的整体功能才能大于各部分功能之和，体现整体效应。长期以来，大学英语教学一直存在着各种语言能力训练相互脱节的现象，往往只注意了教材之间的表层结构而忽略各种语言能力之间的深层结构，结果形成了默单词、记句型、背课文、译文章互不搭界，听、说、读、写不能融为一体的弊病，从而使英语教学枯燥乏味，影响了学生综合能力和整体语言水平的提高。

语言学习的重心从表面上看是输入，实际上关键是吸收，因为语言输入只有转化为"语言吸收"才会导致"语言习得"的发生。而由输入向吸收的转化，要靠多种途径、渠道、方法的合理配合才能实现。阅读当然是掌握语言知识、获取大量信息、提高语言应用能力的基础，是提高听、说、写、译诸能力的前提，但听、说、写、译之间以及它们与阅读之间客观上存在着双向或多向的互动关系，最后终究要体现到综合能力和整体水平的提高上。显而易见，上述诸能力中任何一种能力的偏废，都会导致英语学习的失败。在这里，应当特别注意的是，虽然在表面上看，读和听侧重于输入，说、写、译侧重于输出，但它们的功能并非是单一的，它们之间的区别和界限是相对的，并不存在不可逾越的鸿沟。提高语言吸收的效率首先要求语言输入和语言练习包含的语言功能要丰富，而能导致语言习得的语言输入至少有两个来源：一是外部来源，即教学与社会环境向学习者提供的语言输入；二是内部来源，也就是学习者自身产生的寻求语言交流的活动。在一定意义上说，后者更为重要，因为输入只有被学习者主动吸收才能产生结果，才能显现出效率。这种行为实际上是输入的前提和保证，而这种行为的产生则是由于各种语言训练得当，整体语言能力提高后，语言教学这个系统所表现出的整体效应。近年来，一些院校进行的培育外语综合素质实践、双向活动教学法等教学试验就是这方面的有益尝试，这些尝试与以往的把学习者当成录音机、笔记本、打字机的旧模式相比，当然是革命性的进步。

二、协调好学习者与学习环境的关系，提高学生学习的自主性

正因为系统与其环境及其他系统之间存在着信息交流的互动关系，因此，语言学习者只有将语言输入与语言输出以一种良性、协调的关系有机地组合在一起，把握并扩大语言教学系统的开放性，语言习得才能真正有效。要做到这一点，至少应具备三个条件：一是语言练习的量要大，范围要广，让学习者接触更广阔的空间，在尽可能大的环境内实现信息交流，因为语言输入的最佳内容是学习者身边的事物；二是要灵活性地因人因时因地巩固习得。这就要求我们把语言活动引出书本和黑板的局限；三是要创造条件，激发学

习者学习过程中的积极预测和寻求信息交流的冲动。因为语言学习是一个自然的、本能的过程，只有条件适宜时，人的这种自然天性才能得到激发。因此，英语教学过程中始终要注意克服封闭和单向的弊病，那种教师从书本到黑板，学生从黑板到作业本的教学模式，绝对是有害的。

一切真知均来源于实践并经过实践的反复检验，实践的过程就是主观与客观之间、系统内各要素之间以及系统与环境之间进行信息交流和功能转换的过程。就英语学习而言，应当在输入和输出两个方面同时努力，甚至应当更注重输出。如果只有输入没有输出，这种输入就变成了灌注，最终会因不能有效地消化吸收而挥发殆尽，使本应是自然、生动的习得过程因此而变成了被动被迫的接受，一个充满活力的系统也因人为的封闭而消失。只有在主动输出的同时才能更有效地接受输入，才能消化吸收。因此，不能沿袭过去长期存在的灌输式教学方法，而应当努力扩大学习者与环境之间的双向交流，不断提高学习者学习的主动性和自主性。在这方面有三个层次的语言学习环境可以开发：一是在课堂上最大限度地利用书面和口头的机会，创造语言输入、输出的环境；二是充分利用诸如演讲、短剧、演唱及社会活动等第二课堂；三是注意与英语学习有直接或间接关系隐性课程的设置与利用。只有把学习者引入一个广阔的空间，实现广泛有效的信息交流，英语学习的语言环境才能创设，学习者学习的自主性也就得到了体现。

三、发挥教师的指导者和媒介作用，帮助学生学会信息交流

系统内部以及系统与环境之间的信息交流，需要有媒介在其中发挥作用，英语学习中，最重要的媒介应当是教师。就教师的作用而言，最重要的是为学生创造和谐的语言环境。就教师的职责而言，第一位的职责应当是帮助学生掌握正确的方法，学会正确地处理信息，进行有效的信息交流。在教学过程中，教师是身兼二任的，在语言教学系统中，教师是重要的组成部分，是学习的指导者，同时又是学生与语言学习环境之间的沟通者和媒介。因此，教师应当正确地为自己定位，真正担当起学习的指导者和信息交流的媒介者这一职责。要履行好这一职责，掌握系统分析的方法至关重要。系统分析方法有两个明显的特点，一是综合考虑，全面分析，二是在具体问题具体分析的基础上，进一步做到系统问题系统解决。具体工作程序包括确定系统目标；对系统进行全面分析，找出相关因素并明确这些因素的结构与作用；分析系统内各要素之间的关系和顺序；确定关键因素并提出教学方案，并对各种方案做出评价和选择；付诸实施并在实施过程中对教学方案做进一步检验和修正等步骤。

教学方案的实施过程就是语言教学系统内部及教学系统与外部环境之间

的信息交流过程。在这一过程中，教师还应当注意把握好三个关键环节：一是在课堂教学中采用多种手段，努力扩大信息交流的数量与频率，课堂中的交际越真实、越频繁，课堂环境学习就越近似于自然环境学习。因此，教师应尽力使课堂成为学生语言实践的场所，提高课堂教学模拟自然环境学习的仿真程度。二是尽量创造条件，强化师生的互动关系，让学生有更多的"输出"机会，以便充分暴露学习中的问题，找出关键因素及解决的办法，同时，还可以采用如诊断性测试等辅助手段，发现更多的问题，从而创造更多的信息交流机会。三是注意开发第二课堂及隐性课程，扩大学习者与自然学习环境的接触面，使学生学习语言的自然天性得到更大的激发。这些做法从表面上看似乎是降低了教师的地位，实际上正是因为有了这种改善，才真正发挥了教师应有的作用，学生英语应用能力的综合提高才有了保证。

第二节 英语学习策略的研究

在英语的学习和教学领域中，对于学习策略的研究可谓是相当引人注目的，因为，在影响学习者英语学习效果的众多因素中，学习策略是最主要的因素之一。作为学习者，形成并运用适合自己的学习策略，是提高学习效率并不断发展月主学习能力的重要保障。

一、学习策略的内涵

学习策略是指学生在整个学习过程中所习惯化了的、经常采用的、受本人偏爱的风格、途径、态度、方法以及技巧，它既可以是内隐的规则系统、也可以是外显的操作步骤和程序。通俗地讲，所谓的学习策略就是我们常说的"学习方法"。国内外的相关研究表明，每个成功的学习者都必定会在其学习过程中摸索、总结出一套适合自己的、行之有效的学习方法来加以运用。研究表明，决定学习效果的因素包括学习策略、学习者的努力程度以及学习者的智商水平，在这三方面当中，学习策略所占的比重是最大的，约占50%左右。学习策略不仅极大的影响着学习者的学习成绩，更是其素质和能力构成的基础。所以，学生一旦能够有效、适当地掌握并使用学习策略，不仅对其学习方向的把握、学习效率的提高有非常大的帮助，更能够养成学习者自主学习的能力，并为其终身学习奠定良好的基础。

从目前的研究中我们能够得出这样的定义，所谓的英语学习策略，是指为了更好地提高英语学习者的学习水平和成绩，在其学习过程中，对英语的学习活动所采取的计划、组织、监控、执行、评价等活动以及做出补救措施

的一系列活动与步骤，它贯穿于语言习得与语言使用的全过程、

二、大学生英语学策略的问题现状

首先，认知策略方面。认知策略是学习者为了完成某些学习任务而进行的思维活动，以及为了实现学习任务而采取的行动和步骤。在认知策略方面，大学生所表现出的往往是学习方法单一、刻板，缺乏创新。根据调查显示，现今的许多大学生在学习英语时，都是依据传统的学习方法，按照老师所既定的思路去学、去记，而并不能够自己总结、创新出一套适合自己的记忆方法、认知策略，这种极其刻板、单一的记忆、认知方法极大地制约了学生自主学习能力的发展。

其次，交际策略方面。交际策略是学习者为了争取更多的交流机会，维持交际以及提高交际效果而采取的各种策略。在交际策略方面，中国大学生的问题尤为严重，其中，最显著的表现就是"哑巴英语"。在课堂上，老师和学生们所重视的是语法的讲解，句型以及词汇，忽视交际、对话的重要作用。众所周知，学习英语的最终目的是为了交际对话和日常交流，所以，提高学生的实际运用能力便显得尤为重要了。

第三，情感策略方面。根据调查显示，许多学生在英语学习的过程中表现出了各种倾向。有的学生学习动机不强、信心缺乏、焦躁、不安；有的学生对英语的学习毫尤兴趣；有的学生对其目前的学习成绩并不满意，对于英语的学习失去了信心。面对上述现象，教师和学生都应该予以足够的重视，让学生在教师和学生的共同努力之下，提高其英语水平和能力。

三、大学生英语学习策略的解决对策

首先，认知策略方面。一方面，采用灵活多样的记忆方法，遵循记忆规律。为了使学生能够掌握更多的词汇，在记忆单词时，可以利用分类记忆、联想记忆、词根记忆等记忆方法，提高记忆效果。另一方面，课堂上的认真学习以及多种途径的资源利用都是提高学习效率的好办法。充分的重视课前预习和课后复习，利用电脑、书籍、字典等多种途径进行英语的学习，定能够提高学生的英语成绩。

其次，交际策略方面。一方面，在课堂教学中，教师要充分利用各种途径，实物、录音、多媒体等教学手段锻炼学生的口语交际能力；另一方面，学生则要在课后利用各种资源、各种场合积极、大胆的张口说英语，只有在教师和学生的共同努力之下，学生的口语交际水平才有可能提高，解决学生交际策略方面的问题。

第三，情感策略方面。一方面，学生应当积极地参与到英语的学习中来，多与教师和其他学生沟通，树立学好外语的决心和信心，并善于发现学习外语的乐趣，从而增强学习动机。另一方面，教师要为学生提供舞台和机会，让学生充分体验到学习英语成功的喜悦，增强学生的学热情，自信心以及克服困难的意志力。

第四，创设有利于英语学习的环境。近年来，多媒体和网络技术的迅猛发展，改变了传统的英语教学模式，教学中以学生为中心的原则，而计算机以多媒体及互联网络为学习者提供了一个开放的、真实的外界环境。在学习过程中，学生可以最大限度地发挥主观能动性，积极参与对意义的构建。我们应该充分利用现代教育技术的优势，逐步建立和完善学习支持服务系统，通过多媒体教学，网络学习等形式，全方位地为学生服务，以适应学生提高自主学习效果的需要。

第五，重视白主学习过程的自我评价。自我评价体现了建构主义学习观所提出的"更重视学习的过程"。评价使学习者能亲身体验学习的过程，从中能清楚地了解到自己的学习情况，看到成绩和差距，对自己的学习进行重新计划或调整，以进一步提高学习质量，从而使学习变得更加主动。自我评价常见的形式有：记录自己学习过程中的表现；经常对照学习计划自我反思和总结；学生相互批改作业与小测验等。对于自我评价，教师要给以正确的指导，使学生尽快掌握评价的方法，总体把握学习情况，逐渐掌握学习策略，进而激发学习动力，提高学习效率，最终使自己；成为自我激励和自我监控的学习自觉执行者。

第六，发挥教师的主导作用。教师从知识的传授者转换为指导者、引导者和教学活动的组织者。作为大学英语教师，在学生自主训练过程中，最重要的是引导学生怎样获取知识，怎样理解，并适应各种文化情境和社会变化，帮助学生学会独立自主，独立思考并获得解决问题的能力。教师应让学生明确大学英语学习的总目标。明确学习目标是开展自主学习必需的第一步。在学生了解总的学习目标之后，教师仍需引导学生根据自己的课程需要和具体情况，为自身设立短期目标，总结出适合自己的有效方法。

第七，加强英语学习过程中的协作学习。协商、会话是建构主要学习环境的两大要素。协作学习反映了学习的社会性。协商和会话是协作学习的要形式。建构主义的协作学习就是所谓的"生生互动"，主要体现在学生之间的相互作用和影响，教师可以放手让学生设计教学活动，开展协作学习。在以学生为中心的教学模式过渡中，强调协作学习的重要性，在一定独立学习的基础上，创造合作学习的机会。

　　总之，语育学习策略是大学英语学习和教学研究的重要课题，它也是提高教学质量和学习效率的重要途径。无论是教师还是学生，都不可以忽视学习策略的重要性，教师要指导学生相关的学习方法、为学生提供学法模式；学生则要调节好白已的情感和学习态度，在学习过程中不断探索、勇于创新，形成具有自己特色的学习策略。

第三节　大学英语的教学方式

　　根据目前我国的实际情况，要转变学生的学习方式，就必需建立以"主动参与，乐于探索、交流与合作"为特征的学习方式。这也是我国当前对基础教育改革提出的方案。与此同时，英语教学方式也应该有新的突破。笔者想结合自身的教学实际，谈谈在英语教学方式方面的研究。

一、运用直观教具

　　在教授单词时，最好多用图片、模型、实物等，以形象直观的方式，让学生在直接感触中记忆单词

（一）挂图展示

　　在教学中，我们可以讲所教授的单词或语句制作成相应的挂图，然后让学生进行看图说话，并要求他们将单词或语句运用期间，这种方式把学生由毫无寄托的空想引到了实在的画面上。这就是所谓的挂图展示，用最简单、最朴素的方法将要讲述的内容展示给学生。例如：讲课时，可张挂风景名胜图片，让学生诵读图片中出现的单词。这样，学生掌握的程度令人满意，既欣赏到各地的美丽风光，又学会了相关的语言运用。

（二）简笔图示

　　在实际操作中，现成的挂图的使用，满足不了丰富多彩的教学内容的需要。那么，我们就可以凭着自己的一双手去即兴描绘，于是课堂简笔画应运而生。课堂简笔画只是配合教学需要的一种达意传神的简单图示，他不要求仔细的临摹写实，也不同于精美的艺术创作。虽寥寥数笔，却敌过千言。

二、运用生动的课堂表演技巧

（一）情境演示

　　教具是死的，人是活的。在课堂上，由教师充当示范表演者，加上灵活

直观的"教具，再运用适当的身体语言，传授或巩固有关知识。例如：在讲解 pickup 一词时，因为它有三种意思，即拾起，用车接，偶然学到。这三种意思乍一看并无相关，但是，通过英语的形象思维联想可以把它们联系到一起。演示这一词语时，我做一个拾起粉笔的动作，让学生们展开想象，如果我的手是一辆车的话，那么粉笔就可以看作乘客，那所以这个词组有用车接的意思，另外，拾到的东西可以看作是偶然得到，偶然学到的。

（二）对话表演

英语是表音文字，通过模拟对话，让学生读出语感。可根据课文实际，扮演文中人物，或改编课文内容、假设人物，然后由教师与学生、学生与学生之间对话。这样，学生就很快学会了语言的具体运用。

三、大学英语网络化教学方式

大学英语是语言学习的重要组成部分，对学生的学习能力、理解能力、思维能力都有很大的促进作用，是大学教学中不可或缺的一部分。随着网络的进一步普及，大学英语的教学也应该与时俱进，推广网络化教学方式，让学生的英语学习可以不受时间和空间的限制。但是，网络化教学并不能完全代替传统教学，两者各有各自的优缺点，在推行大学英语网络化教学方式时，要有效结合传统教学模式，才能让大学英语教学质量更上一层楼。

（一）纸质教材与电子教材并重

英语学习的质量要靠大量的阅读才能得到实质的提高。学生的阅读量提高了，词汇量就会逐渐提高，对语法的理解能力也能有所提高，整体的英语能力就能提高。提高学生的英语阅读量，是提高大学英语教学质量的基础。很显然，只靠大学英语使用的教材是远远不够的，必需使用其他的英语读物，让学生在不断阅读中提高自己的英语学习能力。在网络化的大环境下，教师选择的阅读材料就可以不拘泥于形式，既可以推行纸质阅读材料，也可以推荐电子读物，两者并重，可以让学生的阅读量进一步提高。

现今的大学生依赖于社交软件来汲取信息，英语教师可以利用这一点，在社交软件上发布一些优美的应英语小短文，学生在浏览学习的过程中就能不断提高阅读量。例如，大学可以开设微信公众号，并安排人员每天甄选一些优美英文小短文推送给大家，让学生在早晨就能进入英语学习环境，提高对英语的熟练度。高校一般有藏书丰富的图书馆，里面也有很多英语学习资料。在图书馆管理平台上，管理人员要定期推荐一些英语读物，鼓励学生多多接触英文书籍，在原汁原味的英文表达中"鹦鹉学舌"，在模仿的基础上不断进步。对于有大型放映室或者展览厅的学校，可选择一些优秀的英文影视作品供学生观看，提高学生英语学习兴趣的同时让学生学会地道的口语表达。

（二）合理安排多媒体教学和传统教学

对于很多高校来说，推行大规模的网上课堂的条件还不成熟，仍需传统课堂来进行英语的教学。传统课堂与网络课堂并不冲突，在传统课堂上运用现代网络技术，也能提高学生的英语学习能力。对于多媒体教学和传统教学的比重，教师要合理安排，不能顾此失彼，要根据教学内容正确合理安排。多媒体教学可以让学生接触更多的资源，包括文字、音频、视频等等。在多媒体教学中，学生对丰富多彩的课堂活动投入更多的注意力，听说读写各方面都可以得到有效锻炼。而传统教学中，教师重视对词汇和语法的剖析，帮助学生夯实英语的基础。两者相辅相成，帮助大学英语教学质量进一步提高。

大学英语教材涉及很多方面：任务传记、商务知识、科普读物、英语故事等等。不同的内容需要采用不同的教学方式。对于一些长句较多、词汇生僻的课文来说，教师要着重采用传统教学，重点讲解词汇，对长难句的语法知识进行仔细剖析，帮助学生加强理解英语的能力。对于一些人物传记，教师可以多多采用多媒体教学，在设备帮助下向学生展示人物相关的音频、视频等，在激发学生学习兴趣的同时，帮助学生对人物的事迹有一个较为全面的了解。

（三）开设网上学习平台，鼓励自主学习

网络化教学最突出的特点是鼓励自主学习。鼓励学生借助网络进行自主学习，提高学生的学习自主性，只有这样，学生才能真正学得进去，英语学习的质量才会显著提高。现在很多有自主学习的想法，但是没有一个良好的指导老师，疑难问题不能及时得到解决，慢慢的，学生的挫败感也会慢慢加强，自主学习的积极性也会大大降低。另外，一些自制力差的学生，在缺乏监督的情况下也会慢慢荒废自主学习。对此，大学英语教学组要借助网络，开设网上学习平台，让学生可以随时随地在这个平台上跟老师或者学生对疑难问题进行讨论，帮助学习更有信心开展自主学习。对于一些自制力较大的学生，教师可通过网上学习平台对他们的学习近况及时监控，督促他们加快自主步伐的步伐。在监督的帮助下，学生可以更有自觉性地开展英语的自主学习。

自主学习，可以帮助学生的学习能力快速提高。尤其是语言学习，自主阅读材料、整体知识点，语言的熟练度就能逐渐提高。所以，开展网上学习平台，鼓励学生进行英语的自主学习，是很有必要的。网上学习平台开设初期，教师可布置一些关于词汇、语法、听力的短期任务，在学生明确了自主学习的流程和计划后，鼓励学生自主制定计划。对于学生的疑难问题，教师要及时解答，让学生可以顺利进行后续的学习。另外，定期在网上学习平台上检测学生的自主学习情况，合理褒奖和惩罚，可以促进学生的更好进步。

在大学英语教学中采用网络化教学方式，有效提高学生学习兴趣的同时，帮助学习接触更多的英语学习资料，让学生的英语能力在潜移默化中不断提高。

四、把音乐带入课堂

学习英语需要对知识点反复记忆，尤其是对单词的记忆。传统教学活动中，英语教学采用的往往是读、背、写这几种机械的记忆方法。事实证明，光靠感觉器官量的叠加是远远不够的，因为机械的记忆方式遗忘的速度也快。为改变这种弊端，我们采用了师生共同努力，使英语课堂变得有趣，让学生在自我需要中学习英语，记忆单词。把音乐带入课堂，能大大增强学生的学习兴趣，提高课堂教学效率。笔者曾用一节课的时间教给学生一首英文歌曲"我心永恒"（美国影片《铁达尼号》主题曲）。这首旋律优美、节奏鲜明而又抒情味十足的英文歌曲，学生很快就学会了。学生就是在唱歌、感受音乐美的同时，牢牢记住了单词及句子。直到第三天、第四天以及以后的随时提问，学生都能迅速准确地书写出来。且大部分的同学对一些结构较为复杂，用法意义较为宽泛的短语也能准确地默写出来。这是由于学生学习英语的过程中是在兴趣浓厚的情况下进行的，而兴趣浓烈是获得良好记忆的必要条件。

总之，教无定法。关键在于，教师教学的目的不是让学生学到一些死的知识，而是要教会他们学会如何学习知识的方法和解决问题的办法，并且通过他们所学到的知识来扩展他们自己的知识及能力，那么就达到了真正的教学目的了。

第三章　大学英语的学习方式

第一节　自主学习

在过去的几十年中，大学英语教学取得了显著的成绩，为国家培养了许多优秀的专业人才，但是学生的综合运用能力欠佳，未能满足实际工作的需要。大部分学生的读写能力比听说能力要强。在今后的大学英语教学中，教学的重点一是培养学生的英语综合运用能力，二是提高大学生的英语自主学习能力。自主学习已成为大学外语教学的改革方向，培养学生的大学英语自主学习能力也是每一位英语教师应具有的责任。

在外语教学中，教师应促使学生自主的展开学习。教师是整个课堂教学的指导者和组织者，学生是知识的发现者和探求者。那么，如何定义"自主学习"，怎样才算是真正的"自主学习"呢？了解学生的自主学习情况，使他们养成良好的自主学习习惯直接影响着外语教学的效果和质量。本论文旨在浅析如何培养大学生的大学英语自主学习能力。

一、自主学习概念的界定

自主学习作为一种个性化学习，体现了建构主义理论关于学习者在已有知识基础上创建个人意义的理念。而对学习者在学习过程中主体地位的强调是人本主义心理学的重要思想。霍尔克在其著作《自主性与外语学习》中，率先把"自主学习"的概念引入语言学习，并把"学习者自主"定义为"对自己学习负责的能力"。主要表现在五个方面：确定学习目标；决定学习内容和进度；选择学习方法和技巧；监控学习的过程；评估学习的效果。利特尔认为自主学习是学习者"批评性反思、做出决定、独立行动的能力"。达姆在以往研究的基础上指出：自主学习不仅仅依赖于个体，而且更依赖于群体，学习者只有通过与他人合作才能很好地获取自主学习的能力，因此，交互、协商、合作对发展学习者的自主学习能力十分重要。迪金森认为，自主学习

"既是一种学习态度，也是一种独立学习的能力。"本森认为语言学习的自主性包括三个方面：自主学习是一种独立学习的行为和技能；自主学习是一种指导自己学习的内在的心理动能；自主学习是一种对自己学习内容的控制。

西方学者由于各自研究角度的不同，赋予自主学习不同的含义，但是其核心都是强调学习者在学习过程中的自主选择、自主调控、反思以及合作的能力。此外，从不同的定义中，我们也能够总结出自主学习的主要成分：即态度（学习者自愿采取一种积极的态度对待自己的学习）、能力（学习者应该培养这种能力和学习的策略）和环境（学习者应该被给予大量的机会去锻炼自主学习的能力）。

二、大学英语开展自主学习的必要性

（一）自主学习是外语学习成功的关键

外语学习是一种自主的习得过程，习得者往往需要有意识地调节自己的学习方法、学习策略等认知手段来完成学习任务。中国学生所学的外语与母语分属不同语系，其文化传统、语言特征（包括语音、语法和文字系统）与母语差异很大，外语学习的难度远远超过母语习得，学习者必需具备很强的自主学习意识才能真正有效地学好外语。著名语言学家科恩精辟地指出"：语言学习的成功取决于学习者本人，取决于学习者自身的因素及其充分利用学习机会的各种能力。"教师在课堂上的教学只能提供部分的语言输入，课堂之外的大量学习和实践是外语学习成功的重要保证，而外语学习的这个特点要求学生必需具有较强的自主学习能力，自主学习是外语习得的关键，习得者最终能否成功地学好外语主要取决于他的自主学习能力。

（二）自主学习是大学英语教学改革的重要方面

大学外语教学作为我国高等教育的重要组成部分，对整个教育发展起着举足轻重的作用。然而，我国目前大学英语教学中存在的一系列问题使大学英语教学改革成为时代发展的必然。首先，由扩招导致的大学英语班级授课人数的逐年增加要求采用新的教学模式；其次，社会、经济和政治的发展对大学生的听说能力提出了更高的要求，而听说能力的培养除了课内教师的辅导之外，更需要学生在课外通过自主学习的方式进行锻炼；最后，时代的发展，社会的进步，知识的更新要求现代大学生综合素质的提高以及终身学习能力的养成，这不仅要求大学生掌握具体的知识，更需要学会获得知识和自主学习的能力。

《大学英语课程教学要求（试行）》明确把多媒体教学模式的改革作为重点，使英语教学不受时间和地点的限制，朝着个性化学习、自主化学习的方向发展。同时指出，教学模式改革成功的一个重要标志就是学生个性化学习方法的形成和学生自主学习能力的发展。新教学模式应能使学生自主选择适合自己需要的材料进行学习，来弥补传统课堂听说训练的不足。为了保证大学英语四年学习连续性，让学生在学习语言知识的同时，掌握网络英语学习的方法，在完成大一、大二两个年级的大学基础英语学习任务之后，能够利用网上英语资源继续学习英语，必需进一步加强学生自主学习能力的培养。

三、大学英语自主学习能力的培养

（一）构建大学英语自主学习的良好环境和氛围

培养和发展"学习者自主学习"有利于素质教育，但必需排除应试教育的干扰，走出应试教育的误区。正如学生应该学会对他们自己的学习负责任一样，教学管理部门和教师也应该思考如何创造培养和发展学生自主学习的环境和氛围。教育管理部门应着手构建多媒体网络教学环境，发挥多媒体教学的优势，建立基于计算机和网络的大学英语自主学习环境，促进学生的个性化自主式学习，提高教学的针对性，培养英语技能的全面和均衡发展。然而，自主学习并不意味着学习者完全脱离教师和同伴而孤立地开展学习活动，必需依靠一种轻松、和谐、互助的人际氛围来发展。因此，一方面，教师在课堂内外应始终以帮助者、促进者、咨询者、协商者及顾问的身份给学生及时提供指导和反馈、鼓励和帮助，以便建立一种良好的师生关系，而良好的师生关系正是自主学习氛围的重要组成部分。教师只有改变昔日权威者、垄断者的形象，与学生平等交流、协商、切磋，与学生情景交流，才能形成一种师生密切合作的人际关系，从而创造出有助于学生自主学习的氛围。另一方面，不可忽略同伴在学习者自主学习过程中的作用。由于外语习得的特殊性，外语词汇、语法、语音以及听、说、读、写、译技能的发展固然离不开教师的指导，但也缺少不了同伴的帮助。事实上，为了切实提高外语交际能力，学习者往往需要与同伴通力合作、交互、协商。此外，教师还可设计一系列互问互答、相互讨论、小组讨论、对练等交互活动，以便最大程度上创造自主学习氛围，切实发展、促进学习者的自主学习能力。通过改善学习者的自主学习环境促进学习者自主学习，如实行分层、分班教学，还学生选择教育的自主权；建立自主学习中心，为学生提供自主学习的空间。

（二）转变教师角色，提高教师指导学生自主学习的能力

目前，人们似乎有这样一种倾向，谈及大学英语改革，人们似乎会把更多的注意力放在对诸如计算机、多媒体、网络建设等硬件投入上面。这些硬件固然重要，但操纵这些硬件的是大学英语教师。所以，在软件环境改善方面更应加大投入。发挥大学英语教师的作用，提高他们的教学与科研水平是当务之急。

为了实现学生自主学习的能力，发挥学生在知识建构过程中的主体性作用，教师应该改变传统角色，不断提高自身业务水平。在自主学习的过程中，教师不再只是传统意义上的知识传递者，同时还扮演着指导者、促进者和协调者等其他重要角色。因此，为了保证学生的自主学习，教师在教学和职业发展过程中，也应该不断培养自己的自主发展能力。第一，英语教师应该不断地夯实自己的语言基本功，保持较高的英语水平，因为语言是英语教师教学的基本保证。第二，加强英语教学理论的学习，通过各种渠道了解教学研究的最新动向，理解和接受先进的教育观念，用前沿性的理论指导教学实践。第三，学习教育心理学的相关知识，了解学生情感心理，提高自主学习指导的科学性，增强教学研究的意识，充分认识教学研究对提高自身素质和教学水平的意义和作用，自觉地对自己的教学实践进行反思，对出现的问题进行分析、探究，对积累的经验进行总结，以实现自我发展和教学水平的提高。第四，大学英语教师还应该学习和掌握最新的现代教育技术，包括多媒体技术和网络技术，努力做到能熟练使用计算机和网络获取信息、存储信息、筛选信息，整合处理成教学资源并应用于教学实际。做到了解各种教学软件的使用，并且能正确地指导学生使用软件和网络学习。第五，大学英语教师应该树立终身学习的理念，成为终身学习者，通过不断学习，扩展自己的知识范畴，提高自己的文化素养，积极参加各种培训，完善自身的能力结构。

（三）提高自主学习意识，培养学习者的自主学习策略

自主学习意识是学习者进行自主学习的前提，教师在教学过程中首先应该培养学习者的自主学习意识，帮助树立正确的英语学习观，即外语是学会的，而不是教会的，外语主要靠学生的自主学习。在提高学习者自主学习意识的基础上，教师还应该加强对学习者学习策略的培养。

外语教师必需有意识地培养学生运用学习策略的能力，指导学生形成适合自己的独特的学习方法、策略，并不断调整。国外外语习得研究表明，外语学习者因个性、经历、环境、文化背景等因素的影响，学习方法存在着很大的个体差异。首先，教师应当给学生以学习方法上的指导，使学生形成适

合自己的独特的学习方法，从而有效地学习。同时，教师要让学生了解自己的认知风格和认知方式，不断调整学习方法和策略，提高外语习得的效率。其次，学习者应定期进行自我监控和评估。自我监控和评估是外语习得者必需具有的学习策略，也是外语习得者自主学习能力形成的高度体现。外语习得的整个过程需要学习者本人不断地进行自我监控和评估，对自己的学习动机、学习策略、学习效果予以反思、评价，积极主动发现问题，及时采取措施解决问题，并不断调整习得过程，进一步确立新的学习目标。而教师也应该指导学生定期进行自我监控和评估，促使学生更有效地习得外语。

学习策略能力的形成使最终真正意义上的自主学习成为可能。使用学习策略的意识越强，自主学习的过程就越完整，效果就越好。但是，我们必需意识到学习策略是过程，不是目的，培养自主学习能力才是最终目的，所以学习策略的培训归根结底是为了内化自主学习能力。

自主学习是学习者把握自己的学习，是以学生为中心的课堂上学习者必需具备的一种能力。鉴于我国高校外语教学的现状，当前，要加深认识外语教学中教与学的问题，尤其是外语教学过程中习得者的自主学习能力培养问题，因为外语习得的最终结果取决于习得者本身的自主学习。因此，发展外语习得者的自主学习意识对当今我国外语教学改革具有重要的指导意义和现实意义。此外，自主学习的实现是一个系统工程，不仅需要外语教学指导思想的转变，而且更需要从教学环境、教学内容、教学方法、教学手段等方面的彻底改革。

第二节 合作学习

大学英语作为我国高校非英语专业教学的重要内容，其教学是我国高等教育的一个有机组成部分，目标是培养学生英语综合应用能力，特别是听说能力，使他们在今后工作和社会交往中能用英语有效地进行口头和书面的信息交流，同时增强其自主学习能力，提高综合文化素养，以适应我国经济发展和国际交流的需要。传统的英语教学以教师讲授为主，忽视了学生在学习中的主体地位，不利于语言知识的习得和语言技能的培养；合作学习以小组合作为基本形式，强调学生的主体参与和生生之间的互动合作，克服了我国大学英语教学班级过大、学生语言实践不足的矛盾，能大大增加学生语言输入和输出的机会，有效激发学生的学习兴趣，同时增强学生的自主学习能力，使学生在使用语言中不知不觉提高语言技能，实现大学英语的教学目标。因此，了解并研究大学英语合作学习及其现状，对教育者结合实际采取措施改进教学有重要的理论和现实意义。

一、合作学习的定义及内涵

合作学习是指按组内异质、组间同质的原则将学生分成若干小组，让学生在小组中形成积极互赖的团体关系，为达到小组的共同目标而从事的学习活动，并根据他们整个小组成绩获取奖励或认可的课堂教学技术。合作学习是一种富有创意和实效的教学理论与策略。由于它在改善课堂内的学习气氛，大幅提高学生的学业成绩，促进学生形成良好非认知品质等方面实效显著，很快成为当代主流教学理论与策略之一，被人们誉为"近十几年来最重要和最成功的教学改革"。

美国学者罗伯特 .E. 斯来文认为合作学习指学生在小组中从事学习活动，并以他们小组的表现为依据获得奖励和认可的课堂教学技术。尼尔戴维森是从合作学习的几个层面来定义的：（1）小组共同完成、讨论、解决（如果可能）难题；（2）小组成员面对面的交流；（3）在每组中的合作、互助的气氛；（4）个人责任感（每个人承担自己的任务）。我国教育学者王坦认为："合作学习是一种旨在促进学生在异质小组中互助合作，达成共同的学习目标，并以小组的总体成绩为奖励依据的教学策略体系"等等。

二、合作学习的实践意义

（一）教学理念的新突破

传统教育理念过于强调接受学习、死记硬背、机械训练的问题。现代教学策略提倡学生主动参与、乐于探究、勤于动手，培养学生收集和处理信息的能力、获取新知识的能力、分析和解决问题的能力以及交流和合作的能力。合作学习教学认为学生的学习是一种社会性学习，是师生共同构建学习主体的过程。强调在充分尊重人格的基础上，通过多样、丰富的交往活动，不仅要为学生提供一个自由和谐的教育环境，而且要使教学活动成为一种社会文化活动。大学英语课堂教学正在努力实现从"传授和讲解语言知识"向"培养语言交际能力"转变。合作学习顺应了这一要求，在英语教学中开展小组合作学习能激发学生学习英语的兴趣，调动学生参与课堂活动的积极性，培养其自主学习的能力，有利于学生创新精神和合作品质的培养，是一种提高英语教学效果的有效手段。

在传统型课堂上，教师面对的是一个较大的群体，难以与每一个学生个体都实现充分的双向交流。这种学习方式极易导致学生学习效果的两极分化，仍然不能摆脱尖子生和后进生并存的尴尬局面。而合作学习通常是将学生划分为若干小组，即把传统的教学班级由"大群体"分解为4~5人的"小群体"。一方面，教师面对的群体明显地"缩编"了，更便于与每个个体实行互动。另一方面，由此产生的小组成员之间的交流，不仅弥补了师生交流的不足，而且使学习信息源得到最大限度的拓展；使学习情境变得更加生动、活泼、自由和宽松；使学生的学习潜能得到最大限度的释放；使学习效果的差异性明显降低。

（二）有助于学生合作精神和团体意识的培养

合作学习，小组成为组员的利益共同体，组员需要树立"荣辱与共"的意识。要求每个学生会同其他合作伙伴的配合，既积极主动完成自己负责的任务，又善于融入小组的整体工作，小组成员需要认识到每个人都必需承担自己的责任，完成分配的任务，为小组的成功贡献自己的力量。同时，还可将个人间的竞争转化为小组间的竞争，竞争的能力和水平更为提高。因而更能培养学生的竞争意识和团结协作的精神。促进学生以积极的态度投入到学习探究之中。

（三）有助于提高学生与人交往技能

为了很好地完成每个单元的任务，实现共同目标，小组成员之间的相互信任，相互鼓励，相互促进。共享所需的学习资料，并有效的加工这些资料等。

（四）有利于面向全体学生，促进每一个学生的发展

以往教学以教师为中心，每堂课只有少数学生有机会参与课堂问答，其余大多数学生无法直接参与活动。而采用合作学习方式，则大大增加学生参与的机会。小组里每个学生都有更多发言与表现的机会，可进行更多的相互交流及评价，可以弥补班级教学制下教学的局限性。通过集体讨论和讲解的形式进行。对于课文中的一些难点鼓励小组间进行争论，让学生成为课堂活动的中心，让他们积极参加小组讨论活动来代替"填鸭式"的知识讲授。不同的学生在心理现象、知识能力、思维习惯方面存在着较大差异，合作学习恰好能弥补教师难以面向众多有差异学生的教学产生的不足。教师可将全班同步划一的教学活动细化为小组中少数学生的个性化活动，为小组中每个学生的个性化学习提供较多的机会。老师由泛泛地关注整个班级进步到关注每个小组，进而深入到小组中的个人，为因材施教创造较好条件。在共同参与的过程中，每个学生知识、技能和情感都可以得到不同程度的提高。

三、大学英语合作学习遭遇尴尬的原因

通过课堂观察并结合访谈结果，笔者剖析我国大学英语教学遭遇尴尬的原因如下：

1. 传统观念的影响

新一轮教学改革以来，我国越来越多的大学英语教师开始转变教学观念，采用不同的教学模式和方法培养学生的英语综合应用能力，特别是听说能力。但是，"传道、授业、解惑"的观念长期以来在人们脑子里根深蒂固，很多教师最终还是没能摆脱传统观念的桎梏。因此，我国的大学英语教学如今仍然普遍存在着"以教师为中心、以课本为中心和以课堂为中心"的教学指导思想，教师习惯将讲授的内容在课堂上按部就班地展现给学生，教学过程中重认知教育，轻情感教育和性格培养，重应试教育，轻素质培养，重知识灌输，轻技能训练。在这种传统教学方式熏陶下，学生习惯在课堂上"消极、被动地"听课、记笔记。长期以来，教师讲，学生听，教师写，学生记，不少学生养成了依赖甚至是懒惰的坏习惯。在合作学习的课堂上，看到教师不再讲课，有些学生甚至不知道自己该干什么。可见，传统的教学模式缺少自主探索、多方互动和合作交流，学生难以适应合作学习所倡导的独立获取和分享知识的要求。

2. 教学管理滞后

作为一种新型的教学模式，合作学习需要政策支持和制度保障。但是，我国的大学英语教学一直以来基本上都是采用统一大纲（要求）、按统一计划和进度组织教学，教学管理方面缺少合作的氛围和灵活的制度建设。这在一定程度上增加了教师的顾虑，束缚了教师的手脚，妨碍了合作学习的应用和推广。

3. 对合作学习的理解不够透彻

合作学习不仅是一种有效的教学模式，也是一种富有创意的教学理论和策略体系，内涵丰富，涉及了教、学和教育理念等诸多方面。因此，在教学实践中，不少教师往往会因为对合作学习异质分组、互助合作、多维评价、共同进步等关键要素理解得不够透彻，导致操作上简单、盲目，甚至误操作。比如，认为合作学习就是把大课堂分成若干小组，教师放弃讲授，让学生自己学习；或者认为合作学习是传统教学与小组讨论的简单组合，忽视小组学习的目标和对合作学习的评价等，这无疑会影响到学生的参与和合作学习的效果，最终导致合作学习失败。因此，合作学习前如何科学分组，合作学习中如何引导学生有效合作，合作学习后如何评价，以便将合作学习的成果最

大化，这些是每位教师需要认真考虑的问题。

四、促成有效合作学习的措施

（一）转变教育理念

传统的教学理念以"应试教育"为导向，在教学思想上崇尚"知识"为本，在教学模式上以"讲授"为主，在教学内容上以"专业"为目标，在教学方法上以"教师、教材、教室"为中心，禁锢了人们的思想，束缚了人们的行为，与现代教学理念格格不入，必需进行更新。《大学英语教学要求》指出，大学英语教学要从以教师为中心向以学生为中心转变，既传授一般的语言知识与技能，又要更加注重培养学生的语言运用能力和自主学习能力。因此，在合作学习的背景下，广大英语教师应"以人为本"，努力转变教学观念，勇于突破以往"满堂灌"和"以教代学"的固有模式，从改变自己的角色入手，切实帮助学生在"合作学习"中真正成为学习的主人。同时，通过加强对学习者学习过程和学习策略的研究，尽可能为学生创造外语学习的最佳环境，以培养学生英语综合应用能力（特别是听说能力），培养学生自主学习与合作精神等综合文化素养。合作学习不仅意味着教学模式和教学方法的改变，而且还意味着教师需要对传统教学理念进行根本性转变。

（二）学习并研究合作学习

作为一种有创意的学习模式和教学方法，合作学习集有效教与学于一身，顺应了现代教育理论的要求，理应受到人们的重视。因此，为有效开展合作学习，学习并研究合作学习非常必要。

1. 强化合作学习理论学习

理论源于实践，又高于实践。教师只有加强对合作学习理论的学习，才能了解并抓住合作学习的精髓，在合作学习中更好地设计课堂教学任务，准确地考查学生，科学分组，因材施教，从而推动合作学习有效进行。

2. 研究合作学习实践

合作学习的困难产生于课堂，也只有在课堂中才能找到解决的办法。因此，教师不仅要学习合作学习理论，而且要借助合作学习理论来研究合作学习实践。教师只有研究合作学习的实践，才能在实践中有效进行教与学的合作。

（三）营造积极合作的氛围

积极合作的氛围包括院系里适度宽松的教改氛围和积极的课堂氛围。前者需要院系领导重视和支持，后者需要教师在班级里营造。适度宽松的教改氛围可以通过制定有利于开展合作学习的教学管理规定来创设，积极的课堂氛围需要教师在透析合作学习的基本要素和理念后通过改善师生关系、生生关系，不断激发并保持学生强烈的学习动机和兴趣来形成。

（四）培养合作意识和技能

作为一种团体意识引导下的集体学习模式，合作学习是建立在相互合作、群体竞争基础上的。作为互动的平台和途径，合作可以促进学习者更好地交流，传递信息和资源，营造集体的力量。但是，合作意识和技能不是天生就有的，在合作学习之初，为了让学生尽快适应合作学习的基本要求，应该对学生进行自主学习、合作意识和技能等方面的必要培训，特别要重视对学生干部和小组骨干进行针对性训练。在"相互依存、荣辱与共"的环境下，为了完成共同的学习目标，教师应努力激发并培养小组成员"为集体而战"的合作意识，从而调动学生的学习热情，在学习实践中培养合作技能。否则，即便学生想合作，恐怕也会心有余而力不足，难以保证交互和学习效果。

（五）建立合理有效的评价体系

就像布置了作业一定要检查订正一样，学生进行合作学习，老师一定要对其给予反馈和评价。评价只是一种手段，目的是帮助学生反思得失，以促进全体学生更加有效地开展学习。为激发小组成员共同参与合作和竞争，笔者主张在评价合作学习时，首先以小组为单位，对小组整体进行综合评价，以形成"组内成员合作、组间成员竞争"的良好格局。同时，在对小组成员的评价上，采取学习过程与结果、个人评价与小组评价相结合的方式，保证小组成员之间既相互合作，又相互监督，激发并保持小组成员的学习热情和积极性。

（六）狠抓课堂教学

在我国，课堂是外语教学的主要场所，也是提高学生英语综合应用能力的主要渠道。因此，一定要注重课堂教学的有效性，从"教"和"学"两个方面狠抓课堂教学，以"教"导"学"，争取做到："教"以问题为中心，以活动为中心，以学生为中心；"学"让学生在认知上从不会到会，在情感上从不感兴趣到感兴趣，在态度上从"要我学"到"我要学"。这不是件容易的事情。但是，只要广大英语教师在搞好教师学习的同时，关注和研究课堂"教"与"学"，就一定能在培训学生学习策略和激发学生学习兴趣的同时，把英语课堂变成解决学生学习困难、提供学生学习资源和展示学生学习成果的平台，促使学生愿学、会学、乐学且善学，从而实现课堂教学的根本目的。

综上所述，语言不仅是一门知识，语言还是一种技能。语言技能的培养需要在大量的语言实践中进行。因此，在目前我国这种非真实的语言环境下，合作学习通过异质分组的方式，最大限度地利用课堂（现实条件下我国语言实践的唯一场所）引导学生组内、组间互动合作，可以丰富语言实践的形式，极大增加学生语言输入和输出的机会，有利于培养学生的英语综合应用能力，特别是听说能力。合作学习不是简单地把学生放在一起为合作而合作。在合作学习中，教师应遵循教学规律，转变教育理念，紧紧把握合作学习的基本要素和特点，强化对各学习小组的组织、引导和监督，尽可能为学生创设更多的互动机会，激发学生在参与和实践中习得语言、建构知识。只有这样，合作学习才能真正从形式走向深入，在建构有效课堂和实现有效教学中发挥应有的作用。

五、合作学习在英语教学中的实效性

英语是交际语言，是人类交际历史发展的产物。英语这门学科是在实践英语的基础之上进行规范化，形成英语学习的理论知识，而英语的学习目的则是为了获得交际运用英语的能力，最终达到交际信息的有效输出。在英语学习中，我们不仅要掌握知识，而且还要发展我们的能力。合作学习教学可以帮助教师合作学习教学模式则帮助教学者构建一个合作学习学习方法，在交际活动中让学生通过语言实践掌握语言组织和交际技能，从而达到实践由实践的直接转化，达到事半功倍的效果，大幅度提高教学效率。而且，合作学习教学模式通过鼓励学生进行探究性学习，通过交往促进学生的全面发展。这种重视学生的主体价值和能力价值的教学，有利于激发学生学习的内在动机和自主学习。

合作学习是大学英语的一种学习方式，同时也是教师教学的一种组织形式，学生的合作是否有效，与教师指导与参与是分不开的。传统的教师的角色发生了变化，教师从主宰课堂的绝对权威变成教学过程的组织者、指导者和参与者。教师首先需要选择好适宜运用合作学习作为学习策略的教学内容，采用合作学习的策略进行教学；在整个进程中，要对各个小组的合作进行观察和介入，对各小组合作的情况了如指掌；还应针对学生合作中出现的各种问题进行及时有效的指导，帮助学生提高合作技巧，顺利完成学习任务。建立合理的合作学习评价机制也同样重要，教师应是合作学习评价机制的主要制定者和引导者，增强合作学习在英语教学中实效性。

目前，合作学习已经在许多国家普遍开展，并在教育领域得到广泛推广并取得一定效果的教学理论与教学策略。合作学习是一种很好的教学模式，可以打破以往单纯注重班级整体教学中一些难以解决的问题，也为学生创设了民主、平等互帮互学的学习氛围，讨论的过程也是学生的头脑思维活动的过程，而讨论的结果必将是进一步强化教学效果，最终提高教学质量。但"教无定法"，更深层次的研究和探索还有待逐步完善。合作学习作为一种具体的教学组织技术，其灵活掌握和成功运用，还有待教师们的刻苦学习和钻研，反复实践和反思。

第三节 探究学习

随着教育教学的发展，在英语教学中逐渐推行了自主合作探究学习，这有利于激发学生的内在学习动机，促进学生对英语知识与技能的理解和掌握，不断提高学生对英语学习的兴趣与积极性，为学生今后的学习打下坚实的基础。

一、自主合作探究学习的含义

合作学习主要是指在教师的帮助和指导下，让学生以小组为基本单位进行探究性的学习，通过大家的共同努力来完成教师安排的课堂学习任务。学生和教师在这个学习的过程中，学生之间会通过积极的信息交流来实现学习中的合作，因此主要是通过小组成员之间的交流沟通，并且以小组的目标作为主要目标标准，同时还要适当地运用以小组的整体成绩作为奖励及评价的有效依据的教学措施。

而自主性的合作学习主要包括辩论、竞争、问题解决、合作、设计、角色扮演以及伙伴等七种基本模式。从整体上讲，自主合作的探究性学习主要是依靠学生之间的合作学习的互动性来实现课堂教学活动的目的，并且这种学习方式是以小组为单位的，同时充分利用教学过程中的有利因素来进一步促进学生的课堂学习，然后再以集体成绩作为教学的评价标准，从而更好地实现教学目标完成的一项重要教学策略。

二、自主合作研究学习在大学英语中的重要作用

在英语教学的过程中，教师与学生处于不同的位置，因此扮演着不同的角色，但是教师与学生始终是处于一个较为协调、平等的基础之上的一种教学与学习的合作关系。学生与教师有着共同的目标与事业，但是这是需要学生与教师的共同配合与参与才可以真正实现教学上的真正合作。再加上学生

互相之间的合作性学习在英语教学过程中的自主性合作探究，因此已经成为英语学习的重要途径，这种合作性的学习方式能够提高学生的课堂学习效果、改善教师的教学环境，从而更好地实现英语教育教学的重要发展性目标，促进大学英语教学的健康发展。

（一）合作探究学习能够提高学生在英语课堂学习中的参与度

在进行合作性学习开始的阶段里，不管学生在课堂学习中是处于主动或是被动的位置，都应该获得锻炼的机会，这样学生就可以通过对英语的这种自行性的探究学习，不断增强自身的主体性意识，并且让学生能够更加积极、主动地参加英语的教学活动。同时，在进行合作性的英语课堂教学中，教师一定要给学生留有很充分的学习时间，这样就可以让学生在合作性学习中有充分的交流，并提高自身的英语素质和应用能力。

（二）合作探究学习可以增强学生的交际能力与团队合作精神

在大学英语教学中事项自主性的合作探究学习，可以为广大学生提供一个让同学间可以尽情交流个人的想法、信息以及建议的宝贵机会，进一步与同学进行英语学习上的辩论、探究和修正，这样就为英语问题的解决提供了更加广阔的平台。可见合作性学习小组的有效构建有效融入了合作团队这一教学理念，并且学生在团队合作中能够真正找到属于自己的一种特殊的荣誉感以及归属感，而也正是这些有效培养和发展了学生在英语学习中的团队合作精神，这也为他们今后的英语学习打下了坚实的语言基础。

（三）合作探究学习可以不断增强学生自身在学习中的自主性

自主性合作学习最主要的教学特点是启发性，而不是之前的知识注入式教学。其中，自主合作性的教学主要是教师采用多种多样的有效方式，充分加强学生个人在学习中对主观能动性的思想认识，这样才能够逐步加强他们对自己、语言以及学习意识的重视程度，最终大大提升学生对英语的学习自主性。与此同时，英语的自主合作性学习机探究，一定要大力倡导学生对自身的英语学习进行严格整体性的自我监督与评价，这样可以使他们主动担负起自主合作的英语自主性学习与相应的责任。

三、自主合作探究学习在大学英语教学中的运用

在大学英语的课堂教学中，自主性的合作探究学习主要包括听说读写等多种英语知识与技能。下面就来具体展示一下英语自主合作探究学习的整个教学过程。

（一）课前的预习工作

教师可以结合课堂教学的实际情况，将全体学生分为若干小组。然后教师需要在课程开始之前提出相关的知识背景以及需要进行探讨的学习话题，然后再将它们分配给各个小组，由每个合作的小组进行小组内部的沟通交流，进行课前的信息查找工作。这样，学生就可以很好地通过对相关学习资料的查找，进一步了解和掌握有关知识，进而更加高效地融入英语课堂的小组活动中来。

（二）准备阶段的工作

首先是要由教师将单元的课题引出来，然后进行课程的任务布置，再由每个学习小组或者教师介绍好相关的资料信息，最后进行各个小组间的讨论，等小组间的讨论结束后，就可以从每个小组中各选一名代表进行发言，每个小组可以进行适当的补充。在进行这一阶段的合作学习之后，小组间也可以通过影像、音频以及图画等有效的多媒体手段对英语的学习资料进行充分的展示，从而更好地锻炼和培养学生个人的胆量以及英语的口头表达能力。

（三）听力部分的合作学习

在英语的听力学习中，会采取听说结合的方式进行。首先，要先播放英语听力材料，同时教师要对听力中的生词及难点进行有效的解释。待听力结束后，教师要让学生以小组的形式对听力内容进行复述，也就是将自己听到的内容用在积极的话描述出来，这样就可以行将听到的内容很好地转化成自己的知识，此外，学生还可以就相关的问题进行有效的合作讨论，这样就可以为学生进行口语实践练习创造更多的机会。

（四）阅读部分的学习活动

在进行阅读部分的合作学习时，教师一定要在开始课文讲解时进行问题的导入工作，并且在导入问题的选择上也要尽量选择贴近学生现实生活经历的，这样师生之间才会有话可谈。每个小组在完成问题讨论之后，教师都要针对学生的实际情况进行适当的评价与信息反馈。然后再由每个小组的代表住处自己小组存在的问题，进而让教师或其他小组帮助解答。

四、基于建构主义学习观的自主探究学习策略

（一）自主探究学习模式中教学改进

任何教学设计都是基于三个要素：确立教学目标；根据教学目标规划教

学内容，选用教学资源，再根据学习者特征明确教学起点并选择教学策略和教学方法；进行教学评价，检查和评定教学效果。教师应通过文献研究、案例解读、课堂分析和教学反思，利用建构主义的相关理论，根据建构性学习特点，围绕学习目标、学习者特征、学习资源和学习评价，应用情境教学、合作学习、交互性教学、混合式教学等基于建构主义学习观的自主学习策略。

在情境教学中，将学习与一定的情境（如社会文化背景）相联系，能顺利地激发学生先前的经验，使学习者能利用自己原有的认知体系，通过获取同化和整合创新，内化新知识，赋予其意义，并完成最终的个人知识意义建构，可以应用情景教学法、抛锚式教学、随机进入教学等教学方法和策略。其中，构建自主的学习环境，是实现知识意义建构的必要前提和基础，而在现代信息技术条件下，资源合理配置的智能化多媒体及网络平台可以满足这一要求。随着信息技术的进步，计算机辅助教学开始进入课堂，推动教学改革。随后互联网技术在全球范围迅速发展，互联网＋教育的出现提高了高等教育国际化和信息化程度，信息技术的发展为学生的自主探究学习创建了理想的教学环境，微课、慕课、云课堂等教育网络资源为学生自主探究学习能力的培养提供了丰富的学习资源与相关的学习平台，推动现代学习理论的贯彻实施并发挥它的导向作用，推进了高等教育的发展。虚拟网络环境情景化的在线学习，将虚拟现实技术应用于学习情境的创设，进行模拟训练，使学习内容更形象有趣味，实现人机交互和人际互动，增强学生的学习体验，强化学生英语能力。

根据社会认知学观点，语言是社会认知系统。知识习得不仅是学习者的个人建构，同时也是合作学习的结果。为促进学生在学习中的角色由被动的知识接受者转变成主动的个体知识意义建构者，英语教师可以按照学生的学习特点结成协作团队，鼓励学生间的互动与合作，强调团队成员通过交流协作建构个体知识体系，教师可以根据教学内容和学生特征，适当运用合作学习、混合式教学、探究式教学、支架式教学、任务型教学等教学方法。

（二）学生自主学习能力发展

建构主义下的自主探究学习模式体现了"以学为本"的教学理念，学生是学习的主体，教师是主导，教学中首先把"学科教材知识"转化为"教师的学科知识"，继而转化为"学生的知识能力"。教师激发学生学习兴趣，帮助学生获得学习的动机——通过教师提供学习的线索，促使学生自主性的学习建构——在教师的组织协调中，学生进行设计学习，使"学生的知识能力"获得"生成和生长"。培养和激发学生利用多媒体及网络平台进行自主探究学习与解决问题的兴趣、意识和能力，使学生初步学会从网上获得、分析、利用以及传递信息的方法，提高他们处理信息和为我所用的基本能力。帮助学生发展其发现、探索、创新等自主探究能力，构建学生自主学习能力的评估指标，即制订和调整学习目标的能力、选择学习内容和材料的能力、自我选择学习方式和学习途径的能力、与学习伙伴协商交流的能力、自我评价及同伴互评学习结果的能力，以及自主处理信息和操作信息工具等的能力。通过评价引导和有效反思来激励学生进行自主学习，从而有效提高他们的自主探究及利用网络信息的能力。教学中注重培养学生的学习主体意识，激发学生学习内驱力，引导学生学习行为模式从被动接受式学习转变为主动探究式学习，充分发挥学生在学习过程中的主观能动性，培养创造思维和能力，引导学生养成混合式学习、合作学习、泛在学习等学习模式，树立终身学习理念，适应国家学习型社会建设战略的发展趋势。

（三）教师角色转变

教师是构成教学的重要因素，起组织、促进、引导的作用，对教学效果具有关键性作用。教师应该根据学生自主探究学习的需要，设计和调整自我角色，使教师角色行为有利于学生的主动、有效学习，用积极的言行引领和协助学生认知结构的意义建构，运用适当的教学方式促进学生自主学习能力的培养等，例如在情境教学中，教师可以根据课堂生成的不同信息，随时调整预设情境，即兴修改甚至创造，设计出有利于学生自主学习的课堂情境；在学生自主学习过程中，教师可以积极地表演自己的角色，支持学生的学习。教师应该注重努力用积极的言行指导学生高阶位的学习，对教师在不同的情境中扮演不同的角色有科学理性的认识。在教学研究与实践过程中，提高教师的理论水平、网络技术应用能力和实践研究能力，促进教师在教学中的角色转变，重视教育理论学习和教学理念的更新，自觉改革教学方式，积极构建新型教学模式，从而取得更优的教学成果，实现有效教学。

随着我国高等教育改革的深化，学生个性化知识体系构建和创新能力的培养已经成为高校人才培养目标的重要因素，大学英语教学除了英语语言文化知识技能之外，也应该关注学生自主学习能力的培养，引导学生构建个人发展所需的认知结构，为学生创新创业能力培养奠定基础，为国家经济发展提供适格人才。另外，我国一直重视加快建设学习型社会，提高国民素质，通过大学英语教学加强学生自主探究学习能力的培养与提高，鼓励学生终身学习行为养成，促进人的全面发展，有利于学习型社会创建。

第四章 大学英语教学模式

第一节 交际型教学模式

传统的大学英语教学模式向跨文化交际型英语教学模式的转变是时代发展和全球化人才培养的需要。教师、学生、教材和考试作为英语教育不可或缺的四个主体，在教学转型的过程中凸显出不适应性，从理念和行动上都需要转变。此外，多元文化教学缺失和忽视非语言交际能力培养等问题在新的教学模式下逐渐成为重心，这种新型英语教学模式意在强调培养辩证的文化意识和对待文化差异的独立判断能力，使学生在离开大学教育之后的社会生活中，仍能以正确的认知看待文化差异，成功实现跨文化交流。

在全球化发展前提之下，世界已然进入了"地球村"的模式，随着交通的便利，网络的发达，各个地域的国家以及民族之间的交流越发频繁，基于此跨文化交际已然成了一项重要的研究课题，各大院校在近20年内也相继研究开展不同的教学模式，希望能够完善这一重要的教学内容，英语作为语种当中的世界性语言，更是被列入了跨文化交际当中的重点研究项目，但是一系列的教学研究表明，我国大学跨文化英语教育还仅仅处于初级阶段。所以基于此，笔者通过多年的教学经验，针对跨文化交际的大学英语教学模式，提出几点意见，希望有助于我国的这一教学模式的发展。

一、交际教学法的内涵和特点

交际能力最初的定义为"什么场合说什么样的话、什么时间适合说话"。交际能力具有四个特点，即语法性，相当于语言能力；可行性，即可接受的程度；得体性，语言要符合即时场景，恰到好处；现实性，是实际生活中使用的语言。交际能力的重要性不言而喻，交际型教学法可以在一定程度上帮助学生学习英语。

在大学英语教学中运用交际型教学法，一般需要注重三个学习原则：沟通原则，任务原则，意义原则。沟通原则是需要在一定的沟通情境中来增强相应的学习效果，任务原则是由语言沟通来完成相应的教学任务，意义原则是要对学生能够产生一定的影响。交际型教学法的核心是可以用语言去学和学会用语言，教学目的就是为了让学生获得相应的交际能力。

二、大学英语教学的现状

在大学英语的教学过程中，一般存在着学时少、任务重的教学情况。一些高等院校采用的是统一的大班授课方式，人数的增多，让学生的互动交流机会就会减少，学生的交际能力就不会得到相应的提高。

除此之外，教师忽视了英语教学中的跨文化因素。英语教学是为了可以跟人进行有效的交流，如果学生缺乏相应的跨文化意识，就会出现很多中国式英语的学生，从而缺乏跨文化的交际能力，不可能真正掌握英语这门语言。

三、跨文化交际的大学英语教学模式

自新中国成立以来，广泛受到国际友好国家的帮助，并且时常进行沟通交流，所以对于外语尤其是英语这种世界性语言，在教学上非常看重。在教育方面，我国从小学到大学一直在进行英语教育，但是效果所收甚微，虽然试卷成绩不错，但是在实际应用过程当中却不尽人意，大学英语教学就是一个典型的例子。这主要是在于跨文化交际并不单单是要掌握语言的应用，在交际的过程当中，更注重对文化的学习。经过多年的观察与研究，笔者总结出了七点阻碍其模式发展的原因：第一在教学过程当中过分注意语法的应用，而实际上忽略了对文化的研究；第二缺乏一个有利于学习外语的环境，在培养学生时只注重试卷的分数而往往忽略了对学习气氛的关注；第三缺乏大纲，普遍的教育大学没有一个系统性的针对跨文化交际英语教学的培养大纲；第四从学校到教师再到学生缺乏跨文化交际的概念，并不重视这一方面的培养；第五缺少交流机会，虽然普遍提出跨文化交际这一理念，但并不真正的举行跨国文化交流会，充其量是学生与学生之间，学生与老师之间进行一定的互动交流；第六缺乏主要的跨文化交际模式的英语教材，普遍院校还在采用传统的教材，不利于跨文化教学的开展；第七没有系统的评估手段，依然是通过考核来检查学生在一段时间内的学习程度，走上了传统重复教学的路线，以上七点是真正阻碍跨文化交际的大学英语教学模式形成的重要因素。我国从民国之初到现在经历了100多年的变革，但始终在这100多年内积极培养对外人才，努力学习外国文化精粹，但是由于教学上的古板和守旧，我国的教育水平虽然有所提高，但是教学思想仍然还滞意，所以对于跨文化英语交际教学来说其效果还停留在几十年前甚至更远时期的水平，而一些所谓的专业人士却认为我国的跨文化教育已然成熟，并且经历了所谓的四个阶段，所谓的第一阶段是培养语法知识阶段；第二阶段是熟悉规律阶段，第三阶段是认知阶段，第四个阶段是成熟地运用社会文化能力和跨文化交际能力阶段。然而诚如这些专家所说，根据系统资料表明，我国各大院校毕业人才当中，能够熟练应用英语进行跨文化交际的人才不过 3%，还有相对于 97% 的学生无法进行跨文化交际或者根本无法熟练应用英语这一语种。现在普遍认可的语言教学法流派基本上有五种，基本上是直接法、听说法、翻译法、交际法、认知法，但是无论是哪一种方式，如果脱离了对外文环境的融入，脱离了对外国文化的研究，脱离了对具体操作方式的应用，都无法真正的教育出大批量的可进行跨文化交流的学生，所以构建一项跨文化交际大学英语教学模式势在必行。

四、对跨文化交际型英语教学模式中主体对象的研究

（一）教师缺陷与对策

跨文化交际型教学模式下，英语教师丰富的语言文化知识，较强的语言比较研究能力和课堂掌控力是教学成功的关键，然而教学实践反映出大学英语教学中的文化教学并不尽如人意。对此，笔者做了简要分析：首先，文化教学对于外语教师来说要求过高，短期内外语教师从认识和能力上均不能很好地达到要求。郭海英发现，外语教师对跨文化交际的概念理解模糊甚至狭隘，妨碍了其正常英语课堂中的文化渗透。由于当代绝大多数的中国英语教师仍然是由本土传统的英语教学模式培养起来，实际体验且亲身深入异域文化的教师少之又少，对于外国文化的了解也仅凭书本影像等媒介；因为条件的限制，课堂教学中多维度自如地引入有趣生动的异域文化对于外语教师来说是一个极大的考验。其次，现行教育体制下，外语教师业务水平的衡量很大程度上仍取决于学生的四六级考试通过率，这使教师不得不在课堂上以要求学生掌握大量语言知识点为主要目标，忽略文化知识导入。由此，跨文化交际型的英语教学需要外语教师从观念到能力上都进行改观，强化对跨文化交际教学法的准确认识；同时专业性的培训也必不可少，最好是能够亲身体验异族语言文化的出国培训。

（二）学生认识与实践的不足与对策

赵云芳对非英语专业学生英语学习的动机及课下自学状况的调查发现：

89%的学生是为了通过四、六级考试。同时，大多数的学生表示不会在课下利用机会练习英语和学习英语国家文化知识。高永晨（2006）对大学生跨文化交际能力的自我评估也做了调查，结果显示很多学生对自己的跨文化交际能力持否定态度，原因部分归结于怕犯错误，或在交际中的内向自卑心理。两个调查均表明学生英语学习存在的两个问题：一是学习英语的动机单一且具有功利性，动力不足，自觉性差，使得英语文化教学的阻碍加大；二是学生在面对英语交流时并不持积极乐观的态度，自身情感的自卑和焦虑心理阻碍了他们的跨文化交流。这些情感因素均涉及 Krashen "情感过滤假设理论" 所提出的三种情感变因：动机，自信心和焦虑感。根据 Krashen 的理论，学习者只有在最佳情感条件下，即具有强烈的学习动机，充满信心且无任何焦虑感时，才会真正的习得语言。因此，要想真正实现跨文化交际模式下的英语教学，必需要考虑学生的情感因素，明确外语学习的真正目的是提高其文化素养，并掌握一种跨文化交际技能。同时还要帮助学生建立一种积极的跨文化交际态度。目前，很多学校都采取了充分利用外籍教师达到跨文化交流的目的。然而，外籍教师仍持一种教师身份，学生在交流上仍会有不同程度的焦虑。若创造条件使学生与本校留学生多交流收效可能会更大；同为学生，英语学习者在交流时不仅不会因自卑而羞于开口，而且与来自不同国家的留学生交流，为中国学生了解多元文化打开了窗口，使其学习英语的动力加大，视野扩宽。

（三）教材内容的缺失与不足及对策

外语教材的文化含量直接决定着课堂上文化导入的深浅多少，杨盈，庄恩平从跨文化外语教学的视角出发对高等教育外语教材做了调研，发现教材内容和练习设计均缺乏与跨文化情景的结合，远离跨文化交际实践的需要。针对这一现状，现今外语教材如何改革以及如何利用便成为高等外语教学界比较关注的问题。对于选用的教材既要确保其内容能呈现跨文化交际的特性，引入多元文化内涵，注重学生跨文化交际意识和实践能力的培养；还要鼓励教师用自行编写的讲义来授课。在此需要注意的是，靠教材的改革来推动英语教学改革仅是一个起点，如何创造性地利用和补充教材更为重要。外语教师和外语教研小组还可定期组织编撰文化和跨文化类的电子报纸，在校园内面向所有学生发行，发放至学校 BBS 论坛或学生邮箱，以帮助学生扩充了解跨文化交际知识。

（四）对考试制度的反思

考试是对学生英语学习的督促和总体水平的评价，然而当下的考试一定程度上成为阻碍大学英语文化教学的瓶颈，尤其是当前最具争议的大学英语四六级考试。虽然 2006 年 11 月新的《大学英语四级考试大纲》将考试目的修正为"准确地测量我国在校大学生的英语综合应用能力。"但考试的题型内容基本没有大的变动，注重学生主观能动性发挥的主观题型所占比重不大，文化和跨文化类考题涉及甚少或几乎没有。因此改革考试以促进大学文化教育势在必行。改革不仅涉及全国四六级考试，也包括平时高校内部的英语考试。考试形式和内容不仅可包括考查学生文化和跨文化知识的笔试，还应更加多样化，例如学生可通过社会实践撰写跨文化方面的论文；为考查学生语用能力，还可开展以文化为专题的口试。

五、跨文化交际大学英语教学模式的构建

（一）跨文化交际大学英语教学原则

跨文化交际大学英语教学模式是基于文化教学、文化理念、文化环境、文化影响的一种精心计划的教育仿真。在这一模式当中既要体现教学内容，还要体现教学材料以及教学原则、教学目的等诸多具体的符合语言文化环境发展的客观因素，由于篇幅有限，笔者就单从这一教学的原则以及目的两种模式出发，为大家进行分析。

制定教学目标所遵循的原则。总体仿真与变化型策略相互辅助。以《大学英语课程教学要求》为教学大纲，系统的归纳要求当中的具体实施点。确定教育学生的具体方针，但是在教学过程当中，要根据自身学校的师资水平以及本校学生的学习理念从而制定具体的可变性的教学内容，这一内容既要符合总方针思想又要符合跨文化理念。将试卷考试以及语法测验作为辅助性考察范围，而将学生对待英语的掌控应用以及对文化理念的熟识程度作为考察的第一目标。确定语言教学内容所遵循的原则。不要死板的套用《大学英语课程教学要求》作为教学依据。应形成一套从外国文化入手，配合语言教学的具体性的教育文章。注重对外国精粹文化内涵的选择，并且在课堂上善于应用这一思想内涵，并通过联想教学、组织教学等多种有效的教学手段，提升学生对内涵文化的听说读写的能力。以内容为典型，以围绕内容展开的具体应用为教学手法，以趣味性教学为教学理念。如此才能在学生理解课文内容的同时，理解内容当中的内涵，并围绕内涵展开一系列的单词、语法、应用效果的转换。

确定文化教学内容所遵循的原则。语言形成文化但并不代表文化。在交际过程当中，我们作为教育者来说，最重要的是应注重学生的表达能力而非

是课卷评分，所以在针对教学内容的选定的同时，要注意实际语言的应用，选定典型文化差异内容，杜绝文化负迁移。通过培养语言能力和文化知识，形成系统的应用教学，并且研究外国文化的精神特点，以此作为准确的教学内容。并且通过语言为具体的传播导向，克服外文内容和本土内容的融合。从内容的本身就注重对于外文素质的培养，并将语言能力作为第一培养要素。

课堂语言教学所遵循的原则。语言是文化的基础，听说读写都是进行语言文化学习的主要途径，基于文化创新教育正是跨文化交际英语教学模式的主要理念，所以作为教师而言，在教导学生注重语言学习语法的同时，还应从听觉、视觉、触觉、感觉等多方面进行系统的培养。使学生在学习课堂内容的同时，还能感同深受地处于文化理念的包围当中，从而举一反三，针对课堂文化教学内容进行主导性的反思，灵活的运用当下发生的事实新闻对学生进行巧妙的理念灌输，并充分利用网络，配合新闻事实教学，对学生进行课后辅导或者是课后作业布置。无时无刻运用情景、心理、功能、意念、社会、性别、语体、语调、语法等辅助手段，从教学生活以及日常活动当中巧妙地影响学生，并在此过程当中注意对实际操作的运用，将课堂内容引向课外生活才是最为适应于跨文化交际大学英语教学模式的理念。

课堂文化教学所遵循的原则。合作式学习、研讨式学习是现有的课堂文化当中比较利于学生学习的方式之一。丰富的课堂设计，互动形式的课堂研究，是巩固知识要点，强化文化教学特点、增强课堂体验能力，从侧面强化教学条件，从基础增强学生学习理念，并学以致用灵活的运用到日常学习当中。

（二）跨文化交际大学英语教学的目的

教学目标是跨文化交际大学英语教学模式的一项重点理念体现，其目的就是为了增强跨文化交流，培养学生的交际能力。所以根据这一目标，各大院校在进行基础教育的过程当中，引用文化交流就至关重要，文化内容包括基础知识课程、交际文化课程、母语与第二语言相互转化课程。由此以下几个方面来进行系统的表述。

培养学生的英语综合应用能力。综合能力是一项注重与交际的重点教学目的，在英语教学过程当中，无论是语言能力、技能、运用方式都可以看作是这一能力的具体体现。如果将综合能力比如是一台机械的话，那么语言能力是这一机械的电源，技术能力是这一机械的操作手法，而运用能力则是这一机械的具体生产效果。到目前为止，就跨文化而言，综合能力的提升才是完美实现其交际交流的主要手段，而综合能力的运用也是体现交际能力的主要方式。

　　培养学生的跨文化交际认知能力。在英语教学过程当中，综合应用能力是主要的一部分，但是作为跨文化交际能力来说，它也仅限于是重要的一部分，并非是全部的跨文化教育理念。通过多年的实践，外国各大院校总结出了一项具体研究方向，那就是认知能力。认知能力是左右真正跨文化交流的根本所在，无论是对课文、文化、内涵、应用、语法等一切运用综合手段，如果没有既定的认知能力，那么就无法在不同的环境，不同的背景、不同的理念之下有效果地进行文化交际的能力的培养。所以笔者认为，基于真正的跨文化教学我们要从：认知因素，情感因素，行为因素等三个方向，具体的进行研究，这三点研究当中最为重要的就是针对认知因素进行系统的研究。认知因素是指跨文化意识，即人们在对本国文化和外国文化理解的基础上形成的对周围世界认知上的变化和对自己行为模式的调整。情感因素是指跨文化交际过程中人们的情绪、态度和文化敏感度。行为因素指的是人们进行有效的、适宜的跨文化交际行为的各种能力和技能，比如获取语言信息和运用语言信息的能力，如何开始交谈、在交谈中如何进行话轮转换以及如何结束交谈的技能，移情的能力，等等。

　　培养学生跨文化情感能力。《心理学大辞典》给情感下的定义是："情感是指人对于客观事物是否符合自己需要而产生的态度体验"。情感反映的是具有一定需要的主体与客观事物之间的关系，是对客观世界的一种特殊的反映形式，属于心理现象中的高级层面，能够影响到认知层面的心理过程。情感、态度和动机，能够影响对事物的认识和解决问题的方式。交际过程中的文化情感能力主要指交际者的移情能力和自我心理调适能力。

　　培养学生的跨文化行为能力。跨文化行为能力是指人们进行有效的、适宜的跨文化交际行为的各种能力，比如正确运用语言的能力，通过非言语手段交换信息的能力，灵活运用交际策略的能力，与对方建立关系的能力，控制交谈内容、方式和过程的能力等。跨文化交际的行为能力是跨文化交际能力的最终体现。跨文化行为能力的形成需要以认知能力和情感能力作为基础。在跨文化交际大学英语教学过程中，我们拟着重培养学生的三种跨文化行为能力：言语行为能力、非言语行为能力和跨文化关系能力。

　　我国自一百年前打开国门看世界以来，经过了漫长的对外国文化的学习和认知，时至今日，中国依然成为世界上的经济大国，早已摆脱了发展桎梏，迎来了新的发展商机，而这一商机的触发是完全基于我国与世界交流的成果，所以作为国有教育来说，对于英语的跨文化交际应用非常重视，但是作为各大院校来说，在这一方面近年来所取得成绩微乎其微，主要原因就是对这一文化的系统知识理念理解不够，没有形成主要的教育模式，对文化的发展以及内涵了解不深，偏重于传统的教学模式，偏重于传统的考试模式而形成的，所以想要真正的形成跨文化交际英语教学就应从具体的认知能力以及综合能力入手，在注重攒同教学理念的同时，注重对实际应用能力的教育。

第二节 "输入—输出"教学模式

随着我国大学英语教学改革的不断深入，大学英语教学取得了长足的进步。同时，新制订的大学英语教学大纲对大学英语教学提出了更高的要求。然而，长时间的语言输入与输出的失衡导致大学英语教学效果并不理想。基于语言输入与输出理论的大学英语互动教学模式将试图解决大学英语教学目前存在的问题，探索促进大学英语教学改革的新途径。

一、目前大学英语教学模式中语言输入与输出的现状分析

目前，我国大学英语教学中应用的教学模式有"以教师为中心"的教学模式、"以学生为中心"的教学模式及"以学生为主体，教师为主导（双主模式）"的教学模式。以上三种教学模式对语言输入与输出的侧重点不同。在"以教师为中心"的教学模式下，课堂以教师为中心，教师讲授内容，学生被动接受。在课堂教学中，教师占主导地位，以教师的语言输出为主，教师与学生、学生与学生之间缺乏互动与交流。该教学模式忽略了学生作为教学活动的主体地位，不利于培养学生的语言输出能力，即说和写的能力。

"以学生为中心"的教学模式与"以教师为中心"的教学模式相比有很多优点。该教学模式能够激发学生的积极性和主动性，提高学生课堂活动的参与率，有利于培养学生的听、说等基本技能。然而，这种教学模式仍存在诸多问题。由于课堂上过于突出学生的角色，往往忽略了课堂教学目标设计、教师地位及教师的引导。课堂上生生互动较好，但缺乏教师与学生的互动。因此，教师难以进行评估与总结，从而导致语言输入与输出的失衡，最终难以达到预期的教学目标。学生的人格、品质及情感也很难得到良好的培养。

以上两种教学模式均在输入与输出的平衡方面存在一些亟待解决的问题。另外，由于绝大多数高校的大学英语教学会受到各类考试的影响，如国家四、六级考试，考研。学生的输出能力的培养被忽视，尤其是口语能力的培养得不到重视。这种以应试为指挥棒的教学与学习也是导致"哑巴英语"产生的原因之一。

为了进一步推进大学英语教学改革，适应社会各界对大学生英语能力的要求，教育部于 2004 年颁布了《大学英语课程教学要求（试行）》（以下简称

《课程要求》)。《课程要求》对大学英语提出的教学目标是"培养学生的英语综合能力，尤其是听说能力"。为了更好地满足新的《大学英语教学大纲》要求，一线英语教师在教学实践中应不断摸索新的教学模式，即"以学生为主体，教师主导（双主模式）"的新型互动教学模式。该教学模式以输入和输出理论为基础，结合现代多媒体教学与传统教学，注重学生主体地位与教师主导地位，达到语言输入与输出的平衡。

二、概述输入、输出及互动假说理论

（一）Krashen 输入假说理论和 Swain 的输出假说理论

在 20 世纪 70 年代末 80 年代初，美国著名的应用语言学家 Krashen 提出了输入假说理论。在二语习得中输入假说理论是最有影响力且最有争议的理论。Krashen 认为，一个人的语言能力主要是通过习得途径获得的。而在习得语言的过程中，大量的可理解性输入，尤其是通过大量接触略高于自己现有水平的可理解性语言输入，语言学习者才能自然习得语言（转引自邓颖玲、郭燕，2010）。Krashen 强调语言的有效性输入，其特点有可理解性、趣味性、非语法程序安排及足够的语言输入量。

Swain 对 Krashen 的语言输入假说提出了质疑，并提出语言输出假说理论。Swain 认为，二语习得中仅仅有大量的可理解性语言输入不能保证语言学习者语言表达的流畅性和准确性，还需要可理解性输出。Swain 认为，大量的可理解性输出能够促进语言学习者注意自身的语言能力和所存在的问题并进行检验和反思（转引自王烈琴、李建魁，2009）。

（二）Long 交互假说理论

基于 Krashen 的输入假说理论，Long 提出了交互假说理论。Long 认为，大量语言输入对语言习得很重要，但他强调交际性的语言输入比单纯的语言输入更重要（转引自何留武，2004）。Long 的交互假说理论主张在语言交际过程中语言交流双方通过不断修正与协商达到交际目的。Long 认为，交际者在交流过程中对语言输入与输出进行不断协商与修正有利于语言习得的产生（转引自何留武，2004）。互动是交际的核心，也是目前流行的英语互动理论的核心。

（三）输入、输出与互动的关系

Krashen 的输入假说理论强调不但要有大量的可理解性输入，而且语言输入应略高于语言学习者的水平。基于加拿大沉浸式教学，Swain 提出"仅仅有输入而没有输出，难以达到语言习得的目的"的观点。Swain 认为，在语言习得过程中，语言输出同语言输入一样，具有同等重要的作用。对语言习得者来说，只有通过语言输出才能检验语言输入的吸收与掌握情况，二者是相辅相成的关系。语言习得过程通常分为三个阶段：输入、吸收和输出。在语言的输入、输出过程中，吸收过程起着至关重要的作用。吸收过程是通过不断地练习获得的，即通过互动获得的。互动能够为语言输入提供可理解性输入与反馈的机会。不仅如此，互动也能够检验和调整语言输出，达到语言知识的内化。因此，在语言习得过程中，语言输入和输出将通过互动达到有效习得语言的目的。

三、基于输入与输出理论的大学英语互动教学模式

基于 Krashen 的输入假说理论、Swain 的输出假说理论及 Long 的交互假说理论创建的大学英语互动教学模式，其目的在于平衡语言输入与输出，提高学生的语言交际能力。

大学英语互动教学模式通常分为三个阶段：语言输入阶段、互动输出阶段及教学评估阶段。与传统的"以教师为中心，学生被动接受"的模式相比，"以学生为主体，教师主导（双主模式）"的教学模式具有明显的优势。在互动教学中，教师通过组织形式多样的教学活动鼓励学生进行语言输入与输出，并通过评估的方式验证教学效果和学习效率。学生的语言输入可以通过多种渠道获得。在互动课堂上，学生通过教师讲授、提问及设置问题等教师的指导性输入获得足够多的语言输入。这种教师的可理解性输入为学生的语言输出提供了有力保障。在互动输出阶段，教师积极组织学生进行独立思考、配对练习及小组活动，目的在于培养学生的合作学习能力和语言交际能力。在大学英语互动教学模式中，学生的语言输入与输出最终通过教学评估检测其语言理解能力和语言输出能力。在此过程中，教师的反馈起着至关重要的作用。在互动课堂中，教师要对学生的表现做出及时反馈。这样，学习者在接受反馈后，会对自己的语言输出做出修正。反馈可以引发学习者修正其输出，修正的输出反过来又可以促进语言的学习。在评估阶段，教师不仅可以通过考试、测试等形式对学生评价，还可以采取个别访谈、学生口头汇报交流、书面材料递交、PPT 成果展示等形式对学生的输入、吸收及输出做出客观、科学、全面的评价。除此之外，通过学生间的互评，学生能够取长补短，共同促进学习。大学英语互动教学能够使课堂活动环环相扣，使学生充分融入课堂活动，促进学生的语言输入与输出，最终取得良好的教学效果。

四、"输入输出假说"在大学英语教学模式中的运用策略

（一）语言输入

"可理解的语言输入"是语言习得的必要条件。因此，在教学中输入的材料一定要根据教学对象的实际水平和接受能力来具体确定，做到由浅入深，由简单到复杂，语言深度和词汇量也要符合学生的实际水平，内容适合学生学习，在语言输入过程中要兼顾语言意义和语言形式，即识别和记忆语块，这样才有可能达到预期的教学目的。例如在目前大学英语课堂教学中大多采用多媒体教学的主体环境下，如果对学生进行可理解性的语言输入，采用以"教师为主导、学生为中心"的教学模式。如教师可通过让学生看一些图片、录像或听一段录音来扩大输入量。在了解学生目前实际水平的前提下，教师可以把学习材料中超出学习者当前语言知识水平的内容，变成较为浅显易懂可理解性知识输入给学生，从而确保了语言习得输入材料的可理解性。通过对教材所涉及语言知识和交际技能的深刻讲解，使学生准确地理解和掌握目的语的语音、语法、词汇、句法等语言知识。在学生充分理解目标语言的基础上，教师要引导学生尽量运用所学的单词来交谈，让学生开展小组活动讨论讲解课文，教师引导学生进行正确理解，如遇课文的重点及难点可帮助学生解决。通过丰富多彩的听读"输入"，在学生更新英语语言知识的过程中，获得了听觉信息、视觉信息、文本信息、情景信息和反馈信息等五个方面的"输入"。另外，教师应在校园网的多媒体教学平台上补充一定量的、难度相当的语言材料供学习者自学时使用，以便学生能够及时巩固和检验自己所输入的知识，从而达到使学习者接受足够数量的可理解输入的教学目的，也提高语言输入的有效性。

（二）语言输出

目前大学英语教学还是以对目的语的输入为主，学生的参与的动机受到抑制，语言的得体运用能力得不到提高。面对这一现状，教师在可理解性语言输入的前提下，要在进行开放性地说写"输出"。课前布置学生自主在图书馆或网上查阅课文主题等相关资料，对一些课文中的重点及精彩语言进行讲解，给学生介绍相关文化背景知识等内容。在对课文进行全面分析前，可首先请学生将所了解的材料课堂陈述，对有争议的话题进行讨论。在教材内容讲解之后，教师应对所学内容及时总结。如在实施相关的互动教学活动中，把语言的输出练习分为练习式输出和交际式输出，要求学生以大意概括和同学间互相讲述的形式对所学材料做练习式输出。引导学生

对语言问题的注意，根据掌握的语块修正语言错误，然后采取讲述和作文形式的交际式输出方式。让学生就课文中某一场景陈述其中暗含的文化背景等分析交流讨论，也可根据课文中所涉及的相关知识要求学生课后去查找相关资料或写观后感。输出时侧重语言意义，更多地使用大量储存在记忆系统里的语块这一正确地道的语言形式等，进行相关的话题词汇积累和相关的话题概括和讨论，在这种开放性的说写"输出"教学模式下，教师自身的主导作用得到了发挥，学生也能积极参与到课堂中，学生语言表达的流利性、准确性和地道性均能有明显的提高，也激发了学生深入研究问题的热情。这一教学模式还充分利用师生间在学生"输出"过程中的交流、对话，实现及时的反馈"输入"。

应用"输入输出"假设理论指导大学英语课堂教学的过程，就是把情景信息作为重要的"输入"信息，强调营造学生对语境、情感等的体验和感悟，使学生在自然的、轻松的环境中习得和积累，实现滚动式发展。这种教学模式的使用，不仅能够指导学生学会学习，体验"习得"，培养学生英语思维的能力。同时，这一教学模式也引导学生在课堂上完成知识联网，完善学生的英语认知网络，能够使大学英语课堂教学中有限的教学资源优化使用，将大大地提高学生的英语总体水平。

第三节 分级教学模式

近年来，学生入学时英语水平差异性大成为各个高校面临的一个非常棘手的难题，来自发达地区的学生，有着相对扎实的英语基本功，对教师用全英文组织的课堂活动比较适应，而对于那些从相对偏远地区招收上来的学生，在英语教学的授课中简单的口语对他们来说都有很大的难度，这些学生的英语听力水平相对较低，参与性不强，不能与全英文教学模式相适应。如何使得不同层次的学生英语学习的需求都能获得有效的满足，成为衡量大学英语教学水平的一个重要标志。在大学英语教学中贯彻和推行旨在以"分层教学、分类指导、分级达标"为指导思想的教学模式势在必行。

一、大学英语分级教学溯源

将学生按照英语水平的高低分为不同层次，并且按照学生的不同层次来规划迥异的培养目标，分别制定不同的教学计划，使用不同的教学方案，在管理制度上也加以区别对待，这种教学模式我们称之为英语分级教学模式。在教学过程中，将因材施教这一教学原则层次分明地加以实施，进而使每个学生按照自己的实际水平获得英语知识并且获得进步。

（一）因材施教是实施分级教学的理论基石

新入学的大学生从高中进入到"象牙塔"，不同地域的学生有不同的个性特点，在英语学习方面不同的学生英语学习水平也不尽相同。这就要求教师要了解所教授的学生的实际英语水平，了解学生之间的个体差异，在教学过程中充分考虑每个学生的自身特点，有的放矢地进行教学。回顾我国教育史，因材施教原则被历代教育者所倡导。众所周知，孔子是率先倡导并践行这一原则的伟大教育家。他主张在教育中，应考虑根据学生的个性与特长，注重补偏救弊，使学生可以充分发挥自身的聪明才智，扬长避短，学以致用，促进学生全面发展。宋代的教育家朱熹曾经这样总结孔子的教育经验："圣贤施教，各因其才，小以小成，大以大成，无弃人也"。近代教育家蔡元培在教育上注重崇尚自然，施展个性，不拘一格降人才。认为兴趣是学生学习的唯一动力，要求学生在学习上要变被动为主动，自主学习，反对因循守旧的学习方式。教育家、思想家陶行知先生提出："行是知之始，知是行之成"。针对我国当时的教育状况，提出了"教学做合一"，要求教师设身处地的从学生的实际情况出发，学生想获得多少知识，老师就给予多少知识，想学什么就教授什么，多学多得，少学少得，针对那些学得快的学生教得也快，学得慢的学生就讲得慢。

在当今的教育体系中，以班级为依托的授课形式是目前学校教育中常见的表现形式。班级授课的缺陷为教与学的进度不一致，无法顾及学生的个体差异，不能充分做到因材施教。我国的现行考试制度使得大多数英语教育工作者拿分数作为衡量学生和自身教学水平的标准，采用单一"填鸭式"的教学模式，按照老旧的教学模式授课，自己做不到教学相长，学生也无法充分发挥各自在英语学习中的长处，导致学生学习成绩提高不明显，个体发展不均衡。授课教师面对英语水平各异的学生，在教学方面难以做到充分发挥学生个性，学生的潜能得不到有效的开发，在英语学习方面获得的收效甚微，完全都是依靠高中的"底子"。在教学中，从学生的角度出发，合理运用因材施教原则，不同的个体在语言表达能力上有所差异。学生在学习的过程中学习的动机和目的不同，学习态度和自身性格等也存在差异，提出不同的教学要求，采用不同的教学方法和教学模式，充分发挥学生的个性，承认不同的学生间对英语语言能力方面存在的差异，做到英语基础好的学生拔高，英语基础差的学生跟进，力求使每个学生在自己最能适应的学习环境中发挥出自己最大的能力水平。

（二）语言学角度的英语分级教学

目前，英语教学中比较权威的是应用语言学家美国人克拉森提出的"语言输入假说"理论。英语分级教学这一构想以语言输入理论为切入点，这一理论也为分级教学奠定了坚实的理论基础。克拉森在第二语言习得理论中指出人类习得语言最好的时机就是在其获得可理解性的语言输入的时候。这也就意味着想要学习语言，获得可理解性的语言输入是唯一的途径。通常，可以将可理解性的语言输入，用公式 i+1 表示。其中"i"代表语言学习者现有的水平，"1"则表示学习者所拥有的略高于现有水平的语言知识。如果学习者的现有水平远远超出语言输入，就表示为 i+2。当学习者的现有水平接近语言输入时，可以表示为 i+0，学习者则无法获得可理解性的语言输入，也就意味着对学习者来说，这一部分内容非常容易，学习者学习效果就不明显。

可见，对于教育者来说，将含有 i+1 的语言输入融会贯通，并按照自然序列，才能从 i 层次过渡到 i+1 层次。换句话说，只有学习者在学习的过程中大量接触 i+1，学习者才能更好地理解语言输入，并且获得新的语言知识。要想使得这种输入行为能够被理解，相应的语境和语际信息也是不可或缺的重要组成部分。该名学者同时也提出了，虽然第二语言对可理解性语言输入的获得很有必要，学习者在情感上吸入也至关重要。学习者的情感因素主要包括在第二语言习得过程中，学习者的动机、自信心和焦虑感。学习者学习的时候既不焦虑，也不感到紧张，这种状态学习效果更好，才会产生真正的习得。在学习第二种语言的时候，学习者是否有身临其境的语境是关键，即语言习得离不开语言输入，学习者的情感因素对输入也有深刻影响。充分尊重学习者的情感因素，使学习者避免焦虑情绪，让其内在的语言处理机制充分发挥作用，将已被理解的语言输入充分吸入，进而不断增强语言能力，不断提高内在化程度。克拉森的 i+1 理论注重学习目标的达成和学习效果，体现了学习要有步骤、方法和过程的循序渐进的学习观。克拉森的理论是强调"过程"中"获得"结果。

二、大学英语分级教学的理念

随着英语教学的不断发展，随着各国全球化趋势的不断升高，英语逐渐成为教育中的中流砥柱，在学生从小学到初中再到高中的求学过程中，英语考试也成为评价考生综合素质的主要考点。而进入大学以后，英语的教学目标也从单一的语法单词，演变为实用性教育模式，各大高校更注重培养学生以后在工作中如何应用适合自己的专业英语，这就需要学生在英语学习上不断提高自己。

但是，由于不同学生曾受到的英语教育不同，自身条件也有很大差别，这就导致学生的英语教学接受能力各不相同，如何老师在课堂上对学生采用同样的教学模式，同样的教学内容，就有可能导致一部分同学跟不上课程进度，而另一部分同学反而感觉内容过于简单而昏昏欲睡。长久下去，跟不上的同学消极怠工，以至于自暴自弃；而觉得进度慢的同学则吃不饱，也就会有厌学心理。所以，对于大学阶段的英语教学课程来说，最重要的就是因材施教，有针对性的教学，为每个专业，每个年级甚至是每个学生制定相应的教学计划，例如采用分级教学的方式。分级教学即指为了提高学生的学习效率，引起学生学习积极性，达到教学资源优化配置的目的，根据学生的不同情况对其进行分组、分级对待，在不同级别中实施与之相对应的教学方法，运用不同的教学资源，应用规范的教学流程，使不同级别的学生都能学到自己最需要的，也是最适合的英语课程。

三、大学英语分级教学模式的特点

科学合理的分级是"因材施教"的保证和前提，这就是与传统的大班授课的教育模式最根本的区别，以此来改变学生混日子的学习态度，这种分级方式需要指导教师对每个学生进行全面整体的调查，弄清每个人的当前情况和自身需求，然后按照科学的分级方式，最大限度的开发学生的学习潜力，这样才能做到事半功倍。

（一）三分法模式

目前很多高校都采用三分法的分级模式，三分法就是根据学生英语考试的成绩，将学生分为三个级别，最高的是 A 级，然后是 B 级，C 级，然后对于能力较好的同学，教授较为高水平的英语知识，辅导学生的听、说、读、写、译能力，还要帮助同学如何通过英语能力考试等等，以便将来更容易就业。中间等级 B 级的学生，按照正常的大学英语流程来教育，学习专业术语，练习阅读能力，无须太急于求成，逐步提高学生的英语水平。而对于基础较差的 C 级，老师应将教学重点放在查缺补漏上面，让学生把落后的部分尽量赶上来，知识的掌握要稳扎稳打，不要好高骛远，稳重求升，这样才能提高自身的英语水平。这种三分法的分级模式，既照顾到了先进同学不断进取的学习目的，也兼顾了后进同学的踏实稳重的学习心理，有针对性，有目的性，能更好地实现教学目的。

（二）两分法模式

另外一宗分级模式为两分法。两分法顾名思义就是将学生按照英语考试成绩分成高低。两个等级，高等级的学生都是英语基础好，理解能力强的学生。对于这样的学生，小班授课是最为有效的教学方式，可以为他们单独制定更高水平的学习计划，更远大的学习目标，采用高师资力量，更快更强的学习进度，都有利于学生不断向前进步，一般这样的分配方式所筛选出来的高等级学生不多，所以老师的教学也就能更有针对性，学生更受到重视，这样自然而然地就提高了学生的积极性，同学之间互相追赶，也就增加了学习的动力。很多院校都有自己的重点班或是实验班，就是将更努力、学习成绩更好地学生集中起来重点培养，以期创造更高的成绩。而另一部分同学采取传统的教学模式，无须加大教学难度，而且分出去的同学只占一小部分，所以也不会为剩下的同学造成很大的压力。这并不是一种教育歧视，只是因材施教，这样双赢的教学方法突出了优秀学生的优势，也照顾了普通同学的能力，一举两得。

四、大学英语分级教学模式应用的注意事项

（一）创设真实的教学环境

新的大学英语教育提倡情景教学。情境教学是有意识的心理活动和无意识的心理活动的统一，在认知方面有启迪学生的可暗示性，从而使学生有意识的和无意识的接受教育输入。即：如临其境，触景生情。初中生正值青少年时期，形象思维能力强，抽象思维能力弱。因此，身临其境可以使学生感知的过程变得容易，触景生情可以使学生的认知更加牢固。

学习不是单纯的教授，而是学生与老师一起对理论与实际的主动认知的过程，之一过程需要学生从实际出发，掌握基本原理，最后再将这些原理应用于实际，这次完成了整个学习的过程。要想完成这些目标，就必需调动起学生们的兴趣。要引导学生完成整个学习过程，还必需引导学生亲身动手操作、亲身观察、亲身思考，最后得出结论。语言的学习与知识的学习具有本质区别，简言之，语言学习最重要的是学生的语言能力和对语言的感觉和领悟。语言能力的获得最重要的是学生自身的语言能力，这种能力靠老师教授是教不出来的，这种能力获得的关键是学生自己，老师要做的事为学生营造一个相应的语言环境。科学研究表明，语言学习的最佳方式就是一个身临其境的语言环境。实验表明，如果能够使教学在具体真实的情景中进行，老师不必多言，学生不必多想，学好一门语言是水到渠成的事情。英语对很多初中生来说具有一定的学习难度，特别是口语和听力。而情景教学则可以很好地弥补这一短板，在教学中可以达到意想不到的效果，课堂气氛也更加活跃。

（二）运用多媒体等现代教育技术

随着科学技术的飞速发展，现代教学早已与高科技计算机技术融为一体，计算机辅助功能也已成为现代课堂的主要辅助工具，也是学生课后获取资料和与同学交流的主要方式。在大学英语课堂中，它可以将教学内容更为生动、形象地显示出来，让学生留下更深刻的记忆，许多难以理解的单词，情景，语法，都能通过多媒体教学方式传授下去，使学生在丰富的感性材料刺激下，产生自主学习的兴趣。同时也让课堂氛围更加融洽，提高了学生的学习效率，增强了学习效果。多媒体教学现在已经为大多数课堂所采用，其有利方面作用显著。

首先，多媒体教学有利于激发学生兴趣，大学生所处的年龄正是兴趣左右思想的年龄，不能采用"赶鸭子上架"的方式。需要充分调动起学习的积极性，多媒体教学可以实现教学内容由枯燥单一的文字和语言向精彩的图片和视频的转变，有利于吸引学生的注意力。其次，多媒体教学能更好地突出重点和难点。英语学习中学生常常会遇到很多无法理解的难点，如果只靠老师单方面的教授，可能无法解开学生的困惑，而现代多媒体地理教学形象、直观、效果好。它可以更具针对性，从而达到事半功倍的效果。其实，相比教师的"教"，学生的"学"已经日益成为现代教学模式中更加重要的组成部分。对于大学生而言，更应该注意教学方式，教学方法的转变，让他们学会获取英语信息，掌握英语思维。还必需贯彻教学的情感性，要做到以下几点：第一，帮助学生养成良好的学习习惯，培养良好的学习兴趣，树立争取的学习态度和学习目标。第二，引起学生学习的兴趣，多引入受学生欢迎的课题，如礼仪，文化，娱乐等等，以此吸引学生对英语的热情。第三，关注学生在不同阶段的需求，不断调整教学计划。

（三）合理布置作业

大学英语教学主要包含课上教学和课下学习两部分。其中课下学习的主要内容就是课后作业，而课后作业又是在课堂上又老师布置的，因此，作业的布置是课上和课下的重要衔接，作业布置的好坏，是否合理，对于整个教学任务的完成以及教学效果都会产生重要的影响。长期以来，大学英语作业的布置停留在简单的"题海战术"，即老师在课堂上侃侃而谈，课下布置了大量的作业，学生仅仅为了完成作业而机械的学习，并不关注自身的世纪需求。这实际上是传统"填鸭式"教学的一种扩展。完成这样的作业，不但无法实现对课堂学习内容的有效巩固，还会使学生产生厌学的情绪，与教学的初衷南辕北辙。所以应根据分级教学提出的新要求，以人为本，因材施教，根据不同的学生等级分别安排不同的学习任务，应更多地采用自主市学习方法，例如让学生做课堂的主人，分组交流，研究课题，开发学生的自我学习能力和实践能力，避免机械和填鸭式教学。

综上所述，分级教学的新模式对老师和同学都带来了更高的学习效率，同时也是更高的学习要求。分级教学的精髓就是"因材施教"，让学生自主学习，成为自己学业的主人，主动提高自身英语素质，同时也要营造更为融洽的学习环境。这些基本精神要求在未来大学英语教学中，在教学理念上教师要摒弃传统的"填鸭式"教学。在教学方法上，要贯彻落实情景教学，实践教学，多媒体教学，立体化教学等一系列新式的教学方法，最终更快更好地达到教学目的，实现学生英语进步的愿望。

第四节 网络教学模式

随着科学技术的快速发展，多媒体教学技术逐渐走进国内校园课堂，在我国已经有许多课程教学涉及多媒体技术的应用。与传统教学方式相比，多媒体网络教学更能激发学生的学习兴趣，更易调动学生的学习积极性。由此可见，多媒体网络教学在大学英语教学中重要性，所以国内的各大高校必需进一步加强构建和完善大学英语多媒体网络教学模式，以科学技术手段辅助教学，提高英语课堂效率，增强英语教学效果。

一、构建大学英语多媒体网络教学模式的意义

（一）体现建构主义教学思想

建构主义理论形成于 20 世纪 90 年代中后期，其核心是以学生为中心，强调学生对知识的主动探索、主动发现和对所学知识意义的主动建构。情境、协作、会话和意义建构是建构主义学习环境的四大要素。"情境"指学习者在真实或虚拟的情境下，利用获得的学习资源，积极有效地建构知识。"协作"指学习者与教师、学习同伴、网络交流者等的相互作用。"会话"指协作过程中，通过人——人、人——机交互，实现意义建构。"意义建构"指整个学习过程的最终目标。

（二）调动学生学习的积极性

多媒体网络技术的交互功能提供了图、文、声并茂的多重感官综合刺激，使学习者可以依据自己原有的认知结构、认知水平和兴趣，自由选择、自主控制学习内容及其呈现方式。学生可以打破时空限制，在自己认为合适的时

间和地点，随时利用多媒体网络资源进行咨询、解惑、求教、学习，使智力、创造力、独立获取知识的能力得到开发与培养。

（三）真正实现在线交流

校园网上的课程讨论区、教师辅导区的 BBS 平台可以使师生之间、学生之间进行便捷的讨论与交流，教师可以上传辅导资料、布置作业以及对学生提出的问题进行答疑。借助"协作学习""小组讨论"等学习方式，师生之间、学生之间实现了交流互动。

（四）有效提高教学效率

采用多媒体网络教学可以缓解师资不足这一困扰众多高校的难题。传统教学背景下的大班上课效率低下，但在多媒体网络教学背景下，同样数量，甚至更多数量的学生却可以享受到优质教育。从长远来看，多媒体网络教学无疑是大学英语教学的一个发展方向。

总之，构建大学英语多媒体网络教学模式可以弥补传统大学英语教学中存在的诸多不足，把大学英语教学从传统的灌输型、封闭型教学模式转为以主动式、开放式以及资源型的个性化学习为主体的新型教学模式。

二、大学英语多媒体网络教学模式的优势

基于校园宽带网的多媒体教学网络结合多媒体视听设备进行大学英语教学，尤其是大学英语视听说教学，其优势主要体现在教学内容、教学形式以及教学主导和主体三个方面。

（一）教学内容新颖丰富

传统的大学英语教材内容单一陈旧，更新缓慢，难以引起网络时代背景下大学生的学习兴趣，而多媒体教学网络能够提供大量丰富多元、新颖有趣的教学材料，在很大程度上弥补了传统教材的不足。教师除了可以利用常见的 CD—ROM 和 DVD 等音频和视频光盘进行教学以外，还可以利用网络上集图像、声音、动画等信息于一体的教学资源，为学生提供真实、新鲜又与时俱进的学习材料，如时事新闻材料、纯正经典的英文歌曲、原汁原味的英文原声影视片段等，既能激发学生的学习兴趣，又能帮助学生形成良好的学习习惯和方法。

（二）教学形式灵活交互

利用多媒体网络教学，教师不仅能够将教学内容传递给学生，还能及

时掌握学生的总体学习情况，并进行答疑和示范。同时，多媒体网络教学不仅便于学生之间进行合作学习，也便于教师监控和加入学生的讨论活动，由此形成了交互式的教学平台，促进教学相长的效果。此外，利用多媒体网络，教师可以对不同学生进行个性化教学，从而实现因材施教，提高教学效率。

（三）教师主导作用加强，学生由被动接受转变为主动探索

在大学英语多媒体网络教学活动中，教师是主导，学生是主体。教师可以利用多媒体教学网络，将教学任务、教学目标、教学内容的重点与难点等信息以文字、图像、音频或视频等形式传递给学生，便于学生自主学习，巩固课堂教学效果。同时，通过多媒体网络平台，学生可以根据自己的学习兴趣、基础水平、性格特点、学习习惯等，积极主动地搜索和利用学习资源，从被动的学习接收者转变为主动的学习探索者。

三、多媒体网络教学模式的特征

（一）与传统教学体制相辅相成

多媒体教学运用中存在部分老师过分依赖多媒体技术，这类教师在讲课过程中一直使用多媒体，不但会给学生带来视觉疲劳感，而且还阻碍了课堂上的师生互动，教师与学生之间缺少信息交流。在课堂上，教师需合理分配多媒体教学内容的时间，也就是要注意到将多媒体英语教学与传统英语教学相结合，保持两者之间的协调性，通过多媒体教学弥补传统教学中的不足，从而促进课堂效率的提高。

（二）改变教师角色

传统教学体制中，教师是课堂教学的主导者。但是在多媒体网络教学模式中，教师的角色、地位发生转变，学生可以凭借网络资源在老师指导下完成任务，从而达到课堂整体目标。在课堂教学的全过程中，教师由主导者转换为组织者或监督者，学生也不再是被动地吸收知识，反而成为获取知识的主体。

四、大学英语多媒体网络教学模式的弊端

尽管多媒体网络教学模式具备传统教学模式所欠缺的优势，但在教学实践过程中，教师发现在克服了传统问题的同时又产生了新的问题，教学效果似乎并不理想。

（一）教学偏移现象

所谓"教学偏移现象"，是指师生在教学过程中脱离预定的教学目标，对教学活动的过程及结果产生消极的影响，导致课堂教学效率降低。大学英语多媒体网络教学模式具有开放性，内容丰富，信息量大，对学习者的主观能动性以及理解和吸收能力有较高的要求，但大学生的思想尚未完全成熟，抗干扰和抵制诱惑的能力较弱，独立判断能力欠缺，因此在网络学习中容易迷失方向，要么对教师布置的学习任务无法准确理解，学习目标不明确，不知如何操作，要么利用网络进行与教学无关的活动，如聊天、打游戏、看电影等。此外，软硬件在教学运行中一旦出现故障，不仅会延误教学进度，还会使学生出现注意力分散、兴趣减退、消极厌学等负面现象。值得一提的是，多媒体网络教室（如语音室）的机器与隔板会阻挡教师的视线，不仅不利于教师维护课堂秩序，及时掌握学生的实时学习状况，还可能被学习自觉性较差的学生利用，为自己"开小差"进行"掩护"。

（二）情感交流不足现象

教学活动中的情感交流不仅有利于建立良好的师生关系，而且能够促进教学效果，提高教学质量，大学英语教学活动更是如此。欠缺情感交流的课堂教学活动不仅单调乏味，效率低下，从长远的角度看，更不利于学生的情商发展。

首先，在大学英语多媒体网络教学模式中，教学资源容易被简单地处理成"课本搬家"，学生看到的只是与教材原样的电子文档或是被大量堆砌的文字信息，学习过程难免被物化，欠缺人性化的亲和力。再者，在大学英语多媒体网络教学模式中，为了兼顾到学生学习水平的差异性，教师往往要给予学生自主学习的机会，从而导致师生情感交流机会的减少，缺少了教师声情并茂的讲解、具有启发和引导作用的表情与动作等，课堂氛围缺乏感染力，使师生关系在一定程度上变得淡漠，也不利于学生充分理解教学内容。最后，多媒体网络教室的机器与隔板不仅阻挡了教师的视线，也影响了学生之间进行情感交流，学生的情绪被压抑和隐藏，在课堂表现得冷漠封闭，情绪低落；同时，在网络教学中，学生往往会忽略现实学习环境中的行为规范和准则，在学习活动中变得懒惰涣散，疏于交流。

五、构建大学英语多媒体网络教学模式的原则

大学英语课程的改革目标是加强学生的英语应用能力和实践能力，全面提高学生听、说、读、写、译五项基本技能。在近些年的教学实践中，我们

探索出在构建大学英语多媒体网络教学模式过程中必需遵循的四条基本原则。

（一）内容与形式相结合原则

开展大学英语多媒体网络教学时，务必要处理好内容与形式的关系，根据教学内容的性质和特点合理使用多媒体网络教学，既不能过分追求课件画面的绚丽，以防止学生因陶醉在眼花缭乱的课件中而忽视和弱化对重要知识点的学习；也不能过分注重网上浏览、查找资料、发帖讨论等，以防止学生因沉迷于网络而轻视和淡化综合应用语言能力的发展；更不能提出过多的问题，以防止学生因上网查询和讨论的时间太长而影响学习效果。多媒体网络技术运用于大学英语教学应起到"雪中送炭"的作用，不能"画蛇添足"。

（二）放开与监控相结合原则

大学英语多媒体网络教学强调学生在学习过程中的主体作用和个性化自主式学习，但这并不意味着要淡化教师的"教"和弱化教师的作用。在多媒体网络教学中，教师必需认真担当起教学的设计者、引导者、管理者及监控者的角色，特别是当学生上网时，教师决不能撒手不管。因此，为避免学生在网上"漫游"，教师必需进行适当监控，即使是课外的网络自主学习，也可以通过布置任务、检查结果等多种方式对学生进行必要的管理。

（三）视听与思考相结合原则

教学过程也是一个信息传输的过程。在多媒体网络教学过程中，单位时间内传递的信息量要比传统教学大得多，要使这些信息更好地为学生所理解、消化和吸收，思考是不可缺少的重要过程。在进行大学英语多媒体网络教学时，教学的信息量应适度，要为学生的思考留有适当的时间，只有这样才能提高学习效率，才能避免"机器灌输"这一新的"注入式"教学现象的产生。

（四）投影与板书相结合原则

板书是教学中最常用的一种手段，系统的板书是学生在教师的讲解和引导下形成概念、掌握规律时在头脑中进行认识活动的外部支撑点，是学生将感性知识上升为理性知识的中间手段。在大学英语多媒体网络教学过程中，决不能误以为板书浪费时间而将其取消，而一味将计算机当翻页器。计算机展示的过程只是一种"视觉暂留"，学生根本来不及做笔记和思考。这既不利于学生的课堂学习，也不利于学生的课后复习。

教育现代化，除了教育思想、观念、教材的现代化外，还应有教育手段的现代化。多媒体网络教学是目前世界教育技术发展的新趋势，大学英语多媒体网络教学必将随着计算机网络和多媒体技术的不断发展而日益成熟与完善。打破传统、单一的教学模式，创设多维度、立体的多媒体网络模式，是全面提高大学英语教学质量的必由之路。

六、大学英语多媒体网络教学的模式构建

（一）设立课堂集体授课模式

课堂集体授课模式不仅遵循传统的教学体制，而且还具备了多媒体网络教学的特性。在这种模式教学中，多媒体网络教学主要起到辅助教学作用，在课堂教学中，老师是在教学过程中的主导者，学生则是学习的主体。教师通过网络手段收集大量的信息资源，用来辅助教学，丰富课堂教学内容，同时采用音频、图片、录像等众多媒体技术将书本内容具体化，吸引学生眼球，集中学生的注意力。

（二）采用自主学习模式

自主学习模式主要体现出老师在教学过程中围绕学生开展教学工作，学生是学习的主体，老师主要负责引导学生学习。学生需要联系自身的实际状况，选择符合自身学生水平的内容，同时制定学习目标，按部就班地完成学习任务。在学生的学习过程中，老师应该适时对学生进行指导，及时解决学生在自主学习中遇到的问题。这一模式能够有效地增强学生的自主学习能力。

（三）设计合作学习模式

分层合作学习模式是大学英语多媒体教学模式的重要构成之一。所谓分层式合作学习模式就是指老师在教学过程中，按照学生的性格特征，学习兴趣以及英语学习成绩等多方面将学生以一定的数量重新组建成多个讨论小组，并且在小组之间设计竞赛，由此而来，小组中的每一位成员为完成学习任务、赢得比赛，便会互帮互助，相互合作，共同学习。不同阶段的学生可以依据自身的学习能力及学习条件制定学习目标，通过网络教学的途径，独自查找有关信息，在自己阅读研究后，与小组内的其他成员相互讨论、研究分析，最后由老师进行处理总结，这样不但可以增强学生团队合作的意识，而且有助于增强师生之间的互动，进而让学生在协调合作的学习情境中，逐渐加强对英语知识的理解能力，提高自己的英语学习成绩。

（四）创建在线交互学习模式

因为网络教学具有特定资源共享性，所以大学英语多媒体网络教学可以

设立在线交互学习模式。在互联网上，学生们可以通过 BBS 讨论平台进行学习经验的交流，在线交互学习模式主要由在线讨论和留言讨论两部分构成。在线讨论的性质与传统教学中课堂讨论一样，学生在线上纷纷发表言论，老师可以任意设定一个与英语有关的话题，有学生自行展开讨论，发表不同的意见。离线讨论是指老师现行在 BBS 讨论平台上提出问题，有学生课后参与讨论，没有规定性的时间。这种模式打破了传统教学模式的时间、空间的限制，有助推动学生进行同步学习。

随着社会科学技术突飞猛进，越来越多的高新技术被应用到现代化教育体系中。为迎合教育部的大学英语教程的改革，国内的各大高校的大学英语教学必需要融入现代化的教学技术。因此，高校必需要加强大学英语多媒体网络教学模式的构建，以此推动国内大学英语教学的发展，全面提升国内大学生的英语知识应用能力与口语交际能力。

第五章 大学英语语法教学改革

第一节 大学英语语法教学面临的问题

自20世纪70年代起，随着交际英语的广泛使用，外语学习中传统的语法教学越来越受到人们的冷落和歧视，有人甚至指出语法教学对外语学习非但没有积极的促进作用，反而会给外语学习带来一些负面作用，这更加导致了英语语法教学地位的降低。我国的外语教学也存在着类似的问题。在我国，如何传授语法知识以及是否应该把语法作为一门独立的课程来开设已经成为众多专家、学者和教师讨论的热门话题。但有一点是显而易见的：在我国，传统的语法课正在逐渐地淡出各个层次的外语教学安排。但是，国外最近的相关研究结果显示，语法教学对提高外语学习者使用外语的准确性有着积极的促进作用，在一定程度上能够加强英语交流的流利度。

一、我国英语语法教学现状

我国目前的英语语法教学主要有以下三种情况：

首先，为教而教。这主要是指教师只是为了完成教学任务而纯粹地教授学生语法，其主要目的并不是为了使用。这种情况在大多数高校均存在。老师只是一味地教，学生只是一味地学，老师教了什么，学生学了什么，双方都很少关注。这一点主要体现在教师与学生双方的互动上。

其次，许多老师抱怨没有时间教语法，因为大部分的时间被英语精读、泛读、听力等课程占了。这种情况也是事实，因为在大学里，英语教学的目的具有考试导向，为了取得好的成绩，学生们必需集中精力和时间学习精读等相对重要的英语课程，因此忽略了语法的学习。再加上教师没有时间去讲授、强调语法，因而语法学习逐渐荒废了。

最后，许多学校没有设置语法课程，一些学生就自选了一些语法教程来学习，这就导致了两个问题：第一，没有老师的辅导，学生的语法学习具有盲目性；第二，一些教材一般只分散地处理文章中出现的语法现象。很多学生没有完整的语法概念；教师不清楚大学英语语法该教什么，教到什么程度。许多学生指望四级考试前的突击性的语法复习和辅导来帮助自己提高分数。同时，一些老师认为在中学时期语法已经学完了，大学不必再教授语法，也导致语法逐渐地淡出了英语教学。

二、我国英语语法教学中存在的问题

根据以上分析以及对一些教师的访谈，我们发现当前的英语语法教学存在以下问题：

（一）语法意识淡薄

语法意识是一种心理手段，其目的是为了促进外语学习，提高教师教授以及学生学习语法的激情。这种意识不仅体现在课堂上，还包括学生的课外自学。这当然不是只靠语法教学来完成的，但是语法教学是增强学生语法意识的一个主要途径。有些教师语法意识淡薄，认为学生有语法教材和练习及答案，可以自学语法。其实，中学的语法学习内容少而浅，而且很多重要内容被列为二级目标只要求理解，中学教师不重视这些内容。因此，如果在大学里不继续深入学习语法，很难进行较高水平、较大难度的阅读、写作等，不能提高英语水平。现有的大学英语语法教材及练习为学生学习语法提供了方便，但教材里很多内容需要教师解释、说明、归纳，帮助学生尤其是基础较弱的学生掌握并应用。没有教师的课上处理，完全靠学生自学语法是达不到应有的语法教学效果的。而当前师生对英语交际的高要求也说明了语法的重要性。不重视语法学习，许多学生不能完整地表达一句话，或者说出来的句子只是单词和词组的堆砌，意思表达不明。

（二）语法课时少

教育部颁布的教学大纲没有规定语法教学的学时。因此，语法的课时多数被精读、泛读、听（说）三种课型所占，没有语法课。语法由泛读或精读教师顺带讲授，没有规定授课时数。由于课时紧，同时教师为了确保精读、泛读教学，往往压缩语法教学课时，削减语法教学内容，只是当学生提出相关语法问题或者课后出现了与本课相关的语法知识时，教师才给予讲解或解答，这就造成了语法课时严重不足并有逐渐减少趋势。

（三）没有语法统编实用教材

实用的语法教材的缺乏也是导致大学英语语法教学退步的关键因素之一。

由于没有实用的教材，为了学习语法，学生不得不自己购买教材，但是一些教材缺乏对语法体系性的构建，只是对语法进行泛泛的讲解，并与一两个例子加以说明，有些教材虽然配备了练习，但是对答案的解说牵强，十分晦涩难懂。没有统编教材，也给教师的语法教学带来了难题。由于学生的英语水平不一，很难就关键语法难点做出解释。

（四）机械式教学

大学英语语法教学基本上是一种传统的语法教学。教学是讲解式、灌输式的，内容主要是语法规则，注重语法体系完整性。教学环节包括教师举例讲解语法规则——学生机械练习——学生记忆规则。这种传统的语法教学使得死记硬背成为学好语法的必要手段，这就加大了学生学习语法的负担，而且语法学习本身就是比较枯燥的事情，一旦学生失去兴趣，这对于语法教学来说是致命。

三、相关对策

根据以上分析，本节提出了相关的对策：

（一）增强语法意识

增强语法意识与传统语法教学有三点主要的不同：第一，它的着眼点不只是眼前造出含有某种语法结构的句子，而是着重于长期的学习目标；第二，要求学习者运用自己的认知能力去理解所教语法结构的特征，做出假设进而验证假设，整个过程为观察—假设—验证；第三，重视语言意义并且在教学中使用语篇而不是自造的句子，语篇是为了交际的目的，而不是为了单纯说明其语法特征。要想增强学生的语法意识，首先教师要有明确的指导思想，发挥正确的作用。一些人也人指出，教师的作用不应仅限于当学生的交际伙伴。应该对教师进行培训，使教师具备必要的技能，能够把学生的注意力集中到语言形式上。

（二）改进课程设置，提升语法学习的重要性

为了保证语法教学时间，保证打好语法基本功，做到因材施教，大学应该专门设立语法课，根据其他课时的比例适当增加语法教学课时，或者将语法穿插在其他课的学习中。

（三）编写完整的教材

现在的几种主要大学英语教材或者不讲或者很少讲语法。以后编写英语

教材应根据我国学生的学习困难，有选择地增加语法讲解内容和语法练习。语法讲解不要片面追求知识讲解系统性，关键是让学生在自己的头脑中形成语言知识的系统性并且能够在实践中运用。同时引进、采用国外近年出版的关于语法与阅读结合、语法与写作结合的新教材。了解、研究国外语法教学动态。现有的语法教材可改编为教师用书和学生用书，精简内容，突出重点。

（四）实施任务教学法

"任务教学"的宗旨是：语言教学不是从语法或词汇出发，而是围绕任务的完成进行组织。老师将将交际任务定义为"学习者理解、使用、输出目标语并进行互动的课堂任务，在完成此项任务时学习者所注意的是意义而不是形式"。这类任务可以提高语言学习者对语言形式的注意，因为学习者注意到了目标结构；它们同时又是交际性的，因为学习者置身于以意义为主的语言交流中。以交流意义为主的任务教学在处理一些难懂的、涉及较多规则的语法知识点时显得更为有效。

（五）基于对话的语法教学

"基于对话的语法教学方法"主张目标语形式的教学应广泛使用纯正和简化的话语，包括语料分析，以向学习者提供大量有上下文背景的目标语结构的使用例证，促使他们更好地将语言形式与语言意义联系起来，经过他们之间的大量对话，加强这一目标。

综上所述，英语语法教学现状的改变是一个长期的过程，需要学校、教师以及学生的共同努力。语法在英语教学中的重要作用也说明了，大学英语语法的学习不可忽略。只有增强师生的语法学习意识，并采用正确的语法教学方法，大学英语语法的现状会得到改观的。

第二节 大学英语语法教学的特点

语法是从语言现象中归纳出来的规律、法则，它又服务于规范语言的表达，使语言能为大家所理解。尤其是学习非本民族语言，如我们目前所学的英语，更必需借助语法来帮助学习。如果一切英语的知识都需要一句一句孤立地学习，学会了说"I have had supper"，却不会说"I have slept"，可想而知这样学习的效率一定很低。而如果掌握了语言中的规律——语法，就可以做到举一反三、触类旁通，收到事半功倍的效果。因此，语法作为规律性的总结，如果运用得好，就能使我们更加有效和充分地掌握英语。

一、合理定位语法教学，端正学生学习语法的态度

许多学生对语法的认识以及语法水平都是停留在大学之前的。上英语语法的第一节 课时，笔者让学生谈谈对语法的感觉和了解。学生学了多年的英语，也掌握了不少语法点，但是问到掌握了多少语法点，每个语法点掌握的程度如何，却没有几个人能够回答上来。学生的答案都是相似的，总的就是语法不容易学，而且也不太想学。其中的主要原因是由语法这门课程的特点所决定的。相对于其他学科来说，语法少了些形象性和实践性，而更倾向于理论性、系统性和概括性。而且，要掌握语法，需要一定的知识积累和一定的抽象思维和理论能力，而这些正是学生的薄弱环节。再加上学生的学习态度不一"，态度决定一切"，如果没有明确的态度，是很难进入长期的语法学习的。所以，针对上述问题，笔者在课堂上举了一个例子：把整个英语教学比作人的"body"（身体），把英语教学的各个方面如听力、写作、阅读等比作人的"muscle"（肌肉），而语法就是人身上不断流动的，维持各方面正常流通、运作的"blood"（血液）；血液是不可缺少的，也是机体协调运作的关键部分，没有了血液的给养，整个机体就会瘫痪，而且也会陷入无源之水的境地。而同样，在语法教学中也是，语法与英语的其他各分科是彼此联系、融会贯通的，如果各项英语的教学缺乏了语法的指导，那么教学就会少一些核心力量，更多的难免会是一种知识的重复和堆砌了。

往往有这种情况，经过多年的学习后，学习者仍然不能在各种情况下始终如一地写出符合语法规范的简单句子，说出能被理解的简单话语。使学习者能够表达和理解简单意义的办法之一，就是从一开始就讲清语言的句法规律。例如，一开始教师就介绍表达普通意义的普通句型，并且给学生作示范，说明这些句型是如何由基本上可以预示的组成成分和短语构成的。研究句中表达意义的不同词类和变换词序对意义的影响，这可以使学生对语言的自然现象有更深的认识。因此，在教学中，笔者不断向学生强调语法、掌握规律的重要性，并鼓励他们要不断对自己提高要求，不要满足已有的有限的语法知识，要学会归纳、总结和分析，尤其要把自己以前对语法的感性了解提升到理性认识上去，适时提高自己的理论分析和应用能力。

二、摆正语法教师角色——授人以"鱼"与授人以"渔"

我院作为一所高职院校，学生生源有所局限，整体知识水平普遍相对较低，加之英语语法课时有限，而学习内容较多。怎样在有限的教学时间内让学生学习较多的知识，并且使知识水平有较大的提高，是我们每一个高职教

师所要解决的问题。

在部分学生中存在这样一种观点，他们认为英语讲得多了，有了语言的重复积累，进而有了"语感"，语法就是水到渠成的事。当然，这种实践出真知的说法，有它的正确性。然而，这种抛弃语言的规则、无视语言的规律的学习难免会影响学生在读写等方面的学习质量和有效性，因为，在我们中国，多年来都没有营造出正常情况下用正式英语交际的氛围，所以目前还难以在这种环境下培养出一定的英语语感。语法，实际上就是给你语言整体上的语感（规则），既给你能解释语言现象的"鱼"，又教你如何用语感去"钓"语言里面深层的"鱼"。学习英语语法的目的，从这层意义上来说就是：弥补氛围难以在短期内培养一定语感的缺憾，比较经济地获得英语整体的语感。"授人以鱼，不如授人以渔。"20 世纪 80 年代，随着认知策略研究的兴起，自主学习开始受到广大教育者的关注，培养学生的自主学习能力被公认为教育的理想目标。而教师，则在其中承担着传授给学生"鱼"和"渔"的双重责任了。

传统的高中英语教学是以应试性为主的，所以，语法只是教学的部分，并没有形成系统的和正规的授课，而有关语法的教学，也都是应对性的，也就是在高考的指挥棒下所倡导的"题海"中每每遇到一些句子，需要用到语法解释的就临时介绍一下和补充一下，而缺少了进一步的讲解，教师在这种教学方式下所注重的更多的是授人以"鱼"，也就是把现成的、临时的和表面的语法知识传授给学生。在这种情况下，学生对语法的认识也仅仅是停留在"感性认识"阶段而已。当然，这种教学有它存在的合理性，毕竟，学生的每个学习阶段都有不同的学习目标、任务和侧重点。所以，进入大学阶段后，尤其是进入大二，有了大学一年级所学的知识的衔接和基础的更新，作为英语专业的学生，无论是语言的积累或是理论应用的能力都比高中和大一有所增强了，所以，也就很有必要从之前学语法的以"感性认识"为主上升到以"理性认识"为主了。理性认识是对事物的本质概括的、综合的、根本的认识。感性认识是一种必要的积累与知识的准备，但只有上升到理性认识后，才能更全面也更有效地指导语法的学习。而教师在这种情况下，就要调整好自己的角色，做到授人以"渔"。把从单纯教授孤立的、现成的语法点转变到系统地、综合地介绍、分析语法的精髓，并要通过相应的教学方法的转变来实现这一角色的变化。英语教学不只是传递英语知识，仅限于教师的知识性讲授是学不好英语的。教师不仅是知识的传递者，而且是整个学习过程的观测者、组织者和促进者。作为观测者，既要深入了解教材、教法，又要适时、有针对性地了解、分析我们的学习对象，做到"有的放矢"；作为组织者和促进者，要摆脱"知识灌输"的弊病，确立以传授技能为主的教学方法，不断更新知识结构，提高我们的教学水平，努力做到授人以"渔"。

三、语法教学的特点与对策

（一）适当集中，突出语法教学系统性

我国著名的英语教育专家张思中先生提出的"张思中外语教学法"中的"适当集中"语法教学理论，指出语法学习时需要经常总结、归类，将零散的语法点归纳成为有系统的语法。

由于语法学习几乎伴随着整个中学的英语学习的过程，而考虑到学生的接受能力，课堂上每次学习的语法点一般不太多，整体来说也比较零乱，针对这种现状，以及根据张思中先生提出的教学理论，上课时笔者注意语法每个章节、每个知识点的衔接和连贯，每次上课，在讲授新的语法点的时候，都会将之前所学的一些语法点或者是一些相关的知识材料以习题、问答的形式去帮学生及时复习与巩固。这样，虽然看起来每节课所讲的内容多了，但是"多"中反而显示了一种系统性和连贯性，而且，系统和连贯本身就能给学生一种完整的认识、完整的概念。美国著名教育家布鲁纳说"：教学生任何科目，绝不是对学生心灵中灌输固定知识，而要启发学生主动去获取知识和组织知识，教师不能把学生教成一个活动书橱，而是教学生如何思维。"这种复习教学的过程完全是一种研讨式的、师生双边的教学活动，既克服了以教师讲授为主的灌输式或"填鸭式"教学的弊端，极大地调动了学生学习和求知的积极性，又有利于学生的语法学习。

（二）结合理论、情景教学，突出语法总结性

另外，张思中先生还提出"：语法不宜多讲，尤其是初学阶段，只要弄懂基本概念、基本用法就可以。语法教学以练为主，通过大量练习来掌握语法概念与作用，不要背语法条条。"这里就涉及了语法需要在练习中去总结这一方面了。但是，语法学习也要适量，不可过亦不可不及。"适量"可谓是对学习语法的辩证认识。单纯地去死记硬背一些语法知识，理论意义和实践效果都是不理想的，只有让学生从练习中去分析、去概括、去总结，才能使他们对语法的脉络和本质有更清晰和透彻的认识、了解。

在语法教学方面，外国教育专家提出了两种方法"：Explicit grammar teaching"（显性语法教学）和"Implicit grammar teaching"（隐性语法教学）。前者侧重在教学中直接谈论语法规则，语法教学目的直接且明显；后者则在教学中避免直接谈论所学的语法规则，主要通过情景让学生体验语言，通过

对语言的交际性运用归纳出语法规则。"Explicit grammar teaching"需要运用抽象的思维能力，而"Implicit grammar teaching"更多的是在一定的情景中去体会、总结并且掌握语言。虽然两者有所侧重，但是，其强调的重点都是学习语法需要通过一定的方式去总结和运用。不同的是，所采取的方式会有所不同。前者是直接的理论先行，后者是间接的情景先行。

在语法教学中，因为学生周围缺少一个比较完全的可以充分使用语言的大环境，同时，由于都是大学二年级的英语专业的学生，不同于中、小学生的更多地需要感性和形象的环境去感受语言和接受语言，所以，语法的教学方法一般是以直接的理论先行为主。毕竟，进入大二的学生一般都是具备了一定的英语基础知识和理论能力的，同时，直接的理论先行可以提高课堂效率，也可以锻炼学生抽象概括理论的能力以及发散性思维的能力。当然，以直接的理论先行为主不代表完全就是理论的灌输，在开展语法教学时，遇到理论点，笔者一般会先引出相关的例子，这个例子可以是事先设计好的一些句子、一个情景以及学生作文中的一些句子。课后再安排学生按学号交作文，根据他们的作文，找出存在的一些问题，并且从中找出一些语法点，有针对性地结合课堂的语法知识进行讨论和分析。在总结理论前，笔者一般不会直接说出某特定的理论，而是引导学生自己在例子中去发现去总结。这样，在讲授语法理论前，既让学生在总结该理论时能有一些基本的认识，又可以提高他们的分析和概括能力。虽然前面所说的认识不等同于完全意义上的间接的情景的感性认识，但也是比较接近感性认识了。而且，作为一个大学生，他们需要的更多是在感性认识上的"量"的跨越，也就是要实现理性认识在理论方面的和抽象思维方面的"质"的突破。

（三）结合迁移理论，突出教学实践性

语言教学中有一个"迁移理论"，指的是已经获得的知识、技能乃至方法态度对学习新知识、新技能的影响。迁移的本质是要分析、概括新旧知识的本质联系。而联系本身就是一种知识与方法的运用。没有对旧知识本质属性的理解，则既不能用原理、法则去概括新知识的本质属性，也无法形成新旧知识的联系，迁移就难以产生。学生只有在理解学习的基础上，才能把握知识的本质属性，才能真正掌握理论性的知识，才可以运用它在新课题的学习中进行变通和迁移。学习语法的目的，不是掌握几个概念、术语，而是掌握语言规律，自觉地学习、运用语言。实践是学习语言的重要途径。

其实，学英语就像学计算机或学驾驶汽车一样，太多的理论解释反而适得其反，关键的是实践、实践、再实践。而语法实践的载体就是必要的和适当的练习。心理学研究都是把迁移和应用联系在一起的。因此，要充分利用迁移，引导学生从具体的知识上升到一般的理论，然后再通过迁移去分析各种语言现象，培养和提高学生应用语法知识解决语言问题的实际能力。

当学生对所研究的语法项目系统地掌握以后，就可以运用于具体的语言实践，以求达到用理论指导实践、用实践检验理论的目的。要辩证地看待语法，让学生适量地学语法，灵活地运用语法是学好英语的关键。教师要尽可能准备或设计一些有针对性的题让学生练习。练习同样要求"精"，不练或多练都不可取，而且练习要到位，要恰到好处。要达到举一反三、事半功倍的效果，这才是学习的最佳境界。在练习前，既要讲清楚易混淆的概念，又要重点设计辨别性的练习。而且练习的形式以举例和辨别为主。所举的辨别的例子要符合学生以抽象思维为主要特征的心理水平，主要用于理解已学过的语法概念。这种辨别比纯粹的单一的举例更进一步，应用性更强，体现了由具体到抽象这一过程，有助于学生认识水平和应用、实践能力的发展与提高。

语法教学涉及的方面还有很多，文章选取上述三个方面加以阐述，目的就是要明确大学所教的语法不仅是理论语法，同时也是实践语法；大学英语语法教学要以理论为基础，实践为纲，以学生为中心，以教师为核心。对语法学习的目的要有较深刻的认识，把语法作为手段来学，作为桥梁来用，我们教师要引导学生克服为学语法而学语法的偏向，以为语法就是为考试用的、是死的、是要死记硬背的。另外，教师还要有意识地把学习语法的目的引导到实用和实践方面来，使学生有机会在课外实践中运用，增加语言运用的机会，使语法成为活的知识，并且通过一系列的实践活动，培养学生在口头上和书面上灵活运用英语的能力，达到交流思想感情，最终达到对学生进行听、说、读、写的基本训练，为进一步学习和运用英语打好扎实的基础的目的。

高职院校的英语语法教学无论是在教学对象还是教学条件、设施等方面都有它发展的特殊性和局限性，所以教师尤其要注意摆正高职英语教学的位置，合理安排教师的教与学生的学。一方面，教师的任务是充分调动学生学习英语的主动性以及指导学生进行听、说、读、写的训练，充分开发和利用一切学习资源，如利用现代化的教学手段。通过多媒体室、音像室、投影仪等充实语法教学，让学生进行听、说、读、写等训练和熏陶，在语境中领略英语语法的实用性，并进一步了解蕴涵其中的表达方式、表达思维和习惯，做到全方位地学习地道的英语，提高教育和教学的有效性。另一方面，教师要完善自我，主动地进行知识更新，创造性地讲授所内化的知识，突出教学中以学生为主体的理念，以加强对学生学法的指导，培养学生收集信息和处理信息的能力。这样，培养出来的学生才能在社会上更具竞争力和创造力。

第三节 大学英语语法教学的必要性

长期以来，语法教学一直是英语界广泛争论的话题，关于它在英语学习中的地位和作用，众说纷纭。英语语法教学重要性的认识在教学中经历了一个由尊崇到摒弃再到理性认识的过程。在交际教学法盛行的今天，语法教学受到排斥，更多的是注重学生听说读写能力的培养，这本身是无可厚非的，但是没有看到语法教学对学生听说读写能力的培养有不可替代的作用。大学生面临着 A、B 级考试和四、六级考试，这更需要英语语法的系统教学。那么，如何教好和学好语法哪？教学方法不容忽视。

一、大学英语语法教学的重要性

（一）词汇的有效学习离不开语法

词汇的教学是一个比较枯燥令学生头疼的过程，很多学生认为，快速牢靠地掌握词汇并最终扩大词汇量，只是时间和记忆力的问题，只要付出时间，记忆力强，就能有效掌握词汇并最终扩大词汇量。这种想法和做法是不可取的，这只能达到事倍功半的效果，时间长了，还极大地挫伤了学生学习英语的积极性，不利于英语学习的可持续发展。

在课堂教学中，我经常强调一点，即无论做什么事情，一定要事先思考下，有没有更加有效的方法和途径来解决我们的问题。例如，词汇的学习。学生可以通过构词法（合成、转化、前缀和后缀）来掌握词汇。构词法能够帮助学生了解词的结构，巩固所学词汇和深刻理解词义，进而培养学生灵活运用词汇的能力和善于猜测词义的本领，也有助于学生阅读能力的提高。

（二）阅读理解能力的提高离不开语法

阅读理解都有一定比例的生词，学生可以通过构词法猜测词义，促进学生对文章的理解并提高阅读速度。

文章的构成元素有词、句子和段落。英语语法法中句型和主从复合句的学习可以帮助学生分析和理解句子。特别是比较长的句子，学生如果不会分析句子结构，根本看不懂，不知道主语是什么，不知道主要发生了什么事情，就阻碍了对文章的理解和降低了做题的正确率。

（三）口语的训练和提高离不开语法

大学英语学习的一个重要目的就是提高学生的语言交际能力，口语的好坏应取决于两个方面，即语言的流畅性和准确性。现在的英语教学更加注重学生胆量的提高，更多学生开始敢于说出口，流畅性有了。虽然，基本的理解和意思没有问题，但是语言的准确性不能保证。英语语法的学习能够使学生在流畅的基础上准确地表达出来，口语能力就得到了提高。

（四）听力的提高离不开语法

听力能力的培养也是英语学习和培养学生语言交际能力的重要方面，只有听懂了，才能流畅的和对方进行交流。英语语法的学习能够帮助学生更准确地理解对方的意思，更准确地搜集和整理有效信息。

（五）写作水平的提高离不开语法

写作能力的培养是培养学生语言运用能力的重要方面。文章写得好坏，除了要扣题和没有错别字之外，还要求句子的组织要正确，不能出现语法错误。语法中句型和主从复合句的学习能帮助学生更好地组织语言。大学英语语法的学习，能帮助学生有效地培养和提高他们的听说读写能力。但是我们要明确一点，英语语法的学习不是目的，只是有效学习英语的手段和工具。在大学英语四、六级考试和高职高专应用能力 A、B 级考试中，虽然没有一种题型是专门考察语法的。但实际上，语法就像一只无形的手，深藏于各种题型之后。考生应掌握以下语法难点才能满足考试要求：虚拟语气、定语从句、状语从句、非谓语动词和倒装结构等。

二、大学英语语法教学的必要性

我们认为语法教学是外语教学中一个很重要的组成部分，一个必不可少的教学环节。事实上，大学英语教学目标以及外语学习者的认知特征和学习环境共同决定了语法教学的必要性。

1.语言的自身规律决定了语法教学的必要性

"语言是由句子而不是孤立的词组成"，而句子的构成靠一定的规则，所以英语教学中语法必不可少；语言由两部分内容组成，一部分是综合的，记忆中的；另一部分是分析性的语法规则。语法在语言中起的是调节性的作用，但是这一功能必不可少。不学语法是不可能真正学会一种语言的。

2.第一语言与第二语言的差异决定了语法教学的必要性

婴儿学习母语时，有一个语言环境，能随时随地听到母语，随着生理的发展，语言能力也同步发展。儿童学习母语是个潜意识、无意识的过程，且是在无意识的过程当中习得语言规则的。但对于一个中国的学生来说，把英语作为一门外语来学习，缺乏像母语习得那样自然的语言环境，除了每周几节外语课外，其他场合几乎听不到外语。而我国高校外语教师绝大部分都是以汉语为母语，语言输入的质与量都受到一定的限制，学生无法随时随地、全方位地沉浸于真实的语言输入，无法像自然习得第一语言规则那样完全掌握一门语言的形式特征，因此难度适当、由浅入深的语法教学对于中国的英语学习者来说是必不可少的。

3. 英语的习得（acquisition）与学得（learning）差异决定了语法教学的必要性

一些研究者认为，语言的学得过程有别于习得过程，"习得"是指学习者通过大量接触和使用目标语而潜意识地获得。在这一过程中，学习者关注的是语言的意义（meaning）而不是语言的形式（form）。"学得"则是学习者为了掌握英语而有意识地学习和研究该语言。在这一过程中，语言形式，掌握语言的结构是学习的关键。"对于任何一个学习者来说，这两种过程都是必不可少的，并且往往是交织在一起的？"。教育的第一功能是教授已有的知识，运用到外语教学上就是向学生传授语法知识，使其在实际的语言阅读和理解过程中省去大量的时间。"

4. 现行《大学英语教学大纲》明确表明语法教学的必要性

《大学英语教学大纲》对基础阶段的语法教学提出了一个基本要求："巩固和加深基本语法知识，提高在语篇水平上运用语法知识的能力。"我们认为不论哪一种能力都与语法知识相关，要想说得漂亮、写的精彩，就必需熟练地运用各种语法规则，这是重要的语言基础。同时，《教学大纲》也表明大学英语教学目标是培养学生的综合技能，充实文化知识，提高交际能力，归根结底是培养学生实际语用语言的能力，这也是我国英语教学的最终目标。有些人对此产生片面的理解，认为语言的实际运用能力最重要，仅仅满足于语言的流利性而忽视语言的正确性和得体性。董亚芬曾指出，交际能力是外语教学的最终目的，但交际能力的基础是语言能力，两者的关系是皮与毛的关系，即"皮之不存，毛将焉附"。外语的能力包括语言能力和交际能力。语言的能力是指学生必需具备的语言知识和运用语法、词汇和语音、语调的能力；交际能力是指在交际时既能确切表达自己的思想，又能正确理解对方意图的能力。语言能力与交际能力的提高需要对语言材料的理解，但交际能力的培养只靠语言输入是不够的，因为语言交际同样要遵循语言的基本规则。显然，语言能力是交际能力的条件和基础，没有扎实的语言能力就不具备交际能力。

从这一点来看，不掌握语言结构的知识是不行的。

5. 大学英语学习者的认知特征决定了语法教学的必要性

中学语法侧重于规定法，只是语法规则的汇编，系统性不强。大学语法侧重于描写法，更加系统，更加完善。而大学生作为成年学习者具有独特的认知特征和学习风格。认为成年学习者不同于儿童的一个明显区别在于他们把语言作为一个形式系统来理解的能力。就学习风格而言，成年人喜欢用分析法，倾向于从规则、原则、规律等出发。语法课符合成年人的认知特征和学习风格，有助于提高学习效率，促进外语的学习。

三、大学英语语法教学的可行性

21 世纪关于英语语法教学我们需要思考的不是要不要教而是教什么和如何教的问题。笔者认为，我们的语法教师可以通过选择真实有趣的语言材料来引出语法点，继而围绕语言点进行讨论，辅之相关的练习，丰富课堂活动，激发学生的学习热情，进而活化语法教学。

1. 呈现语言点

传统的语法教学课堂是上课伊始老师便将当日要讲的语法点通过演绎的方式教给学生，学生则处于被动接受的位置。而当代大学英语的教学目标是要求着重培养大学生的自主学习和主动探究知识的能力。遵循此要求，在语法课堂上，我们更应引导学生有意识地认识英语的某一形式特征，自主发现语法点。为了避免传统语法教学的乏味性，教师可利用如今飞速发展和广泛应用的多媒体和网络技术，可以在网上下载包含语法点的具有时效性和趣味性的语言材料，要求学生找出所要讲的语法点。通过学生的自己寻找，一方面可以调动学生学习的积极性，另一方面也可以检验出学生对这一语法点的熟悉程度。同时，要保证所选材料的可理解度，Krashen 的可理解输入假说认为若材料的可理解度低，学生会产生焦虑、失去耐心，因而妨碍语言的习得；只有在可理解的情况下，即在学生对材料的功能和意义充分理解的情况下，才有助于习得。例如，我们教师可以下载附讲解字幕的 VOA 听力材料，其后的讲解含有材料中出现的语法点的详细解说。日本福岛核电站一期的听力材料便包含了虚拟语气的语法点，教师在准备这一语法点的时候，就可以运用此材料，让学生自己在材料中找出相应的语法点。

2. 讨论分析

找到语法点之后，鼓励并引导学生进行该语法项目的讨论。这样明确、公开的讨论既能够帮助学生回忆起以前所学的的内容，又能让教师对学生掌握该语法点的情况有所认识，进而将学生潜意识的、零星的语法信息提升为有意识的、系统的认识。

在整个讨论过程中,教师先不进行语法点的讲解,而是找到一个切入点,引导学生自主讨论分析。例如我们的教师可以先提出该语法点的某一形式特征,然后再一步步地引导学生进行自主讨论研究,启发他们思考,通过比较法与归纳法来找出语法规律。比如在学习一般现在时的用法时,就可以启发学生先找出语言材料中含有一般现在时表达的语句,然后再让他们发现每个句子所表达的时间状态,在这样的一步步的发现与探究之后,教师可以引导学生一起总结出一般现在时的五大用法。这个归纳、分析发现的过程培养了学生的学习能力,又因为是自己参与发现规律,理解就比较深刻,而且发现规律的成就感又促使他们更加积极地投入进一步的学习当中。

3. 练习运用

《教学大纲》已明确表明英语学习的最终目的是培养学生实际语用语言的能力,语法学习则是达到这一目的的必不可少的环节。由此可知,学习语法并不是只为了记住语法规则,而是要运用到实际交流中,故而在我们发现并总结了语法规律之后,就要进行练习来加以巩固。

在此环节当中,教师可根据学生的实际掌握情况,分简单和复杂的练习。如果该语法点较难,教师可以先安排较简单的练习,可以是完句练习、转换句子、填充等,这是对刚学到的知识的强化,是一个认识深化的过程,对于教师而言,可以检验学生是否掌握了该语法点,便于及时发现问题,纠正错误。如果语法点较为简单,学生掌握得好,教师可以布置真实且复杂的交际任务。可以要求学生将语法点运用到交际任务当中,例如可以要求学生组织辩论、多人对话、角色扮演、选取自己感兴趣的话题组织一篇报告等,凡是学生喜欢的活动都可以在老师的指导下进行。活动进行后,教师可以根据学生的实际情况,做出总结,并对活动当中出现的语法点的错误运用做出纠正。

总而言之,语法教学在外语教学中是不可或缺的。我们的语法教师在教学中可以选择包含语法点的真实且有趣的语言材料,引导并鼓励学生自主探究语法规律,通过丰富课堂活动的形式,巩固所获得的语法知识,以此来激发学生的学习动力,培养学生的自主学习能力,活化语法教学。这就要求我们的语法教师在今后的语法教学研究中,更应该致力于提高大学英语语法课的效率,改进教学方法和思路,加强对学生和语法教学的研究,使得语法教学向着更科学、更完善的方向发展。

第四节 大学英语语法教学的改革创新

大学英语语法教学自从我们开设语言教学课程后就设立了。我国的英语教学较侧重英语语法的教学，在高考英语中，语法知识更是占了很大的比重，因而，有人盲目地认为我们的英语语法教学很成功、很成熟了。可是在应用中，我们的大学英语语法知识依旧相对落后，学生在应用时没有随着大脑的第一反应而脱口而出，也没有相对的训练方式来有针对性的训练大学生的语法知识。在本节中，我将对其做一一的分析，并对我们大学英语语法教学提出一定的建议。

一、重新认识英语语法

（一）英语语法的内容

我们很多人都认为，英语语法就是英语语言的应用规律，和汉语语法的概念一样，但在今天看，这只是其中的一部分。我们社会是发展的，我们语言也是发展的，所以我们必需以发展的眼光来看待我们的英语语法知识，不能仅仅停留在曾经的语法词典与语法规则上。与此同时，我们的大学英语语法教学，也要侧重学生学习能力的培养，教会学生自己学习语法知识，积累语法中的习惯用语，并将其运用到自己的英语口语中，这才是我们现在高校英语语法教学的最终目的。

（二）英语语法的特征

接触过英语语法的我们都知道，英语语法中有些部分是和我们汉语一样的，例如英语中句子也是由主谓宾来组成。但英语中，在细节处理上和我们汉语语法还是有一定区别的，特别是句子中的时态问题。在汉语中，我们根本没有这种语法规律，所以在学习上也是一块难点，需要教师特别注意，在大学英语语法中的虚拟时态更是难点中的难点，学生在理解与掌握上都有一定的难度，所以教师在英语语法教学上，要针对英语的语法特征来教学，对汉语中没有的语法规律要加以强化与练习。

（三）英语语法的应用

一门语言的应用离不开语法，如今我们的英语随着互联网的推广与外企的进入，迎来了新的发展机遇。这时也出现很多速成英语班，他们开始一味地追求口语的突破与运用，但在语法的处理上，都有一定程度的忽略。这样的速成英语的运用是有限的，没有根基的英语口语是走不远的。同样，如果我们的语法知识丰富了，语法结构稳定了，我们的口语也就会有所提高。两者并不矛盾，一个是根，一个是枝。我们的大学英语语法不可能丢弃其中的任何一项。

二、重视英语语法教学

随着生活速度的加快，我们英语学习的时间也变得有限而紧促，加之英语语法的学习枯燥而乏味，并且需要很长一段时间，所以很多人都开始不再重视英语语法的学习，甚至根本不学英语语法，直接学习口头用语。我们只能认为这是速成的，没有一定的内涵与根基。想要完完全全掌握一门语言，必需要学习它的语法知识，这样我们的语言运用才会更准确、更明白。

（一）重视英语词汇的积累

词汇是语法的一部分，有很多人认为，我们的词汇只要平时够用就行了，我们不能完全否认这种言论。但如果真正地想提高，想深入学习，就必需要掌握一定的词汇量，并要了解每个英语单词的所有意思，还要会区别近义词的用法与注意事项。这都是我们语法学习的一部分，也是英语学得好与不好的衡量标准。有人说，我们的词汇量只要达到英国小朋友的 5000 个词汇量就够，就可以无障碍地交流了。我们认为这种说法是片面的，我们现在是大学英语的学习，学习的目的就是用来进行专业交流与应用的，不是单单的教你到国外生活的，当然简单的沟通也许不是问题，但深入的交谈可能就做不到了。所以，大学英语学习中，必需要做到英语词汇的扩充与积累，这样我们的英语在日后的应用中才能精准、灵活。这也是我们大学英语语法学习的第一步。

（二）重视英语语法知识的积累

如今英语四六级考试重心都开始向英语的听力部分与阅读部分倾斜，原有的英语语法结构与规律都被现在灵活的考试方式所代替，这也使得我们很多教师开始放松英语语法的学习，转而重视英语听力的训练与口语的训练上。加之英语语法知识零乱而琐碎，其中的规律更是千变万化。想要完全掌握所有的英语语法知识，就必需从一点点无规律的变化中，发现其中隐藏的规律。这样我们的语法知识才能继续，才能发展。因而英语语法知识必需要加以重视，并在不断的阅读与训练中，积累自己的语法知识，这样我们的英语才能学到真正本质的东西。

三、创新大学英语语法教学

（一）创新大学英语语法教学模式

说起语法知识，大家都认为是书本上的，是考试中的，没有任何兴趣可言。加之我们的英语语法教学模式也一直停留在曾经的题海战术的教学模式上，这些都使得学生产生了一定的抵触情绪。所以，现在我们的大学英语语法教学模式必需要创新，这样才能被学生所接受、被社会所认可。

1. 脱离课本，通过多种方式来强化我们的语法教学

英语语法作为英语的一部分，在英语中随处可见，我们也可以根据英语口语与听力训练的方式来强化我们英语语法的学习。例如，全英文电影影片的观看，这不仅可以锻炼学生的听力与口语，其中的语法知识更是值得我们推敲与学习。教师必需要做好这方面的备课工作，将英语影片中遇到的英语语法知识加以指点与演化，再让学生带着语法知识点的学习去观看电影，这样就能达到很好的语法教学效果。

2. 加强英语语法的应用

英语语法学习的应用，我们在这里所说的不单单是考试中的语法与书面中的语法，我们更注重在口语中语法的掌握。英语的学习就是要用的，在经过近十年的学习后，我们的英语口语有一定的基础，但还需要我们用更精准、更委婉的语法方式去完善、去丰满我们的英语口语运用能力，这也是对我们英语语法学习最好的检查与训练，相信在一遍一遍的运用中，我们的语法知识会更完善、更细致。

（二）提高大学英语语法学习的兴趣

兴趣是最好的老师，在我们大学英语语法的学习上，更需要兴趣来激活我们的教学。我们教师也要善于运用兴趣来带动学生学习语法知识的情绪。

在词汇的积累上，我们要善于将同一类词，放在一起记忆。在词根、词缀的处理上也可以帮助我们扩充自身的词汇量，这些方式都比较容易被学生所接受，也可以吸引学生学习语法的兴趣，帮助我们实现系统英语语法学习的目的。

四、深化英语应用的素质

我们现在都在提倡素质教育，在素质教育上，我们也应更注重应用能力

的提高，因而有些人，片面地认为英语中的素质教育就是口语练习。可是在本节中，我要澄清英语语法才是英语素质教学的本质。

英语口语的表达只是英语学习的一部分，只是由于这部分直接练习着应用，而显得更为重要。但实质上，英语口语的主宰者还是英语语法，如果没有规范的语法知识、没有准确的用词表达，我们的口语只能让人一知半解，甚至是误解。所以我们的素质教育必需要加强我们大学英语的语法教学，这样才能真正地培养出发展型、创新型、应用型人才，才能让我们的英语素质教育越走越远。

如今的大学英语教学已经不能再停留在简单的口语教学上，而是要随着社会的需要而转向更加专业、更加系统的英语语法教学上，来培养更多英语功底深厚的学生来适应社会的需要、适应市场的需要，并能在自身的专业领域中有所创新，而这些素质都是来自于语法知识的深厚基础与灵活运用中的，因此我们大学英语教育更是要以此为重点，来全面提高学生运用英语的能力，强化自身英语语言表达的能力。相信在强有力的英语语法知识的支撑下，我们的英语教学会越走越远，越做越精。

第六章 大学英语听力教学改革

第一节 大学英语听力教学面临的问题

语言教学的目的是培养学生的交际能力，即用所学的语言交流思想和交换信息的能力，而这种交际能力的基础就是培养学生获取信息的能力。听与读一样，是接受语言知识和其他各种信息的主要渠道。根据美国保尔·兰金教授的统计，人们在社会实践中使用的语言文字，75%是通过听说来完成的，其中听就占了45%。因此，听，作为人际间语言交际行为的一个重要方面，不仅是日常生活中获取信息的主要渠道，也是外语教学的一个关键环节。但目前大学英语听力教学效果仍不尽如人意。学生花了大量时间听了很多材料，做了各种题型，听力水平却始终没有大的提高。

一、问题

（一）重应试技能，轻交际能力

英语听力教学中的交际能力是指从听力材料中获取信息、运用信息的能力。这种能力的获得，需要让学生多听一些可听性较强的材料，强化对整体内容和每个细节的理解。应试技能则是以做对理解题为目的，听懂多少是多少，与理解题无关的细节则不去刨根问底。目前，学生的听力训练主要是为了通过四、六级考试，为此而设计的听力课被简化成听听对话和短文，做做选择题，只要答案正确就算达到目的。这种应试教学可导致以下后果：第一，学生不求甚解。由于这种听力教学是以做对理解题为主要目的，所以学生在做听力理解题时，只满足于理解与选择题有关的内容，而忽视对其他细节的理解。从表面上看，学生似乎对所听的材料已理解，实际上是一种假象。长期下去，学生的听力始终不会有新的突破。第二，学生学习被动，失去兴趣。能否培养学习兴趣，调动学生的积极性，在很大程度上决定教与学的成败。

上课一味做题，单调乏味，难以唤起求知欲，结果学生只是消极被动地学习。第三，过分依赖理解题中的提示。学生在做听力理解题时，由于有标题和选项的提示，学生的预测能力和做题能力相对来说要强一些。所以，他们在课后不愿意去花大力气精听一篇没有任何提示的材料，产生了依赖思想。然而真实的听音过程一般没有任何提示。学生在听这种材料时会感到很吃力，甚至听了几遍也不知所云。

（二）综合语言知识储备不足

根据心理学家分析，听力过程可分为以下四个步骤：

$$声音输入 \rightarrow 记忆 \rightarrow 综合分析 \rightarrow 理解$$
$$\uparrow$$
$$（综合语言知识系统）$$

从以上步骤可以看出，一个人对所输入声音的理解不仅与记忆有关，而且在很大程度上受分析能力的影响，而影响分析能力的一个重要因素是大脑中是否已存有对所输入信息进行预期的语言知识系统。没有丰富的综合语言知识系统，就很难理解所听的内容。这里的语言知识系统包括语音、词汇、语法、篇章结构和文化背景知识等。可见语言知识的作用在理解有声语言过程中是非常重要的。从上述原理的分析可以看出，造成听力的主要障碍首先是词汇量少。大学一年级的学生虽然掌握了2000—3000左右的词汇，但这些词汇主要是视觉词汇（或称阅读词汇），很少是听觉词汇。而听力水平的高低关键在于听觉词汇掌握了多少。因为要达到理解的目的，需经历视觉词汇到听觉词汇的转化过程，即有声材料刺激记忆，大脑在其已有的视觉词汇中搜寻、转化成听觉词汇。这是一个刺激、搜寻、转化、理解的过程，这一过程经历得越少，听觉词汇掌握得就越少，理解有声材料就越困难。其次是语言背景知识缺乏。任何语言都是在一定的文化背景下形成的，不了解这种语言的文化背景，就很难掌握这种语言，也就达不到交际的目的。这也是学生在听文化背景熟悉的材料时感到顺利，而听文化背景陌生的材料就感到有些吃力的原因。

二、对策

（一）提高学生的学习兴趣

要把学生迫于考试压力而进行的被动学习变为主动学习，关键是激发兴趣。而学生兴趣的激发在很大程度上取决于听力材料的内容。难易适中、有一定信息量、生动有趣的材料能抓住学生的注意力，使其沉浸其中，以积极的态度接受信息，有效地学习语言。基于此，笔者在课外有意识地安排学生去听一些他们感兴趣的幽默故事、时事新闻、歌曲和电影对白等材料，逐渐培养他们的兴趣，并以此为突破口，带动他们去听一些较枯燥的科技文章。

（二）增强听力材料的可听性

在一般性听力材料中，讲话者的语句重复很少，语流较快，学生不可能边听边预测生词，边查字典。因此，在课堂上要培养学生真正的交际能力，就必需去掉练习中的提示，使学生摆脱依赖性。为此而进行的训练方法是泛听。所谓泛听，就是广泛大量地听任何内容的材料，强调语篇理解，提高听懂整体内容的能力。具体步骤如下：课前不告诉学生下次课听力材料的内容，即切断提示。课堂上首先完整地放音一遍，让学生注意力集中在文章的整体内容上。这样做的目的是，利用每次新课的机会让学生体验真实的听音过程。在这一过程中，学生要听懂大意，必需积极主动地运用综合语言知识，去捕捉要点，预测内容，猜测词义，获取主要信息。例如，听一篇故事时，学生要运用已知的词汇、句式、篇章结构和背景知识，掌握故事发生的时间、地点、人物、故事情节及其他有用信息，从而领会大意。听报告或演讲时，要找出与题目相关的项目、主题、过程及结果等重要信息。学生领会大意后，再在课堂上对听力材料的主要内容进行讨论，修正错误。第二遍放音前，对听力材料中的词汇难点重点作简要解释，之后连续放音不中断，要求在听的过程中记下关键词，写出概要，待以后复述大意。最后再放音一遍，确保语篇整体内容的理解。这样，课堂学到的技巧在课后的泛听中得到强化训练。实践证明，通过这样的泛听训练，不仅培养了学生条理清晰的思维习惯，克服依赖性，而且培养了兴趣，增加了接触语言的机会，扩大了知识面，使学生的听力训练进入良性循环过程。

（三）加强精听，巩固知识

要提高听力水平，只进行泛听，抓大意而忽视细节，学生的听觉词汇背景等综合语言知识不可能有明显提高，而综合语言知识又是听力赖以不断提高的基础。为此，在听力训练中还应加强精听，做到精听与泛听相结合。所谓精听，就是在听懂大意的基础上，反复听，直到听懂每个细节。精听最直接的方法是，让学生泛听两遍抓住大意后，再逐词逐句让他们听写。听写是一种综合练习，因为它"反映了语言用于交际目的时所发生的一切"（语言测试专家 A.Harrison）。心理学研究也表明，多种感觉器官的参与能加强对大脑的刺激，有利于提高记忆活动的效率。听写的过程是用耳辨别声音，经大脑分析，然后写下，将听觉词汇变成视觉词汇。这一过程是通过积极主动的方式进行的，因此，集中精力边听边记下的内容印象更深。另外，在听写过程中学生碰到的不会正确拼写的生词，是先听音，再借助拼写规则，根据语境从字典中查出的，这样学到的词会记得更牢。如果说泛听是掌握大意，达到初步的交际目的，那么精听则为交际打下了坚实牢固的语言基础，是交际能力的进一步强化。通过精听，弥补了泛听的缺点，巩固了语言综合知识。

（四）强化训练，及时检查

结构主义语言学的语言习得论、心理学的强化论和遗忘论认为，有效的语言学习需经历一段时间大量密集的刺激——课上课下不断操练与运用，使学习者形成条件反射，以达到在较短时间内获取较多的语言知识和技能。根据这一原理，笔者在课堂上进行精听泛听训练的同时，每次课后布置一篇精听材料和两篇泛听材料，下次课前及时检查。检查的方法有：要求课前将本周所听的重大新闻写在黑板上，课内或找学生扩充，或提问细节；对学生精听练习作业及时批改，对他们取得的成绩给予积极肯定，对错误也及时加以纠正。实践证明，这种反馈越及时，就越能引起学生的重视，激发动力，提高积极性。

综上所述，通过改进教法、提高兴趣、坚持精听与泛听相结合、强化训练这一套方法，经过三个学期的训练，学生的语言基本功和能力得到加强，不仅可以独立听懂一篇中等难度的文章，四、六级考试的听力部分也能轻松过关。另外，随着学生听力水平的不断提高，他们精读、泛读及口语等课程的学习成绩相应得到提高，综合语言交际能力也得到了加强。

第二节 影响听的因素

随着国际交流活动的日益频繁，以及社会经济的不断发展，作为一种语言工具，英语在对外交流中起到了越来越重要的作用，而大学英语教学也更是成为素质教育中不可缺少的重要部分，整个社会对大学生的英语综合能力，尤其是听说能力有了更高的要求。最新的《大学英语教学大纲》中指出："大学英语的教学目的是培养学生英语综合应用能力，特别是听说能力，使他们在今后的工作和社会交往中能用英语有效地进行口头和书面的信息交流"。然而，据作者多年的教学实践观察，大学生的英语听力水平明显参差不齐，对大多数学生而言，英语听力一直是他们英语学习中相对薄弱的环节，极大地影响着其口语、阅读和写作等其他技能的平衡发展。而造成这种状况的原因，是因为英语学习者本身英语知识储备不足，听力练习方法不得当、以及听力训练中的负面心理情绪等因素的影响。

一、影响大学英语听力教学的主要因素

听力是一种迅速正确地辨音解意、理解语义并对听到的信息做出反应的能力。听力活动的过程极其复杂，并非只是对词汇的简单理解，必需对接收到的语言信号进行加工，需要调动学生所有的积极因素，根据所听材料，运用好有关技巧，开动脑筋，积极思考，只有这样才能达到正确理解的目的。总的来说，学生在进行听力理解过程中，主要存在着以下几个影响因素：

（一）英语基础知识储备不足

1. 语音障碍

语音是语言的基本组成要素，学生对语音知识的掌握程度直接影响了其听力水平的高低。在英语语音学习过程中，有相当一部分学生长期受到母语和地方方言的影响，加上中学阶段对语音学习的不重视，以及错误的语音学习习惯，形成了不规范的、甚至是错误的英语读音。即便是各个单词发音都基本准确地学生，在真正的日常交流中，也很难形成流畅的语流，这是因为在连续的表达中，英语各个单词之间、音与音之间相互影响，从而发生一些语音上的变化，如连读、弱化、失去爆破、清音浊化等，而这些无疑会造成本身语音不规范的听者辨音困难。对于大学英语学习者来说，语音方面所存在的突出问题除了发音不纯正，辨音能力弱之外，英式英语和美式英语的发音差异，也成为他们听力理解中的另外一大障碍。

2. 词汇和语法障碍

词汇是英语学习的基础，积累足够的词汇量是十分重要的。词汇量大的英语学习者一般英语的各项技能都很出色，对于听力更是如此，而词汇量小的学生怎么听、怎么说也很难有实质性地突破。所以词汇量的大小直接影响着学生对听力材料的理解和吸收。另外，熟词新义、一词多义、同音异义等现象，以及种类繁多的俗语、俚语、委婉语等，同样增加了词汇理解的难度。除此之外，缺乏扎实的语法功底同样成为听力理解中的又一障碍，因为语法是语言的一个重要组成部分，也是语言内在结构规律的总结，要想准确地听懂并充分理解长句、难句，有时则需要通过语法规则，分析句子结构，划分词的类别，理顺句子中的各种成分关系，从而达到准确理解句意的目的。

（二）心理因素

大多数学生在中学阶段没有受过系统的听力训练，收听技巧和方法很不

完善，很不熟练，并且对听力教学见效的特点缺乏足够的心理准备，急切地希望在较短的时间内取得明显的学习效果，一旦事与愿违时，就会产生焦虑情绪。这种情绪将妨碍个体对有用信息进行有效的处理，形成恶性循环，久而久之，他们会对自己的听音能力信心不足，形成心理障碍，直接影响听的效果。

（三）语言因素

语言因素主要包括语音、语速、语法和词汇量。当原始信息输入时，听力理解的第一步便是根据语音、词汇、句法识别等选择声音信号以便进行短期记忆和预测补充联想。因此，语音知识便应放在首要位置。

1. 语音

由于中学传统的外语教学多是通过讲解，分析语法结构完成。学生还没彻底摆脱"聋哑英语"影响，加之一些学生受各地方言影响严重，发音不准。另外，语音方面有同化、失去爆破、连读、弱读、缩音等，对这些微技能如不能运用自如，必将阻碍对对话、短文和新闻等复杂内容的理解。此外，在英语学习中如果对英音和美音的差异不熟悉也会影响学生辨音，学生平时学习中应善于总结，注意听力选材的广泛性。

2. 语速

研究表明，大多数人的说话速度一般为每分钟150—200单词，而听者对声音的"思考速度"则要比说话速度快3至4倍。当听的内容熟悉，没有过多生词时，理解起来就比较容易。但如果材料内容不熟悉，或者虽然熟悉，但是生词过多，就会影响到对听到的信息的处理速度，甚至低于说话速度，听了上句，漏了下句，听到的只是支离破碎的句子，严重影响到对整篇文章的理解。

3. 语法与词汇

在听力教学过程中学生难免会遇到一些生词，有些即使不是生词，但由于不常用或是有些生疏的词汇，也会给听力效果带来一些障碍。同时，词汇中的一词多义、同音异义和难词等也会对学生的听力理解产生干扰。此外，英语听力中有很多句子是复合句，如果分不出主句和从句，搞不懂他们的关系，即使把句子中的每个单词都听懂了，也未必能正确理解整个句子的意思。而且学生习惯于通过快速的心理分析法分析语法成分，这需要在瞬间完成。学生常常会被那些句子内部或句子与句子之间的关系弄得不知所措，搞不懂他们到底是什么样的关系，所以语法知识的不足也会降低英语听力水平。

（三）文化背景因素

由于所属国家不同，所接触的异国文化习俗、风土人情、日常生活、传说、时事、人物、科普等与自己国家的有所不同，这也会给听力中某些涉及异国文化背景的片段造成文化上的震惊。如听力材料里出现了 Thanks giving Day、St.Lucy's Day 等，学生如果对西方的感恩节、露西节不了解，就会感到迷茫。

二、提高大学生英语听力水平的几种策略

（一）培养扎实的英语基础

1.针对性地进行语音训练

语音是听力学习的基础，如果学生语音知识不足，辨音能力就会很差，从而影响听力理解。在听力课堂中，教师可以帮助学生从基础做起，循序渐进，针对语音上的问题，从单词、课文的朗读训练入手，找出误读的音标，有意识地进行纠正。例如，加强相似和相近的因素的训练，如 /f/&/v/，/s/&/z/，/e/&/ 觊 / 等；加强单词和句子重音的训练，掌握英语重音规律；注意词组和短语的连读、弱化、失去爆破等语音现象，如 "Think it over" "Look at this" "She is my aunt" "They stay at home" 等；熟悉英音与美音的差别，如 class 英音为 /kla：s/，美音为 /kl 觊 s/；news 英音为 /nju：z/，美音为 /nu：z/。有时英音与美音的重音不同。如 detail、address 等单词，在英式英语和美式英语中的重音都有所不同。

2.通过多种方法和渠道扩大词汇量

多数英语学习者在学习过程中所遇到的一个首要难题便是词汇记忆，而听力水平的高低又绝离不开词汇基础。所以在进行听力训练的同时，英语学习者还应主动地通过多种方式去记忆单词，不仅要掌握单词的音、形、义，更要了解词的构成方式，掌握词与词之间的关联，从而有效地扩大词汇量。例如，词根词缀方面的知识可以帮助学生从构词角度识记单词，充分利用单词的构词规律，通过掌握一组单词的共同词根或词缀，达到成串记忆单词，成倍提高单词量的目的。词义辨析记忆法则通过比较近义词的词义、用法、搭配等，使学习者在掌握其用法的同时，加深对词汇的记忆。除此之外，比较记忆法，转化法，分类记忆法等都不失为单词记忆的有效途径。对于语法的掌握，同样是提高英语听力水平的重要方面，在听力练习过程中，遇到长句难句时，如果能利用语法知识，分析好句子成分，找到中心句、关键词，明确识别主从句或其他修饰成分，则能准确地理解整

个句子的句意。

（二）提高英语学习的兴趣，培养自信心

心理学表明，影响学生听力水平的一个重要因素是学生自身的心理障碍，这种心理因素的主要表现形式就是听力训练过程中的焦虑感，这是一种相当普遍的现象。焦虑感给学习者造成了一定的压力，就其作用而言，可以分成两大类：促进型或"正焦虑"和妨碍型或"负焦虑"。Scovel 前者可以转化为学习动力，激发学习者的学习热情和动机，但后者却可导致学习者逃避学习任务，产生回避焦虑的心理。对课堂环境下的学生而言，负焦虑越多，听力障碍越大，两者相互影响，形成恶性循环，从而影响学生听力练习的积极性。因此，在课堂环境下，教师应首先鼓励学生放松心情，最大限度地消除学生在听力过程中产生的焦虑、紧张、烦躁的情绪，帮助学生树立信心。其次，教师还应该在课前充分准备，选取难度适当、语速适中的听力材料，在播放录音前，帮助学生扫除可能出现的生词障碍，在训练过程中注意把控听力时间，难易结合，增加趣味性的听力部分，则有助于学生缓和紧张情绪，调节精神状态，从而提高听力理解的准确性。

（三）克服不良听力习惯，重视听力技能的培养

1. 养成边听、边记的习惯

听力过程是一个极其复杂的过程，在这个过程中，耳、眼、手、脑、心都要参与其中。边听边记录关键词非常重要，如重要的数字、时间、地点等常常会是听力考试中考查的重点部分，因此，教师应不断指导学生，不要将听力的各个环节孤立起来，而是应在听的过程中养成良好的习惯，敏感地对待听力材料中出现的各种重点词汇，随时笔记，在听的过程中同时融入记忆、理解和判断，这样对做出准确的选择很有帮助。

2. 培养短期记忆的能力

记忆可分为短期记忆和长期记忆，而英语听力练习和其他技能的练习不同，听者所接受的各种信息一般都是短暂的、瞬间即逝的，它们在人的短时记忆中只能保持一分钟左右的时间，因此，要想让信息一定时间内储存于人的记忆中，这就需要运用记忆策略将短时记忆中的信息转化为长期记忆中的信息。在听力课堂训练中，教师可有意识地培养学生的这种能力，如采取句子复述和小段落复述的方法则是一种较为合适的训练模式，因为听是信息的输入，而说是信息的输出，在这种练习中，将听说结合起来，有助于训练学生迅速而准确地抓住时机，对输入的信息做短时记忆处理，以便更好地理解所听的内容。

3. 培养根据上下文进行预测的能力

听力理解的过程，实际就是对听力材料进行记忆、整理、猜测、预期、推理、判断的过程，因此，在听力练习中，要教会学生有意识地培养预测上下文的能力，引导学生根据有限的书面材料，预测即将听到的内容。譬如：某些词语可暗示对话发生的地点，如听到 borrow，books，writer，novel 等词则预示对话发生的地点有可能是图书馆；听到 waiter，menu，drink，order 等词则预示对话发生地点有可能是餐厅，重点词汇还可预测对话双方的关系，如听到 doctor，sick，pill 等词则预示有可能是医生和病人间的交谈，而听到 meeting，manager，secretary 等词则预示着有可能是秘书和老板间的对话；通过某些关键词还可以预测上下文的逻辑关系，如听到 furthermore 等词则预示着下文是进一步的说明；听到 therefore，so，as a result 等词则预示着下文是相关的结果，而听到则 but，however，though 等词则预示着内容上的转折等。

4. 注意精听与泛听的结合

精听指的是不仅听懂整篇文章的意思，还要听懂每一个句子，甚至每一个单词的意思，除了理解文章的整体意图和中心思想外，还要关注细节，注意文中的某一个或某几个具体信息。而泛听则无须要求学生听懂文章中的每一个句子，每一个单词，主要是强调文章主旨大意的理解，以及对语篇的整体把握。在听力课堂中，教师应格外注重精听与泛听相结合，在精听的具体练习中，教师可将文章分成段落、语句、词汇，进行逐字逐句的听写，从而训练学生的听力基本功；而泛听练习中，可整段播放听力材料后，要求学生复述其主要梗概。只有两者充分结合，才能真正达到提高听力水平的目的。

（四）提高听力水平的其他方法

除了上述的几种策略之外，克服中文思维习惯，培养用英文思维的习惯、合理安排听力练习的时间、注意扩展英美社会的文化背景知识，了解中西方文化差异、除课堂练习之外，多渠道多方面的增加听力训练，如英文原版电影，英文广播的收听等，都是提高英语听力水平的良好途径。

在英语学习中，听的能力是英语综合交际能力的重要组成部分，是一项实践性很强的综合技能，听力能力的培养也并非一蹴而就，它的提高需要长期而系统的训练。大学英语教师在听力教学过程中，应针对这些不良因素，结合学生的实际情况，从加强英语基础学习入手，调整听力教学的方法和策略，有的放矢，制定合适的教学目标和教学计划，选择合适的听力材料，充分调动学生积极性，培养学生自信心，鼓励学生不断实践和总结，寻找适合自己的听力练习方法，从而达到有效提高听力课堂效率、促进学生听力水平的最终目的。

第三节 大学英语听力教学改革与定位

想要有效的推进英语听力教学改革，需要从几个方面着手，其一要让学生积极主动的进行听力练习；其二要充分的融合听说技能培训；其三要在听力课堂教学中融入听力策略训练。虽然每一个方面都能够获得显著的成效，可是盲目的使用定会带来反作用。因此，要在改革听力教学之前，对听力课有一个准确的定位，才可以科学的提升大学英语听力教学的总体质量。

一、大学英语听力教学改革的三个方向

1. 听力课堂教学与策略训练相融合

所谓策略训练主要指的就是听力技巧和学习者自我调节的方法，是研究外语教学过程中的重点，在听力课堂教学中融入策略训练，一方面可以培养学习者的学习兴趣，另一方面还可以提升学习者的听力水平。对于训练模式，基本上是实施准备、练习、呈现、评估、延伸这五个阶段。即英语听力教师先开展策略训练的详细解释和示范操作，学生根据教师的讲解自主操作，以此能够让师生一同进行策略的讨论和评估，从中找出哪一种听力材料适合哪种学生的语言水平，从而妥善的处理听力材料和策略培训之间的联系。

2. 自主学习听力教学方向

自主学习听力教学的应用，不但能够提升教师的教学效率和学生的自主学习能力，还能够改善师资力量的短缺现象。建构主义是自主学习的理论基础，建构主义阐述的思想是对内在心理表征过程的建构，学习者会将自身的经验和外界产生相互作用，从而构建新型的模式。建构主义理论具体关注的是学习者的主体认知过程，利用对学习者首创精神、积极性和主动性的充分发挥，实现合理建构知识的目标。

3. 视听说结合教学方向

在传统的形式下，听力课知识注重训练学生的听力能力，只因"听"是较为被动的能力，听一堂课的时间，学生极易产生疲劳和枯燥的感觉，所以很多的听力研究者试图将口语课和听力课融合为一体，加之对多媒体的应用，将英语听力课程改革成为视听说结合的教学模式。

二、大学英语听力教学改革的特点

1. 教学手段

语言实验室已被多媒体教室与网络教室所替代。从选择听力材料的角度上进行分析，大学英语教师会青睐于试听结合的视频材料，并非是传统形式下的听力磁带。计算机和网络技术的飞速发展使得想要获取原版试听材料十分容易，增进了英语听力教学的可持续发展。

2. 教学方式

大学英语听力教学通过改革，从传统形式下的单一技能训练转变为听力技能和其他技能相结合的训练。当前的英语听力教学不单包含听力技能训练，还包含听力能力与其他能力的培养，在这种有效结合的改革之后，其他的技能随着听力技能的提升而提升，例如：听读结合、听写结合、听说结合等。

3. 教学理念

大学英语听力教学理念，已逐渐从结构主义教学转变到功能型、交际型教学。从大学英语听力教学目的的角度上进行分析，英语听力更加关注的是能力的提升。在传统形式下的英语听力训练中，一般需要大学生对每一句或每一词语都要有所领悟，注重语音的正确辨别和句子的深入理解。然而在现阶段的听力教学中主要关注的是英语听力测试的过程，并非听力学习的结果。应针对的是现实的学习任务和真实的教学材料，要在听力练习的过程中获取听力技能，实现功能型教学。

4. 以学生为中心

传统的大学听力教学中一般都会以教师和听力资料为主体，通过教学改革之后，已经从以教师为主体转变为以学生为主体，想要提升的是大学生的自主听力能力。早期的英语听力教学中，教师位居主导的位置，而当前是集课外与课内训练为一体，构成了学与教的有效融合。教师在一定程度上是教学内容的引导者、辅助者、组织者、设计者，学生则具备了较多的自我管理和自我选择的空间。

三、大学英语听力教学改革的定位

1. 英语听力训练的课内外结合

大学英语听力教学自改革之后，就从以教师和听力资料为主体转变为以学生为主体，学生会自主的进行听力训练，英语教师一般都作为听力资料的设计者、协助者或咨询者。在进行英语听力训练的过程中，教师的首要任务就是让学生们学会听力训练的技能和方法，同时对学生的听力训练起到督促的作用。因此，在大学听力教学的过程中，应将听力策略和听力技能作为中心，培养学生熟练掌握所传授的听力的方法，并进行适当的听力课后练习，达到大学英语听力课内外结合的目的。

2. 英语听力教学模式从单一化转变为多样化

听力教学从理念一直到手段在最近几年都发生了很大的改变，大学英语听力课堂的教学模式也相应地从单一化转变为多样化。可是，大学英语听力课和阅读课相比较，能够明显看出地位的差异，听力课在大部分高校中被削减。个别的高校甚至会直接取消英语听力课教学。造成这种现象的主要原因是人们普遍觉得英语听力不用"学"，只要适当地加以练习就能够提升听力水平。对于学生自主学习来说，确实需要关注自学能力的培养，可是也不能够忽略听力技能的培养。学生的主动学习应该取决于学生的学习态度和英语基础，往往拥有较高英语基础的学生，在进行听力训练的过程中会拥有较强的语言吸收能力和很强的自控能力。可是拥有较低英语基础的学生会依赖英语教师的督促和讲解。因此，听力课堂指导是必需要做的，自主听力训练的效果应按照学生的英语基础来确定。

3. 对听力课程教学目标的思考

在大学英语教学中设有听力课，应该思考英语听力课的教学目标是想要提升听说能力，还是提升听力水平。如果想要提升听力水平，在对教学目标进行设定的过程中，要考虑到激发学生的听力理解能力，所设计的课堂活动和教材难度，都要将提升学生听力理解能力为标准，可以适当增加词汇难度。如果想要提升学生的英语听说水平，在设定教学目标时，需要考虑到主次之分，要将听力练习放在首位，降低与"说"相关的词汇难度，才能够在不影响听力练习的情况下提升"说"的能力。由于在听力课中培养"说"的能力，一般情况下会喧宾夺主，虽然可以将听力与"说""写"等其他技能相结合，但是最重要的还是强化对听力技能的训练。因此，若想要加强学生的口语能力或者书写能力，除了听力课之外，可以另外设置口语课或书写课。

四、大学英语听力教学改革的几种趋势

1. 自主学习听力教学模式

在过去几年中，国内许多高校都采用自主学习的方式来替代传统听力教学。这一教学改革在提高学生自主学习的能力和教学的效率的同时，也缓解了师资短缺造成的压力。自主学习的教学模式的理论基础是建构主义。建构

主义学习理论认为学习是建构内在的心理表征的过程，学习者以已有的经验为基础，通过与外界的相互作用来建构新的理解。这一理论强调学习者的认知主体过程，通过充分发挥学习者个体的主动性、积极性和首创精神，最终达到知识构建的目的。

自主学习听力课程的实施模式有两种，一种是将听力课程从课表上取消，改为由学生课后自学，教师只给以有限的检查和指导。一种是基于网络的自主学习听力课程。英语自主听力学习系统收集了不同体裁不同难度的视听材料，进行归类分级。学生可以按照自己的学习基础、兴趣来选择学习的内容，并自己制订学习计划，调整学习时间和节奏，进行分级学习。教师作为自主学习的指导者、帮助者和促进者，负责回答学生的问题，为学生提供辅导。

为什么听力课程采用自主学习的模式可以提高学生的成绩呢？在传统听力教学中，学生往往认为每周上完听力课就完成任务了，课后进行听力练习的意愿不强。自主学习的模式能迫使学生为自己的学习负责，上课的时间少了，但学生听英语的时间反而增加了。同时，学生能自己把握进度，听不懂的地方可以反复听，听力练习的针对性强，质量也更有保证。自主听力学习的另外一个好处是，由于没有教师提问和同伴的压力，学生在听力练习过程中焦虑度较低。自主学习教学模式也存在着一定的局限性，该模式的实施成功与否取决于学生的自学能力、教师对听力课程的规划和有效的监控机制等因素。

听力自主学习的教学模式，表面上减少了教师的课堂教学时间，但对教师的素质和角色提出了更高的要求，教师仍然要担负起是教学目标的制定者，教学活动的指导者和监控者的责任。必需发挥教师应有的作用，学生的自主学习才能取得应有的效果，否则自主性学习就会脱离教学目标而失去真正的意义。为保证学生能系统、高效地在课外进行自主听力训练，一定的监控是必不可少的。听力自主学习模式中比较常用的监控方式是"规定学习进度 + 课堂检查"的方式；也有学校通过定级测试来监控学生的听力训练情况。但对听力自主学习教学模式中的监控方式的作用，现有的研究中尚缺乏系统阐述和总结。我们需要进一步研究不同监控手段对学生认知、情感及个性发展上的作用及其对自主学习的促进效用。

2. 视听说结合教学模式

传统的听力课只专注于听力能力的训练，由于"听"是一项相对被动的技能，一节课听下来，学生容易感到枯燥和疲劳。因此，许多研究者尝试着把传统的听力课与口语课结合起来，再配以多媒体设备的辅助，把英语听力课程改革成英语视听说课程。

视听说课程的开展拥有众多的理论基础。认知心理学认为，人类的学习是一种特殊的认知过程，在获得知识、引起注意、保持记忆的过程中，人的感知大部分由视觉和听觉来获得。形与声，情与景的结合能促进学生有效地利用多种感官获取信息，提高语言理解和语言输入的质量。而交际教学法认为英语的教学过程是教与学双方通过运用语言知识有效地完成教与学的交际过程。把听说教学结合在一起，可以听带说，以说促听，解决了单纯的听力训练的枯燥乏味和单纯口语训练中无话可说的问题，在听说结合中促使语言知识向语言能力转化。同时，英语视听说课程大量运用多媒体材料及网络技术，为超越时空和地域的协作学习创造了良好的条件。大量的形象生动的语言素材通过声音、图像、文字、动画和真实视频等手段，在很大程度上创造出了语言学习环境中真实的或接近真实的"情境"，有效地帮助学生进行英语知识与技能的"意义建构"。

语言学习需要良好的环境，视听说课能提供近似真实自然的语言环境，激发学生学习兴趣，把语言的输入与输出结合在一起，使语言材料及其相关知识能得到深度的加工和长期记忆。但视听课的材料应如何选择，视听课堂的教学任务如何设计更合理，是需要教师和学者们进一步研究和探讨的问题。

大学英语听力教学改革并不是为了改革而改革，最为主要的目的是为了提升教学的整体效率。不管如何改革英语听力教学模式，听力的主体目标是不会改变的，只有正确地树立听力课的目标，才可以让大学英语听力改革不断创新。

第四节 大学英语听力教学模式探讨

听是人类语言交际活动中最基本的形式，听力训练也是语言学习中最基本的训练形式。在大学阶段，英语教学更加注重培养学生的综合应用能力，听力作为外语教学的组成部分，对提高英语综合能力的重要性是不言而喻的。要使毕业生成为不仅能翻译外文资料而且能听得懂、说得清的高层次外语人才，就必需强化听力教学与训练，那么，如何提高英语听力教学的质量，使大学生听力理解能力得到较快提高呢？本节分析了大学英语听力教学中存在的问题，并提出按照适当的理论指导（T）+信息指导（G）+课本辅以操作简便的多媒体手段教学（T-M）构成的T+G+TM的英语听力课教学模式改进现有听力课教学模式的设想，与大家共同探讨。

一、大学英语听力教学中存在的问题

（一）听力教学缺乏理论指导

传统观念视听力课为实践课，甚至为技能课程。教师对听力课的理论研究多偏向于听力技能而在一定程度上忽视了心理学、语言学、符号学等学科和理论对听力教学的作用。因此，教学过程中由于缺乏理论的指导作用，听力课的授课方式与其他英语类课程相比略显单调。大学英语听力教学不同于中学英语听力教学，应充分考虑大学生对理论知识的接受能力，运用适当的理论为教学依托，从心理、认知以及记忆等方面设计听力课教学模式帮助学生从理论上理解英语听力。

（二）听力教材缺乏新意

从目前我国高校听力课教材的内容来看，普遍的特点是教材内容老化。很多教材形式更新不多，每单元的练习形式还是以填空等形式出现，这样的教学内容虽有它的合理性，但是在材料收集和教材的编写过程中没有注意教材的编排结构，难以激发学生的兴趣。同时由于编者忽视语言表达形式不断变化的特点，文中的句子结构和表达方式也呈老化的趋势。

（三）听力教学方法单调

很多人都认为听力是辅助课程，忽视了听力课是提高综合英语水平的关键课程。因此，多数英语听力课变成了单纯的实践课，从小学、中学到大学听力课都是教师放磁带，学生做练习的单调形式，教学效果并不理想。

二、构建大学英语听力教学新模式

长期以来大学英语听力教学所面临的教材缺乏新意、缺乏理论指导、教法单调等问题，影响了大学英语听力课的教学质量。为此，笔者认为应充分考虑大学生逻辑思维能力较强、专业化程度较高的特点进行教学设计，可以考虑按照适当的理论指导（T）+信息指导（G）+课本辅以操作简便的多媒体手段教学（T-M）构成的 T+G+TM 的英语听力课教学模式，进行听力授课，以提高学生的学习兴趣和教学质量。

（一）T：Theory. 适当的理论指导

传统的听力课教学由于忽视理论的指导使听力课变成了简单的实践课。教师对听力的讲解局限于只言片语的所谓听力的技巧，没有将听力的理解能力扩展到心理认知理论的语境下认识。听力课应将相关理论的补充贯穿于整个教学过程之中，引导大学生了解一些心理学的知识，充实听力课的理论内涵，提高对听力的理解能力。

1.引导学生了解一些与心理学关联的知识

如运用 Fodor 本能心理学原理，指导学生提高听的质量。Fodor 的本能心理学认为人的大脑机构有其自身的运行方式，可分为横向结构和垂直结构。Fodor 认为大脑的认知功能是有限的，人类不可能成为全才，即不可能对所有的知识具备横向发展、吸收的功能，就是说一个人不可能同时具备数学家和音乐家的天赋。人类的知识结构多倾向于垂直的历史发展，最终会形成对熟悉的东西不费力气就可以进一步理解，而对没有储藏在大脑记忆中的东西的理解就需要一定的过程。大脑的记忆机制是固定的，即并非人类可以将任何认知的东西均储存起来，尽管人类有储存长期记忆的功能，但由于人类自身的记忆储存会不断更新，所以就会形成新的东西不断涌入而旧的东西不断被淘汰的机制。在大脑运行机制的作用下，人类的推理功能产生。在指导学生掌握词汇等语义信息的基础上，还要指导学生运用非论证性的语用推理。对相关心理学知识的学习能够提醒学生注意培养平时知识积累的好习惯，在听力过程中通过语义信号激活知识的互文链，从而提高听力理解的质量，为掌握良好的学习方法和学习效率奠定基础。

2.引导学生了解相关的语境理论，正确认识语境的动、静态特征，指导学生在动态语境的背景下看待词句信息

德国语言学家洪堡就对语境的本质做出了精辟的见解，认为"语言具有动态和静态双重特征"他指出："语言既是动态变化的，又是相对稳定的；既是一种能力或活动，又是一种产品。"Dnnel 在研究 Halliday 功能语言学的基础上根据 Halliday 的语境划分，进一步指出，衡量语境动态性有两个标准：首先要看交际过程的每一个阶段的语境是否被激活，再者，观察交际活动开始和结束时的语境是否有所变化。这样，同样是依据 Halliday 曾经提出的静态语境模式，话语范围、话语基调和话语方式，如果把所谓的静态语境，如词语的语义功能放在一个更加宽泛的环境和范围内，就能够体会到语境活跃的动态特征，帮助学生用发展的眼光观察词汇意义不断地变化过程。对语境相关知识的了解有助于我们在听力课教学中引导学生在掌握听力内容的词汇信息、百科信息和逻辑信息的基础上，提高判断、理解、预测信息的能力和准确性。

（二）G：Guide of information.信息指导

语言是一种特殊的社会文化现象，它是人们在长期的社会生活实践中约

定俗成的。每一种语言都是在特定的社会历史环境中产生和发展起来的，因此，每一种语言都反映出使用该语言的国家和民族在不同的社会历史时期所特有的文化现象。英语听力教学只教授语言知识、语言技能是不够的，介绍一些英语文化背景，使学生了解英、美的文化、历史和风俗习惯，能帮助学生更好地吸收和运用语言知识，对提高英语听力大有好处。

听力课教师应该针对教学过程中出现的词汇信息、百科信息进行适当的讲解，引导学生运用相关的信息内容与大脑贮存的信息建立互文链，使基础好的学生能从整体上全面理解和掌握英语语言。

首先，教师应运用语境的相关知识，引导学生将话语的语境看作一个变量，借用掌握的理论知识，用变化、发展的视角观察英语的语篇内容。再者，适当插入讲解相关的背景知识。听力课内容在信息量加大后会涉及各方面的知识，对于听力内容涉及的包括历史上英语在现代汉语中存留下的基底，各个时期外来语对英语的影响等相关知识可单独进行讲解，扩大学生的知识面。此外，教师对重要的词语能指符号也应加大讲解力度。如针对英语词汇一词多义的特点，教师应强化学生对英语同义词的辨析，引导学生学会根据不同的听力背景获取最佳关联的词汇意义的能力，学会在短时间内准确理解信息。熟悉动词的框架结构，引导学生认识动词激活语义框架的推理功能，培养学生快速搜索和对语篇的预测能力，全面提高英语听力的综合运用水平。

（三）T-M：Text book and multimedia 课本辅以操作简便的多媒体手段教学

针对英语听力课教学教材内容陈旧、形式单一的突出问题，笔者认为应在继续使用原有教材的基础上，增加实效性强、信息量大的英语听力内容。如条件允许，教师可以通过录制国外 BBC 或 CNN 的部分节目内容为学生播放涉及国际时事、专题采访以及财经和科技动态方面的知识提高学生听力课的兴趣，使学生通过学习国外即时的新闻报道掌握英语词汇在不同语境中的变化，有机会接触地道的英文表达方式、句法结构甚至不同的英语变体，不断提高对英语的感性认知能力和相关的知识面，也可以通过录制相关英语电台的广播节目或通过网络下载相关节目达到上述教学目的。

教师可以将现有听力课教材的内容和录制或经网络下载的英语听力节目相结合。录制的电视或广播节目可以直接播放，也可以和网络下载节目一样制作成简单的听力课教学课件。这样既充分利用了原有课本的教学内容，同时录制的节目内容或课件作为辅助手段也会加大信息量的投入，扩展学生的视野、提高学生的学习兴趣。

第七章 大学英语口语教学改革

第一节 大学英语口语教学面临的问题

美国普林士顿大学教授莫尔登在《美国的语言学习和语言教学》一文中指出："语言是说的话，而不是写出来的文字。""教语言，而不是教语言的知识。"美国著名的语言学家乔姆斯基认为："人类学习语言不是单纯模仿记忆的过程，而是创造性运用的过程。"综观外语教学法各主要流派，如："直接法""听说法""自觉实践法""交际法"等，我们会发现一个共同的特点，就是强调口语训练在外语教学中的重要性。可见，我们学习一门语言，不能只记一些语言规则，一定要学会在适当的场合下把自己的观点用所学的语言表达出来，并且，时代也要求我们这样做，随着改革开放的深入和信息化时代的到来，世界各国的交往越来越频繁，语言成了阻碍人们交往的巨大障碍，为了解决这个问题，英语，作为一种国际语言，只停留在注重阅读能力的基础上，显然已经不能满足人们的需要，所以，综上所述，不管从语言的本质来看，还是从实际的需求来看，教授语言，都不应该只注重读和写，而必需把说提到日程上来，所以，大学英语的口语教学近几年受到了重视。可是，由于诸多因素的影响，口语教学的顺利开展还有一定的困难，口语教学中还存在着许多问题。要想有效地进行大学英语口语教学，还需要做出一定的努力。

一、大学英语口语教学中存在的问题

（一）受传统教学模式的制约

长期以来，在大学英语教学中，教学方式主要是灌输式的，源于中世纪的语法翻译法一直占据着统治地位。语法翻译法认为，语言学习所包括的两个方面，只不过是记忆语法规则和书面上的理解，熟练地使用外语的词法和

句法，第一语言是作为第二语言的参照体系而存在的，是学习第二语言时必不可少的语言媒介。用母语解释新词语是语法翻译法所采用的学生学习单词的唯一手段，并要求学生在外语和本族语之间进行比较以强化记忆。它强调，阅读和写作是重中之重，听和说几乎没有被安排，或者几乎没有注意有此系统。阅读和写作是语言转换的最有效的途径。虽然这种方法在19世纪中叶和末期，就因为它忽视口语训练和语言习惯的养成，过分强调语法分析和翻译理解而受到人们普遍的指责，遭到了外语教学法各流派的反对，但它却至今还活跃在中国很多高校的英语课堂上。老师上课照样是讲大量的词汇，一字一句地翻译课文。学生上课只需动笔，不需动口。即使使用现代化的多媒体技术，也很难改变这种局面。所以学生即使有想说的冲动，也被这种教学方式给扼杀了。

（二）缺乏英语口语环境

建构主义学习理论强调学习环境的重要性，认为利用情景创设，协作学习，会话交流等学习环境因素，能充分发挥学生的主动性，积极性和创造性，然而在口语教学实践中，仍然存在着诸多问题。如，英语教学时数少，教师几乎没有时间提问学生，更别说留出时间练习口语，再加上班级人数多，组织学生进行口语练习也很困难。可英语口语环境除了课堂外，其他使用口语的环境更少。这些因素都不利于英语口语水平的提高。

（三）学生羞怯、自卑心理的影响

爱因斯坦曾经说过："智力上的成就依赖于性格上的伟大。"消极、悲观、恐惧和自卑这些不良性格必定对外语学习，特别是口语的提高带来消极的作用，在平时的课堂教学中，这些学生很少或根本不敢表达自己的观点，久而久之，他们对这门课就失去了兴趣。

（四）影响口语教学的测试体系

在中国，很多人学习英语是为了应付考试，在初中阶段，是为了中考而努力，在高中阶段，是为了高考而努力，上了大学，是为了通过四、六级考试而努力，不管是中考、高考、还是四、六级考试，没有一项考试把口语放到像阅读一样重要的位置，中考、高考甚至不涉及口语方面的任何内容，四、六级考试也只是近两年才把口语测试作为了附加内容，只有笔试考过了规定的分数才能进行口试。这样的测试体系，只能让老师撇开口语，一心搞题海战术，造成学生说的能力特别差。

二、如何提高英语口语教学水平

（一）学习过程主体化

建构主义理论认为，知识不是通过教师传授得到的，而是学习者在一定的情境即社会文化背景下，借助学习过程和其他人的帮助，利用必要的学习资料，通过意义建构的方式而获得的。教师是意义建构的帮助者、促进者，而不是知识的传授者与灌输者。学生是信息加工的主体和意义的主动建构者。同时，布鲁纳的发现学习论认为学习是学生的学习过程。在教学过程中，学生是一个积极的探究者，教师的作用是创设一种能够使学生独立探究的情境，而不是提供现成的知识。针对这些学习理论，教师应该在教学中创设一定的文化环境，重视学生主体性的发挥，让学生在主动学习中锻炼自己的口语能力。在教学形式上，教师应该在以学生为中心、以活动为主的课堂教学中，把学生按照水平进行强弱搭配，组织学生以小组为单位进行学习，鼓励小组成员全部参与到口语活动之中，通过小组成员的协作分工进行学习资料的搜集与分析，共同完成学习任务，达到学习目标，共享学习成果。教师要使学生的个体差异通过交流成为一种宝贵的学习资源而得以共享，营造出一种轻松自然的学习氛围，帮助学生克服焦虑情绪，调动其学习积极性，给他们自由表达的宽松空间。这样的学习过程不仅有利于学生发挥主体性、积极性，还有利于建立平等、民主、和谐的师生关系和生生关系，进而在活动的高效开展中提高口语教学的效果。

（二）改革口语教学内容

教师应该针对学生个体的差异性，在充分了解学生特点的基础上，提供符合学生实际情况的教学内容，做到在备好教材的同时备好学生，并以此为前提，组织和开展教学活动。口语教学内容的设计要以学生的语言技能、语言知识、交际策略和文化知识的发展为基础，培养学生的语言运用能力及口语交际能力。在课堂上要以学生为中心，调动学生的主观能动性，发挥学生学习的主体作用。教师可充分利用一些热点问题来激发学生的灵感，活跃其思维。在教学安排上要从易到难，话题的设置要有针对性，对于稍差的学生，课前要为他们布置一些较简单的任务，鼓励他们树立信心。除了书本上的教学内容以外，教师还可以组织学生到多媒体语言实验室观看录像片、原版故事片、英语系列教学片、欣赏英文歌曲等，寓教于乐。此外，让学生在网络实验室利用电子邮件、电子公告板、聊天室等方式也可以促进会话练习。

（三）改善语用失误的情况

对于学生在英语中常常出现的语用失误，老师除了要向他们指出错误外，还要向他们说明为什么错了。在大学口语教学中，老师应该导入一些语用学知识和语用学原理，通过理论指导实践，使学生正确认识在语言交流中，什么时候该说什么话，什么时候不该说什么话，在何时何地以何种方式谈什么，让学生记住一些语用理论和语用规则。口语课堂上，教师应该把大部分时间留给学生，充分调动学生的积极性、主动性、创造性，让他们进行充分的交流。另外，针对学生的社交语用失误，英语教师在教学过程中要注意导入跨文化交际的内容。语言中储存了一个民族所有的社会生活经验，反映了该民族文化的特征，因而人们在习得语言的同时，也应该了解该民族的文化。在英语口语教学中，教师应该把培养学生的语用能力和语言能力提高到同等重要的位置上，加强对学生语用能力的培养，让学生明白，跨文化交际中，犯语用错误比犯语言规则错误更可怕。一个语法错误，一个语音错误或一个词汇错误，不会使我们触怒对方。然而，语言使用规则一旦出错，会引起误解，甚至会对对方形成冒犯或侮辱。

（四）丰富口语教学形式

美国结构主义语言学家布隆菲尔说过："学习外语的方法就是实践、实践、再实践。"学生必需靠长时间大量的语言实践活动，才能获得用外语进行交际的技能。单纯的英语知识的传授和理解相对容易，但要让学生在口语交际中运用自如却非易事。因此，教师应开展丰富多彩的课堂教学，加强学生实际运用语言的训练。教师要充分调动每个学生参加课堂实践，课堂上绝大部分活动是由学生而不是由教师进行的口语课才是最成功的。在口语课堂上，教师要把学生的兴趣、爱好与该单元所学内容结合起来精心设计教学方案，把每一课都导演成学生喜欢的形式，创造语言情境，引导学生在大量的口语练习中掌握和运用知识。

（五）听说结合，以听促说，增加语言输入与储备

认知心理学家认为，说与写是在听与读的基础上形成的第二级语言能力，也就是说，听是说的基础。"说"是一种产出性能力，它首先是在"听"这一接受性能力的基础上形成和发展起来的，俗话说"十聋九哑"，如果缺少了"听"的"输入"，"说"的"输出"自然的也就成了无源之水，通过听和理解形成了足够的能力后，说的能力就自然形成了。听的过程不仅是一个接收的过程，而且还是一个建立的过程，从听的理解过程，我们可以得出结论，学

习者说英语必需从听开始，先听别人说，反复听几次，知道怎样说，以及在什么情况下说什么时，便会产生强烈的想说话的愿望。所以，口语教学应把听说结合起来进行。

（六）教学评价多元化

在课堂上，学生只有处于一种和谐、宽松的关系和环境之中，才能主动地学习。这就要求教师对学生的学习行为及学习结果、反应等做出积极的评价。科学的评价往往能唤起学生内在的学习动机，增强教学活动的效，特别是在口语教学中，正确的评价能有效激发学生的学习主动性、积极性。学生在正确的评价中可以了解自己的学习状况，从而及时调整不良的学习方法，激发学习兴趣，获得良好的学习效果。在成绩评价上，教师要细化检测指标，科学合理地量化学生平时的交际表现。在教学过程中，可以把平时成绩分成三块：出勤、小组成绩、个人成绩。在平时的教学中，对学生日常学习过程中的表现、所取得的成绩以及所反映出的情感、态度、策略等方面的发展做出评价。教师对于班级整体活动要根据教学目标和教学要求作指导性综合评价，对于各小组活动的开展要给予切实点评和帮助，对于组内分工、训练要进行必要的评价与指导，对于组内成员个体的学习活动给予及时评价，将学生自评互评与教师点评总结相结合。在学期结束时，要进行期末口语测试，并结合形成性评估的结果，以一定的权重比例计算出学生学期最终的口语成绩。在英语教学过程中，应以形成性评价为主，注重培养和激发学生学习的积极性和自信心，有效调控学生的学习过程。

第二节 英语语感的心理机制

语感。问题是近十几年来语文教育界讨论很多，但又始终存在异议的一个问题，人们从语言学、教育学等不同的角度对语感的内涵、生成、本质、特征、培养等问题做了不少研究。本节则尝试从语感的心理机制出发对语感的生成、语感的本质作一些探索。

一、语感的生成

语感是如何产生的？在此有必要先提到现代认知心理学家皮亚杰的同化理论。同化理论是皮亚杰关于认识发展的一个重要学说，指主体在认识客体时用业已形成的心理图式来解释和说明客体的过程。皮亚杰认为人一生下来就具有心理的"图式"（又称认知结构或知识板块）。这个图式对初生儿来说。

是先天的；但对整个人类来说，它仍是人们后天实践形成的。他强调。新知识的获得主要依赖认知结构原有的适当成分，通过新旧知识的相互作用，才能实现。这说明，言语主体的认知结构对语感具有规定性，它是语感产生的前提条件。根据皮亚杰的观点，语言的认知是一个"同化"与"顺应"的过程，这个过程保持语感图式的平衡。

所谓"同化"，指将对象（一定的刺激）纳入到固有的心理图式（即认知结构）里。当某一言语对象与主体内部的语感图式一致时，该信息就会激活语感图式系统中的某一层次的节点。并被纳入图式之中。在具体的言语活动中可以通过满足聆听、阅读、创作、言说的需要克服语感图式的不平衡状态。具体表现为或侧耳倾听，或畅所欲言，或百看不厌，或奋笔疾书，而主体始终处于兴奋状态。在言语输出过程中的"触景生情"，"借物喻人。等形式，都是建立在外部的言语对象与内部的语感图式相匹配的基础之上的，即作为言语对象的"景"与"物"必需与作为语感图式的"情"与"感。相协调。再以言语输入为例，鲁迅《祝福》中的祥林嫂听到"四婶慌忙大声"说"你放着吧，祥林嫂！"时，就立刻听懂并且马上遵命了，祥林嫂之所以"像是炮烙似的缩手"，是因为她凭借自己的语感图式不仅理解了四婶的语表之意，还领悟了她的言下之意——自己还是一个有罪的女人，即使捐了门槛也不顶事。祥林嫂对四婶的话语的理解是观察力所不及的，完全是图式自身操作的结果，我本身就是有罪的女人。在她的图式之中已经根深蒂固，这就是语感图式对言语对象的同化。在同化过程中虽然主体对自身的语感图式并未进行任何调整和改善，但也不能将这个过程看成是一个完全被动的过程。因为，在这个过程中，主体对外界信息所做的不仅是感觉登记，还需要对这些信息进行某些调整和转换，以使其与主体当前的图式结构相匹配，便于被接纳。

"顺应"是指主体通过调节自己的语感图式，以一种恰当的方式对外部的言语信息进行反映的过程。在此过程中主体的语感图式结构发生了质的变化，进入到一种新的、更稳定的平衡状态，而主体的语感能力也伴随着自身图式的丰富而跃向了一个新的水平，实现了主体语感图式与客体言语对象之间新的适应与平衡。在人们的言语模仿行为中，顺应占主导地位，如儿童常常通过模仿范文来学习写作文，他们尽可能地调整和改变自己已有的语感图式结构以适应外在的言语刺激。顺应这种方式在言语活动中则具体表现为欲言又止、跃跃欲试、冥思苦想，而主体始终处于半兴奋状态。

语言的感知归根到底是人的认知结构对语言的同化与顺应。认知结构是一个巨大的"语义场"。过去的经验和知识总是以表象和语词的形式保存着，并因之形成"表象系统和概念——语词系统"。两个系统相互制约、渗透、影响、配合，最终建构成网络状认知结构。在这个系统里，抽象思维以概念——语词为材料进行逻辑推理，形象思维则以表象为材料进行想象。语言符号进入主体的认知结构，经过同化、顺应，感性材料受到了审美观照，受到理性之光的照彻，概念性的语词的生命被激活、唤醒，这样不知要重复多少次，实践多少次，然后达到。自动化"——即不必进行理智思考和逻辑判断的阶段，在一读一听之际就能理解语言文字的含义、正误、形象、情味以及具体运用的细微差别等。这个阶段，我们称之为语感。实际上，语感的产生亦即一个新的认知结构——敏锐的审美感知系统的重铸。

主体的语感与语感图式正是在同化与顺应的相互作用及循环出现的过程中获得了发展与生成。语感是积淀着理性的感性，是感性与理性的统一，它带有直觉性、非自觉性，同时，又潜伏着逻辑理智的成分，是具有理性功能的感性形态的领悟和意会，它在感性直接观照里同时了解到本质，故称之为"理性的直觉"。

二、语感的心理实质

（一）语感是对语言文字的直接理解能力

语感，字面上可以理解为对语言的感知，但若这样理解会大错特错。因为语感的含义在语文界已约定成俗，或指对语言的感受能力，或指对语言的一种敏锐、准确的感受能力。后者运用较多。叶圣陶先生认为，语感是对语言文字一种"正确、丰富的了解力"。郭沫若认为，"大凡一个作家或诗人总要对于言语的敏感，这东西如水到口，冷暖自知"，语感这种对语言文字"正确丰富的了解力"同一般的语言感知活动有何区别呢一般语言感知的对象可以是初次的、生疏的，但语感的对象在感知之前已经得到深刻理解甚至是多次的以至在以后的阅读过程中已经达到了自动化的水平，只需要直接感知，便可对语言材料有"正确丰富的了解"。由于这种直接理解与知觉过程已融合在一起，在瞬息之间实现，所以感觉不到任何中介性的思维参与。人对熟知的词句都是这样理解的。根据乔姆斯基的语言双层结构的观点，语言的理解是由表层结构向深层结构转换。语言理解的难易，理解的快慢，与表层结构向深层结构转换的步骤有关，转换的步骤越多，理解起来越慢，如果一个熟悉的句子，转换的步骤可以大大简化。正确可、敏见锐语、感丰之富所的以了能解对，是语言旧文经字验的已直有接的理认解知一结构使认知过程大大简化的结果。

（二）语感能力的结构

语言知识与语言智力技能是语言感受能力结构中的基本构成要素。语言的形成发展依据于语言知识与语言智力技能的获得及类化。从非智力因素来看，语感的形成还有情感的参与，情感对语感的形成起着重要的影响或者促进或者阻碍。从语感功能的角度分析，可包括语音感、语义感、语法感、语情感、语境感、语艺感等。可见语感内涵丰富，综合性强。

三、语感的心理机制

（一）语感包含的主要心理因素

语感能力的心理成分包括感知、记忆、思维、想象、情感、兴趣等主要成分是思维、想象和情感。

1. 思维的参与

思维是智力的核心，对语言文字有所"感受"，必有思维的参与。例如，对文字所表达的本质意义的概括，对文字美的欣赏与吟味，对文字正误、优劣的辨析等，都渗透着思维的分析、综合、抽象、概括、判断、推理等活动。如读苏东坡的《题西林壁》，头脑中既出现描绘的情境山峰的形象，又可悟出抽象"当局者迷"的哲理。

2. 情感的激发

当我们阅读有感情色彩的语言文字时，会引起感情上的反响。读王维的"劝君更尽一杯酒西出阳关无故人"诗句，会为作者所表达依依惜别情而感动读"正是江南好风悬，落花时节又逢君"诗句李白动乱中重逢老友，喜悦之情溢于言表，读者会与作者一同欢愉。这是语感形成过程中，由语言文字激发起来的情感活动。再者，读者的好恶对语言形式，听、读时的心境，都会影响语感能力水平。

3. 想象、联想活动

特别是在感知描写性的语言文字时，能准确而迅速地在头脑里呈现有关表象，并进行必要的想象、联想。对语言文字有敏锐感受力的人，读马致远的《天净沙·秋思》，就会在再造想象的基础上产生丰富的联想，由"枯藤"等一连串的特写镜头，想象出一幅凄凉萧瑟的图画，感受到作者远在天涯的孤寂。如果缺乏语感的人，充其量不过对文中所描绘的枯藤、老树等在头脑中产生一些模糊的表象而已。

（二）语感形成的心理过程

语感能力的形成是年轻一代获得语言理解和语言生成能力，积累语言知识的过程。这个心理过程的基本形成是内化和外化。语感能力的有效形成，有赖于内化与外化的有机统一。

1. 内化

把外部的东西转化为内部的主体的东西，叫作内化。语感的形成首先依赖于语言知识的内化，若无语言知识的内化，连乔姆斯基所说的"普遍语法"能力都不可能达到，就是说连最简单词语的听说能力都不会形成，著名的"狼孩"一例可说明这一点。语言知识的内化，是指外部的语言知识结构转化为学生主体头脑内的认知结构。内化有两种方式一是同化，即头脑中已有的认知结构同将接纳的认知结构基本一致时，便直接把它纳入已有的认知结构之中。如为学生已掌握古文中"者"字的用法，读古文时，遇到"者"字便可理解其作用，即纳入已有的认知结构。一是顺应即当语言认知结构与将要接纳的认知结构不一致时，那就要改变语言认知结构，接纳新的认知结构。如学生未掌握借代辞格，读借代句便不可能确切理解。通过学习，掌握了"借代"的特点，新的认知结构即被主体接纳。这便是内化的顺应方式。内在需要以外部的实际操作转化为学生主体的头脑内的智力操作，即达到智力内化，才能形成能力。语感教学中的听、读、分析、推敲、体味都是内化形式。

2. 外化

有内化必有外化，二者是同一过程的两个不同的方面。内部的主体的东西转化为外部的客体的东西称为外化。学生把获得的知识应用于实际活动，或是按照智力操作的规律去进行实际操作以解决实际问题，便是外化。语文教学中的说、写是外化性训练。没有内化便没有外化，内化是外化的基础，没有外化也不会有优质的内化，外化可以使内化成果得到巩固与加深。由内化和外化的关系可知，在语感训练中，要做到听说读写有机结合使之相辅相成。

四、语感训练的策略

根据语感的心理机制和汉语言的规律，语感训练的策略应有似下几条：

1. 读诵体味

朗读是语文教学的基本方法。朗读，既是语感的基本训练，又是美感的经验积累。作品特有的情趣和韵味，往往是难以用讲解的方法传给学生的，常常须通过高低、强弱、缓急的语调反复吟读，才能准确而深刻的体味、领略到，读，要做到眼到、口到、耳到、心到，好的句段应熟读成诵还要进行听的训练，要注意收听广播，观看对白精彩的电影电视，聆听演讲、报告等，向生活学习语言。

2. 分析推敲

乔姆斯基认为，语言是绝不可能靠一句一句地学习。应该怎么学呢通过分析比较，使之类化，应是重要的学习方法。要使学生理解作品说写什么，怎么说写的，不这样说写行不行，有没有更好地表达方式等，必需对语言文字进行分析、比较、推敲、揣摩，才能达到语言知识的类化。好作品一个字一个词，都渗透着作者的用心，如果把它换成其他意思相同的字词，就不及作品中所用的字词传神有韵味，训练语感采用分析比较常会收到一点即破的效果。如王安石名句"春风又绿江南岸"，若将句中的"绿"改为"到"或书过"，此诗将会黯然失色。通过分析比较，对诗的"炼"字便可有深切的认识。

3. 触发联想

叶圣陶先生指出"读书贵有所得、作文贵有所味，最重要的是触发联想的功夫。"阅读好的作品若只限于文字所及的范围，所得的是肤浅的有限的若采用触发联想的方法，就能进入高一层的境界。要把词语所概括的东西变成具体形象的东西，才有可能触景生情，浮想联翩，对这个词语有具体确切的感受，从而产生语感。

4. 听说读写结合

听、读是主体语言知识的内化，说、写是主体语言知识的外化。有效的语感训练是内化和外化的有机统二即听说读写紧密结合，互为促进。语感是在长期的语言实践、反复的语言操作中习得的。语感训练必需既重视听、说又要重视说写。目前对说写重视不够，质量不高，这不能不是语感训练效率低的一个重要原因。强化说写既要鼓励学生多说多写，又要提高说写质量。

5. 注重积累

从文化学的角度来看，语感是个人语言文化的心理积淀。语感能力的形成，不能一践而就，而是一个逐渐聚集、逐步消化、吸收、潜移默化的过程。积累包括生活经验的积累，思想认识的积累语言材料的积累。就语言材料的积累而言，可以积累词汇、佳句、句式、精彩语段等。要让学生认识到积累的重要学会积累的方法，养成积累的习惯。

第三节 大学英语口语教学的意义及实践

随着我国对外开放的不断深化，高校毕业生的英语口语能力已明显滞后于社会发展的需要。在探讨如何提高学生口语水平的同时，也有人担心强调口语能力的培养会影响学生其他能力的发展。运用现代认知心理学图式理论阐释决定口语能力发展的因素，并就如何在口语训练中把握好语言信息的输入和输出，以及如何组织好口语教学提出建议。

多年来，在大学英语教学中，读、听、说、写、译这五种能力被分为不同层次，区别对待，说的能力没有给予足够的重视，结果学生的口语能力普遍较弱，远不能满足社会的要求。随着我国对外开放的不断深化，国际学术交流及贸易经济活动的日益频繁，社会对高校毕业生英语口语水平提出了更高的要求。口语训练在大学英语中越来越受到重视。在探讨如何提高学生英语口头表达能力的同时，也有人担心强调口语能力的培养会削弱学生其他外语能力的发展。其实加强学生口头表达能力是全面提高英语水平的一种手段，可以有效地促进学生英语综合能力的发展。

一、口语教学的重要意义

（一）符合语言和学习语言的规律

作为人类交际工具的语言是有声的语言。它有自己的读音、书写形式及意义。人们借助词语的音或形表达意义，交流思想。在交流过程中，通过听和读来获取信息，通过说和写来传递信息。听、说、读、写这四种能力在语言交际过程中是相辅相成的，缺少任何一种都无法进行正常的交际活动。综观现代外语教学法各主要学派，如"直接法""听说法""自觉实践法""交际法"等，我们会发现它们有一个共同的特点，就是强调口语训练在外语教学中的重要性。源于中世纪的"语法翻译法"是历史最悠久的外语教学法，但它因忽视口语训练和语言习惯的养成，过分强调语法分析和翻译理解而受到人们普遍的指责。口语训练应贯穿在外语学习中，这样才有可能使学生的语言能力得到全面发展。

（二）促进语言知识和实践的结合

学习外语要重实践。但多年来由于受传统教学法的影响，我们倾向于把英语作为一门知识课来传授，把课文分解成孤立的语言点，对语法、短语、词汇等举例讲解，以扫清语言障碍，确保学生理解所学内容。现代外语教学法认为语言的形式和语言的功能同等重要，学到的有关语言结构和词汇知识应落实于语言实践。只有靠大量语言实践，特别是口语实践才能彻底理解并熟练掌握和运用所学内容，形成语言习惯。加强口语训练是改变目前语言知识与语言运用脱节现象的一种行之有效的方法。

（三）有助于培养语感，形成用外语思维的习惯

精通外语的人，一接触外语话语就能立即领会说话人想表达的概念或事

物，同时几乎不加思索就能根据具体情况运用所学语言表达自己的思想。这是因为外语语感和外语思维在起作用。语感使人们不必有意识地考虑语法和词形变化等语言特点，根据具体的语境正确地运用语言。理性分析，学习记忆语法书上的规则和词语方面的知识有助于语感的形成。"但仅仅依靠知识本身永远不能导致语感的形成，没有语言实践，它们依然只是些纯词语的、理论的或抽象的知识。"口语实践活动对于培养学生的语感是必不可少的，因为只有经过大量的口语实践才有可能形成迅速听懂词语意义的能力以及选择恰当词语口头表达自己思想的能力。

用外语思维常被认为是外语学习中一种很高的境界。思维通常在语言的基础上才能产生和存在。人们在思维的时候要依靠某种体系的语言材料。思维活动产生的思想也要通过语言来表达。由于英语和汉语在语音、语法、习惯用法及词语所概括的概念内涵与外延方面的差异，这两种语言的思维内容有很大的区别。口语训练可以帮助学生逐步养成用外语思维和交流的习惯。外语思维和语感是用外语流利表达思想内容的先决条件。

（四）促进其他语言能力的发展

在外语教学中，说不仅是教学目的之一，也是促进其他语言能力发展的一种手段。口语中的听和说是相互依存、密切联系的，通过说可以更深刻地理解话语的重音、节奏、速度、语气、语调、停顿等所携带的信息，掌握不完全爆破、失去爆破、重读、弱读、连读等发音要领。这必然会增强辨音能力，促进听力技能的提高。

目前大学英语教学侧重于书面语。学生所见到的绝大部分语句结构完整规范，定语、状语、表语从句较多，句子较长，和日常生活中所用的口头语言有一定的区别。然而，近年来从事语言研究和语言教学的专家们在经过大量的科学研究与调查后得出结论："口语和书面语应被视为语言形式的统一体（continuum）。传统上被视为口语或书面语所有的结构，在两种语体上往往交迭出现（overlap）。"在当今时代，口语表达的内容日趋复杂。在许多场合，如学术讨论、谈判、演讲、向上级汇报工作、求职面试等经常用到大量近似书面语的结构和措词，"一些学者认为高度规范、精确、接近书面语的口语应成为教学的重要组成部分"。（同上）从这个意义上讲，口语应该也可能与书面语教学结合起来。

口语训练对写作能力也会起到积极作用。人们在口语交流中通常运用自己熟练掌握的词语结构。这些结构也是他们用外语进行思维的要素。写作时，这些词语结构会首先从脑海里涌现出来，经过加工整理后成文。因此，用比较规范的话语进行口语训练会提高写作能力。

二、图式理论对口语训练的启示

我们知道，人们在讲话时不仅仅依靠发音器官，还要靠平时在大脑中积累的知识。现代认知心理学的图式理论认为，人的知识是以图式（schema）的形式贮存于大脑中的。大脑所接受的各种各样的新信息均以图式编入网络中。网络中的图式包罗万象，可以是一个概念、一个词的拼写或读音，也可以是一件事或一个物体。这些图式大小不等，相互联系，有条不紊地储存在记忆中。我国学生已在中国文化氛围中建立起一个图式网络系统。在学习英语时，他们要把英语词语表达的概念与他们网络系统中的图式对比，或对号入座，或加以修饰，或构建新的图式，以建立起一个类似于以英语为母语的人们所拥有的图式网络。

人们在相互交流时，外部信息通过听觉或视觉器官激活网络中相关的图式。只有当接收到的信息与大脑中储存的图式信息吻合时，才有可能理解其内容。甲能听懂乙的讲话是因为甲内在的词语语音图式被乙发出的语音激活后，将与之相联带的概念图式"召唤"出来。处于活跃状态的图式是思维、推测、判断的基础，使我们有可能预测说话人将要表达的内容。一旦说话人所描述的内容与这些图式相吻合，它们就会被启用，有了意义。学习和应用外语的过程实际上是一个信息处理和存贮的过程。大脑指挥着视觉和听觉器官获取信息，输入的信息激活内在相关的图式使大脑能对信息进行判断理解，并对未输入的信息进行预测。用外语表达思想时也要靠大脑综合、组织图式信息通过发音器官或书写转换成语音或文字信息。可见，口语能力的强弱取决于大脑中图式信息是否丰富，外部的语音信息是否能有效地激活相关的图式以及被激活的图式经过综合整理后能否迅速地转化成语音信息。

三、口语训练中语言信息的输入与输出

口语训练中要把握好语音信息的输入和输出。由视觉和听觉器官输入的语音信息是丰富、固化大脑中图式网的素材，也是语言信息输出的先决条件。信息的输入方式会影响到图式结构的形成及运行状态。听力练习有助于在大脑中构成与词语及其意义相匹配的语音图式，这些图式为说奠定了基础。说的练习则可以训练发音器官把大脑发出的图式信息转换成语音的能力。

（一）语言信息的输入

我们的学生是在汉语语言环境中学习外语，主要通过教师、同学、录音、

广播、电视、电影等获取外语语音信息；通过精读、泛读及其他阅读材料获取文字信息。语言材料的输入方式及学生对输入内容的态度都直接影响到图式形成的质量。在教学实践中应注意以下三个因素：

1. 教师的授课水平

在大学英语教学阶段，教师应用英语授课，介绍文章的作者及背景知识，讲解词语及篇章结构，使学生沉浸在英语的氛围中。外语教师语言水平的高低、性格是否开朗，表达是否准确流畅、风趣幽默对语言材料的输入至关重要。优秀的外语教师有很强的感染力，可以吸引学生全神贯注地听讲，打消他们讲英语时的顾虑。

2. 音像资料的利用

由于受客观环境所限，标准、规范、地道的语音输入主要靠利用外语音像资料来完成。教师应要求学生充分利用教材所配的录音，模仿录音里的语音语调。这样，课上所学内容通过课下听录音就会得到进一步巩固。此外，还可以播放一些录像、电影等，并于播放前给出资料中的一些关键词语以保证学生能听懂并理解内容。

3. 朗读背诵的效果

朗读背诵是强化语言输入的一种形式。对缺乏外语环境的我国学生来说，在透彻理解文章的基础上朗读背诵是培养口语能力的一种切实可行的办法。朗读时，眼、口、耳在大脑的指挥下相互配合，将文字转换成语音。通常要经过数次朗读后才能达到背诵的程度。在一次次诵读过程中，词语音、形、义的图式得到加强并有机地结合起来，为词语的活用创造了条件。

（二）语言信息的输出

要学好外语就必需广泛而深入地接触语言材料。大量的语言输入为语言输出奠定了基础。但我们不应认为只要保证足够的输入量就可以达到自由输出。经过模仿记忆的语言材料要经过实践演练后才有可能恰当地运用到交际中。

1. 语言与语境

应用语言的能力不能简单地理解为对所学语言知识的积累。在正常的语言交际活动中，人们通常在毫无准备的情况下，根据具体情况灵活地运用语言表达自己的思想。这是因为他们大脑中的语言知识图式已和各种语境图式紧密地结合起来，因而可以顺利地由发音器官转化成语音，成为取之可用的交际资源。虽然学生所学的课文、阅读的文章、听到的对话或短文提供了许多不同的语境，但这些语境中的绝大部分都是他们根据所给信息构想出来的，与现实中的语境有一定的差距。此外，学习材料中描述的语境并非总能与现实交际中出现的情况相符。仅凭熟记的语言材料去跟别人交谈，以不变的内容去应付千变万化的情景显然是行不通的。因而在教学实践中，应尽可能使学生把书本中学到的表达方式与他们的学习、生活及思想实际情况联系起来，让学生进入角色，提出自己的想法和观点，充分利用一切实物模拟或创造情景，使学生置身于某一特定语境去体会语言与语境的关系，领悟语言在语境中的功能意义。经过这样的训练，学生在今后的语言交际中见到某一情景或进入某一语境就可以引发他们头脑中相应的语言图式，两者能同步进行，达到表达自如。

2. 语言与表达

口语训练可分为两个阶段。在第一阶段，学生在教师的指导下，从课文或录音材料中理解吸收语言，通过句型操练、朗读背诵等方式，熟记语言结构和形式。但这仅仅是一种机械性的练习，不是有意义的交流。在第二阶段，教师结合所学内容确定某一专题，让学生通过课堂提问、讨论或辩论等形式，阐述自己的见解和想法，逐步引导学生用外语表达自己的思想，达到有意义的交流。这两个阶段都很重要，学生在会话练习前应有所准备，使他们得到的语言知识能有效地覆盖话题，尽量做到词语达意，言必有中。只有长期坚持这样的口语练习，学生才有可能学会用外语自由地表达自己的思想。

3. 语言的得体性

在学生讲外语时，常常会发现他们所用的一些词语在词汇和语法上挑不出任何毛病，但却与语境格格不入，违反了英语本族人的讲话规则。这通常与受我国文化因素的影响有关，即把我国的习俗和惯例带入英语交际中。教师应根据所教语言的内容比较我国和英语国家的风俗习惯，提醒学生注意母语和英语的文化内涵的不同，在说英语时，把握语言的得体性。

在大学英语教学中，加强学生口语能力的培养对提高学生的语言能力和交际能力是十分必要的。由于目前大学英语教学时数有限，不太可能专门开设口语课。但口语训练并非一定要在口语课上才能开展。实际上，精读、泛读及听力课上都可以结合所学内容进行口语练习。此外，要注意调动学生的积极性和主动性，为他们营造一个良好的学习环境，引导他们在课外进行大量的口语实践，使他们的外语能力得到全面发展。

第四节 大学英语口语教学模式研究

2004 年教育部颁布了《大学英语课程教学要求（试行）》，标志着我国大学英语教学改革目标实现了从传统以阅读能力培养为主向以听说能力培养为主，全面提高学生英语综合运用能力的方向性大变革，对于全面推进我国大学英语教学改革，改变大学生英语听说能力普遍低下的状况具有重要指导意义。在某种程度上说，提高大学生英语口语交际能力的主要途径在于英语口语教学模式的改革与创新。口语教学模式是一个动态的开放体系，从来没有放之四海而皆准的教学模式。适合某类学习者的教学模式不一定适合另一类教学对象。教师需要根据特定的教学对象和条件对传统教学模式的结构要素和操作方法进行解构和重建，并在教学实践中不断加以修正和完善，以便取得理想的教学效果。但模式建构者需要充分地了解教学模式的本质特点、结构要素及具体操作方法，在借鉴的基础上有所突破和创新。

一、口语教学模式概述

教学模式一词最初是由美国学者乔伊斯和韦尔等人提出来的。它是指依据教学思想和教学规律而形成的在教学过程中必需遵循的比较稳固的教学程序及其方法的策略体系，包括教学过程中诸要素的组合方式、教学程序及其相应的策略。

教学模式一般包括以下基本要素：

1. 教学思想或理论。这是教学模式赖以形成的基础。

2. 教学目标。指教学模式设定的预期目标，是教学模式中的核心要素。

3. 操作程序。指具体完成教学任务的步骤。

4. 师生角色。指教师和学生在教学活动中的地位。

5. 教学策略。指教学过程中教师和学生采用的教和学的方式、方法和措施。

6. 教学评价。指对教学对象学习成效的评价。

教学模式可以根据是否指向人自身还是指向人类的学习分为四种类型：

1. 信息加工型；

2. 社会型；

3. 个人型；

4.行为系统型。

这些模式类型经过了长期的实践检验，可以适用不同学习者和许多课程领域的需要。然而，教学模式是一种动态的结构系统。每一种教学模式都有其特定的适用对象和条件。只有将这些教学模式结合起来，才能开发出适合特定学科和对象的教学新模式。

二、英语口语教学模式的实践探索

口语教学应以师生互动、生生互动、课内课外互动的方式贯穿于大学学习生活之中。如何既利用好课堂教学的有限时间，又能将课堂教学延续到课外，高效地完成口语教学，需要增强现代教学观念，更要重视教学方式、方法的创新。

（一）课前预习，充分利用计算机网络学习环境，培养学习自主性

学习自主性是语言学习过程中的先决条件，但学习自主性并不意味着教师对学生的放任自流，它是在学习过程中不断培养而获得的，需要不断的"教育干预"。影响语言学习自主性的主要因素是"学习动机和学习态度""学习策略"，而个体差异则在这几方面中突出表现出来。因此尊重学生个性发展，注重学习兴趣、学习主动性积极性的培养及学习策略的开发，无疑是英语教育的重点。新"课程要求"进一步明确并强调自主学习能力的重要性，不仅在实践中教师要思考学生应该学什么、怎样学，如何培养学习自主性。课前准备阶段，我们对学生要求之一就是在课前利用计算机辅助自学教材里的学习材料，从中收集和整理出实用的词汇、短语、句型，并且记忆。要求之二是鼓励学生通过网络搜寻各种与课题相关的信息，包括更多的词汇和表达方式，有关主题的文化背景知识，甚至引发兴趣的娱乐材料。通过课前准备的两项要求，一方面帮助学生逐渐明确自主学习的重要性及方法，另一方面还激发了他们的学习兴趣，丰富了他们与语言密切相关的文化知识，使他们能积极有效地参与到课内外口语学习上来。

（二）课堂教学，师生互动，生生互动，培养兴趣，增强交流

第一，营造丰富多样的课堂环境，开展兴趣教学。口语课堂教学不仅仅是知识的传授，更重要的是如何培养学生的学习兴趣和学习主动性，并促使学生自然地将课堂教学延续到课外。为激发学生对口语学习的兴趣，课堂活动设计及课件制作都至关重要。语境设计遵循的原则是：（1）时尚性。话题具有时代感，例如"时尚""网络""广告""电影"等等。有时，话题设计并非完全局限于课本，针对时局，一些社会热点也不失为能引起热烈讨论的中

心议题。（2）常识性。讨论题以常见的简单问题为主，使学生可以从切身感受说起，切合实际，饶有趣味。（3）多样性。课堂活动易多样，不必拘泥于某一种形式。根据每个课题的特点及要传授的知识点采用适当的课堂活动方式，如师生、生生问答，讨论，评论，辩论角色表演等。这些练习均以互动合作方式完成，旨在培养学习兴趣，鼓励交流，在互动合作中互惠学习。（4）趣味性。在多媒体教学技术辅助下，一方面利用色彩、音乐、图片等刺激感官兴奋性，活跃课堂气氛，另一方面利用丰富的教学资源设计内容，如将相互联系的一组图片展示给学生，要求看图说话或发挥想象力编撰故事；放一个情景对话，要求学生模仿。这些教学素材无疑有助于开展形式多样的课堂活动、扩展思维、诱导思考、激发参与活动的兴趣。

第二，教师为主导、学生为主体，在交际法教学原则指导下开展互动合作式教学。交际法教学强调语言的交际功能，语言运用的得体性和实用性。在模拟真实语境中引导学生进行有交际意义的可理解性输出，培养学生进行自然、流利的语言交流，是交际法教学的核心。在我们的口语课堂上，在确立以学生为主体的教学理念基础上，教师的角色定位为课堂学习的组织设计者，课堂活动的指导协作者，学生学习的评判诊断者，自主学习的启发帮助者。教师在模拟真实语境引导学生进行有交际意义的语言操练的同时，注意营造轻松愉快的课堂气氛，在组织各项课堂活动时始终保持和学生之间的地位平等，并将自己积极纳入到师生互动、生生互动的语言交流中，在适时的时候提示、纠错、点评、表扬、鼓励。课堂布局始终呈动态，不断变化。由于活动需要，学生随时会交换座位，寻找合作伙伴，移动座椅，形成不同组合。这种以学生为中心的课堂鼓励学生抛弃羞怯感，充分发挥潜能，互动合作，在完成每一项任务的同时使自己的口语能力得到快速提高。

第三，教学中知识的非自然输入不容忽视。为避免因采取以意义交流为核心的交际法教学而忽视语言形式，我们的教学还强调非自然输入对二语习得的帮助。在进行了比较研究后首先证实"可理解输出不足以在实质上帮助语言能力的习得，要发展语言能力更理智的做法是增大可理解输入"，又进一步证明"以大量词汇、短语、句型为核心的非自然输入能迅速提高表达能力"。因此，少量时间对固定表达方式和句型的输入是每堂课必不可少的内容，它有效地将学生的注意力平衡分配在意义和语言形式之间。本着"基于课本，高于课本"的教学原则，我们的具体做法是：每节课划分出一定量时间（约为20%）和学生一起回顾、提炼课前自主学习知识的精华，在必要的时候适量补充课本外相关的语言、文化知识。一些专门设计的课堂练习还会引导学生反复操练这些词汇、短语和句型，一方面达到学生对语言形式的重视，另一方面达到对所学知识的检验和巩固，使语言的准确性、复杂性得到提高。

（三）课内课外互动，使课内学习在课外得以延续

通过课前对学习自主性及学习策略使用意识的培养，课前及课内对学习兴趣和动机的开发，个性及口头交际自信心的建立，重要知识结构的构建，学生已具备了在课后自主巩固知识、拓展知识的兴趣和能力。互动合作式教学模式的意义还在于课外将具有浓厚学习兴趣的学生纳入到自主学习中，使之成为课内学习在课外的延续。

我们鼓励学生在课外口语练习上保持互动合作式学习方式。课内有限的时间对于学好口语是远远不够的，大量的操练，必需由学生利用课余时间自主完成。在课堂完成的各种合作式练习中，学生或组合成对，或成组，且成员及人数不固定，已经形成了合作完成口语练习的意识。在课下，鼓励学生选择一个相对固定的练习伙伴，加入一个相对固定的学习小组，以完成不同的学习任务，在互助合作中交流、学习。除面谈、电话交谈以外，由于具备网络资源的优势，我们鼓励学生或以 E-mail 的方式与教师和同学在课下沟通，或在班级聊天室里"会面"。师生间、生生间可以探讨学习方法、教学方式，可评点、可建议，还可以分享好的学习资料。这种互助合作的学习方法意义不仅在于帮助学生在交流、互助中高效学习，还在于培养学生的团结互助精神、集体参与意识和社会交往能力。

在一年口语教学实践中，通过与学生面谈、电话交谈、E-mail 交流、问卷调查等方式，这种互动合作式教学模式得到积极的评价。从课堂表现来看，任课教师明显感觉到学生在一年的学习中，口语水平在语言的长短和连贯性、范围和准确性、灵活性与适切性上均有显著的提高。与没有参与大学英语教改的其他普通班相比，学生在口头交际能力上及开口讲话的自信心上均有较强的表现，该教学模式已逐渐通过各方面体现出价值。

三、英语口语教学模式评析

作者对本校中外英语教师的常规性或示范性口语课教学模式做了为期一年的研究。依据从其理论依据、教学目标、操作程序、师生角色、教学策略、教学评价这五个维度，对这些教学模式分为 UPR、UPP、PSC、PTP、WPC 五种类型。这五种模式又大致可以分为两大类型：UPR 和 UPP 基本属于行为系统型模式；PSC、PTP 和 WSC 则属于社会型教学模式。下面分别加以介绍。

（一）UPR 模式

UPR 指 Understanding（理解），Practice（练习），Rehearse（表演）。模式的操作过程是：

1. 理解阶段：播放课文录音一至二遍，然后让学生根据录音内容回答问题。接下来让学生看课文，验证听力理解效果，并对课文难点部分做简要解释。

2. 练习阶段：让学生读背原文对话，上口之后做角色对话练习。

3. 表演阶段：邀请学生在课堂做非创造性情景会话表演。

分析：1. 理论基础：体现了经验主义和行为主义理论观。2. 教学目标：掌握现有口语材料能进行复用式角色对话。3. 操作程序：理解—操练—表达。4. 师生地位：主导与主体关系。5. 教学策略：听说模仿、读背课文、模拟对话。6. 能力评价：能完成课文角色对话，口语清楚流利程度、表达错误较少，视为达到训练标准。

评价：该模式重视口语句子的反复听说模仿，以便形成自动化的习惯，对提高口语表达流利性有较好的效果，适合语言基础和口语能力较差的学习者，但课堂教学活动主要局限口语句子的模仿和记忆练习，脱离交际意图进行纯语言形式的操练不利于培养学生的语言运用能力。第二，一成不变地会话表演并不能反映学生的实际口语能力，充其量只能反映其短时机械记忆能力，一旦遗忘，这种"表达能力"便不复存在。

（二）UPP 模式

UPP 指 Understanding（理解），Practice（练习），Production（表达）。该模式脱胎于传统的 3P（Presentation，Practice，Production）教学模式。教学重点主要放在语言材料的学习和操练上，其基本操作过程是：

1. 理解阶段：教师先让学生听课文录音，然后做问答练习。再让学生看课文，并对课文的某些难点做简单解释。

2. 练习阶段：主要有三种练习形式：（1）跟述练习：学生以两人为一组，一个读课文，另一个听并重复原文句子。（2）复述练习：学生以小组为单位，分别用自己的话转述课文对话内容。（3）翻译练习：一个学生把课文对话翻译成汉语，另一位学生将其译成英语。（4）角色对话：学生分别担任原文对话角色进行复用式对话。

3. 表达阶段：教师给学生提供与课文大致相似的会话情景，要求学生以两人或以上为一组做情景会话练习。待学生基本完成情景会话后再邀请学生在课堂做会话表演。

分析：1. 理论基础：以经验主义、行为主义和结构主义理论为基础。2. 教学目标：掌握现有口语材料能进行情景对话。3. 操作程序：理解—操练—运用。4. 师生地位：教师担任指导者，以学生为活动主体。5. 教学策略：互动合作、听说并进、英汉翻译、角色对话。6. 教学评价：能完成情景会话，口语清楚流畅性、表达出现较少语法或搭配错误者达到训练要求。

评价：互动式口语练习能增强学生合作意识，消除紧张情绪，增强学习效果。第二，教师能创设新的会话情景，让学生学会进行模拟性交流，有利于提高学生的口语表达能力。但缺陷是，课堂教学时间主要集中在口语表达方式的模仿记忆练习上。情景会话仍然是为掌握某些特定的语言表达方式而设计的，学生没有进行真正意义上的语言运用。

（三）PSC 模式

PSC 指 Pre-Functional communication（前功能交际），Situational communication（情景交际），Communicative Task（交际任务）。PSC 模式的基本操作过程是：

1. 前交际：教师从课文对话中挑选出若干功能交际话题（如，"问候""问价""道别"等）及其表达方式，再让学生做两个话轮对话练习。

2. 情景交际：教师提供交际情景，学生根据情景确定若干功能话题，轮流做角色对话。

3. 交际任务：教师提供真实或接近真实的交际任务。学生以小组为单位，讨论完成任务的内容和表达方式，再合作完成交际任务。教师负责口语活动的监控与协助。

分析：1. 理论基础：体现了功能主义和社会语言学理论观。2. 教学目标：能掌握和运用功能性表达用语，顺利完成交际任务。3. 操作程序：功能会话练习—情景会话练习—交际任务练习。4. 师生地位：主导与主体关系。5. 教学策略：教学过程交际化、按功能学习表达方式、情景对话练习、运用所学功能用语完成交际任务。6. 能力评价：能成功完成口语交际任务，口语流利，语言准确得体者视为达到训练要求。

评价：PSC 模式体现了以教师为主导，以学生为主体的教学思想。第二，口语能力训练采用以功能话题为主线的互动式口语练习，避免了语言练习与功能语境相脱节的现象。第三，整个口语学习过程体现了功能化、情景化和交际化特点。但是，PSC 模式也有其局限性。它只是把学习者运用语言的能力放在第一位，把交际任务置于语言练习活动之后，而不是以交际任务为中心来组织和开展口语教学活动。

（四）PTP 模式

PTP 指 Pre-task（前任务），Task（任务），Practice（练习）。这种模式是基于任务型教学模式而建构的。任务型教学的基本特征是以"任务"为核心单位计划、组织教学，以任务的完成为教学目标。其基本操作过程是：

1. 前任务阶段：教师提出单元学习的目标或任务，再学习完成任务所需的表达方式。

2. 完成任务：学生结对或以小组为单位完成口语交际任务。每个学生可以自由表达思想，不苛求语言形式的准确，注重意义的可理解性和连贯性。教师只监控、了解学生的活动情况。学生完成任务后，邀请部分学生在进行情景会话表演。

3. 练习阶段：教师归纳课文重点功能表达用语，让学生做巩固性口语练习。

分析：1. 理论基础：以社会语言学和系统功能语言学理论为基础。2. 教学目标：掌握课文内容表达用语，能运用所学语言材料完成交际任务。3. 操作程序：任务准备—完成任务—强化巩固。4. 师生地位：教师担任指导者，以学生为活动主体。5. 教学策略：以任务为中心组织教学、以完成任务促进口语技能的发展与提高、通过强化训练促进口语材料的内化过程。6. 能力评价：，以意义的有效表达为标准，不苛求语言形式的完美无缺，能顺利完成口语交际任务，视为学习达标。

评价：PTP 模式是对传统教学模式的颠覆。它与 PSC 模式的本质不同在于 PSC 把培养学习者使用目的语的能力放在首位，视意义的表达为第一性，但任务型教学模式则注重"以言做事"，把完成任务放在首位，学习者有明确的交际任务，能够重点关注与任务密切相关的有意义的表达，而不是过度地关注语言形式。第二，PTP 模式把任务置于教学的中心，能够充分调动学习者的积极性，培养团队合作精神。在完成任务的过程中，学习者的互动和协商能够增加口语交际机会，促进语言能力的发展。其次，任务的完成能够为学习者提供自我评价的参照尺度，带来成就感。但是该模式过于强调语言的流利性，忽视了语言表达的准确性和得体性。

（五）WTC 模式

WTC 指 Warm up（热身），Theme Discussion（主题讨论），Communicative Task（交际任务）。该模式不重视表达方式的学习与操练。教师安排学生课前预习课文内容或表达方式。课堂活动主要集中课文主题内容（如 National Hero，Environment Protection 等）的讨论，在此基础上再进行和课文主体相关的口语交际活动。其基本操作过程是：

1.教师首先提出和主题相关的话题，让学生发表意见和看法。

2.进入主题讨论：教师陈述课文主题内容和个人的看法，然后让学生就课文主题展开小组讨论。

3.教师提出和主体相关的交际任务，让学生做结对、小组讨论或辩论。

4.学生完成交际任务后，邀请部分学生在课堂发言或进行辩论。之后教师再作点评。

分析：1.理论基础：以经验主义和社会语言学理论为基础。2.教学目标：能运用已掌握的英语知识技能完成交际任务。3.操作程序：主题导入—主题讨论—交际任务。4.师生地位：主导与主体关系。5.教学策略：课前预习课文、主题导入热身、不做语言形式的练习、直接进入主题交际 6.教学评价：以意义的有效表达为标准，不苛求语言形式的准确无误，能顺利完成口语交际任务，实现交际的目的者视为达标。

评价：首先，安排课前预习可以让学生了解课文内容，掌握一些有用的用语，课堂有更多的时间做口语练习，但学生要有较好的英语基础、自学能力和高度的自觉性。其次，教学完全摆脱了语言形式操练的旧模式，开展以主题为中心的口语交际活动，极大地增加了学生的口语实践量，有利于促进其口语表达能力的发展与提高。第三，学生能进入真实的口语交际状态，运用英语表达自己的真实思想，能更有效地促进口语能力的习得。但是，这种教学模式对学习者的要求比较高。如果学生尚不具备表达主题内容的语言能力，这种教学模式很难获得理想的教学效果。

四、口语教学模式的优化策略

（一）要以现代教育和教学理论为基础

任何教学改革和创新都必需以科学的教育教学理论为基础。缺乏理论指导的口语教学改革与实践会是主观经验性的、低水平的、甚至是盲目的。教学模式设计者只有具备了扎实的教育教学理论基础，才能站在理论高度，理性地思考和把握口语教学的规律，开发富有实践和推广价值的口语教学模式。

（二）要体现"以学生为本"的人本主义教育思想

理想的教学模式应该能适合大多数学生需要，能愉悦学生身心，并能充分开发其语言潜能。模式设计者必需考虑以下因素：1.教学目标、教学任务、能力评价标准的制定既要考虑整体水平又要兼顾个体差异性，要使每个学习者都学有所得。2.教学活动的设计要体现愉悦性和趣味性。生动有趣的口语活动方式能充分激发学习者兴趣，使其处于良好的心理情感状态，从而获得最佳的学习成效。3.能力评价要从实际出发，坚持鼓励为主和正确的归因原则。教育的终极目的是培养有自信、自尊、合作，有健全人体特征的社会劳动者。

（三）要在借鉴其他教学模式的基础上有所创新

每一种教学模式都有其长处，能为新教学模式的建构所借鉴。模式设计者要充分了解各种教学模式的理论基础、教学目标、操作程序、师生角色定位、教学策略、教学评价、适用对象，并根据教学的实际需要，对教学模式的结构要素进行优化和创新，开发有价值的教学新模式。

（四）以完成交际任务为目标，以交际能力培养为目的

交际任务与交际能力在口语教学中的关系应该是目标与目的关系。完成交际任务是教学的目标，而交际能力培养才是教学的目的。没有交际能力就不可能成功地完成交际任务。反之，没有交际任务导向，口语教学就会失去方向，陷入脱离社会交际功能和纯语言形式的学习与操练的误区。

口语教学模式是一套教学程序及其方法的策略体系，它是处方性的，具有操作性特点，可以为教师提供教学策略和方法。教学模式又是一个开放的系统，人们可以不断地对它们进行修正，使之得到完善和发展。口语模式的研究和开发必需以现代教育科学理论为基础，在借鉴其他口语教学模式优点的基础上进行变革和创新；口语教学模式的创建还必需遵循以"学生为本"的教学思想，坚持"任务"为目标，以交际能力培养为目的的教学理念，从而构建适和不同教学对象、科学高效的口语教学模式。

第八章 大学英语阅读教学改革

第一节 大学英语阅读教学面临的问题

目前，国内对大学英语阅读策略的研究大都采用理论与实践相结合的研究方式，研究内容主要涉及阅读策略培训、阅读方法的比对研究以及阅读策略与成绩的关系三个方面。尽管众多研究者对英语阅读教学进行了不同角度的分析和研究，也提出了一些关于阅读教学的模式、方法和策略。但这些模式、方法和策略并不能彻底解决大学英语阅读教学发展中存在的相关问题。笔者详细分析了大学英语阅读教学中存在的问题，并提出了相应的解决策略，以期帮助更多的英语教蜊顺利地进行英语阅读教学。

一、英语阅读教学中存在的问题

英语中的阅读能力与"说"这种"显性能力"相比有很大的不同，它是一种"隐性能力"，具有一定的隐蔽性，且不容易表露出来，这就导致阅读能力的重要性很容易被忽视。英语学习者在努力培养自己阅读能力的同时，所取得的每一点进步都会激发他们对于英语学习的兴趣，促使其更广泛地进行英语阅读，从而增强学习动力并开阔视野。英语可以作为一种了解世界、认识世界的工具，阅读好比一座桥梁，联通了认知的世界。无论想从哪种渠道获取信息，都需要依靠较强的阅读能力才能获取。目前的大学英语阅读教学中主要存在以下四个方面的问题：

（一）阅读教学理念错位

英语技能教学之一就是阅读教学，然而，在大多数高校中有相当一部分英语教师错误地把词汇教学、语法教学混为一谈，他们错误地认为阅读过关的关键就是词汇和语法过关，只要这两项过关，阅读自然就没问题。受这种错误理念的影响，这些教师的课堂教学仍停留在句意分析、词汇理解阶段，至多也就是达到篇章分析的程度，甚至有的英语教师还在生硬地要求学生背单词。这种教学方式往往导致学生养成逐字逐句、"精益求精"的阅读习惯，属于典型地抛开技能教知识，容易使学生形成固定的思维模式，并把这种"慢条斯理"的阅读方式奉为不二法门。如此，大学生可能会背许多阅读课的单词，但是却不懂得在阅读中如何一目十行地"略读"，如何带着问题找答案的"寻读"。

（二）部分教师缺乏扎实的理论基础

目前，部分大学英语教师对阅读原理及相关基础知识知之甚少或知之不详。虽然他们也告诫学生，阅读时不要采取逐字逐句按着书本"指读"或是一板一眼地盯着书本在心里默念进行"心读"，但是对采取以上两种方法的弊端却解释不清，无法从理论层面消除学生心中的疑惑。还有些教师不清楚思维与阅读的关系，不熟悉图式理论。更多的教师对于与阅读教学息息相关的冗余信息理论和含混容忍度理论等相关理论一无所知。也正是由于缺乏正确的理论指导和必要的基础知识，使一部分教师在英语阅读课中仍然沿用传统的、带有教学弊病的教学模式进行授课，他们缺乏打破传统模式的勇气和方法，使得英语阅读教学的改革停滞不前。

（三）缺乏有效的阅读训练手段

其实，一部分大学英语阅读课教师，特别是一些中青年骨干教师已经发现了阅读教学存在的种种弊端，但是受传统教学模式和开拓进取心的影响，使他们心有余而力不足，无法从根本上解决阅读教学中存在的问题。以学生阅读速度为例，大多数大学英语教师在阅读教学中不重视对学生阅读速度的训练。教师不清楚自己所教授学生的英语阅读速度，也提不出通过哪种有效途径来提高学生的阅读速度。目前，阅读教学中用于提高学生阅读速度的最普遍的方法就是限时阅读，学生往往无法按照规定的读速匀速阅读，通常是一开始赶速度，后来越读越慢，出现前紧后松的现象，且由于时间安排不合理，往往在测试中不能按时完成阅读。

（四）不重视课外阅读

课外阅读是大学英语阅读教学中不可或缺的重要组成部分。《高等院校英语专业英语教学大纲》中明确规定："学生的课堂教学应注重与课外学习和实践活动结合。因为课外学习和实践是课堂教学的延伸与扩展，它能培养和发展学生的实际应用能力，学生应在教师的指导下有目的、有计划、有组织地进行学习实践。"教学大纲将课外阅读放在如此突出的重要位置，主要有以下三个原因：首先，课外阅读是提高学生阅读质量的有效途径。课外阅读可以提高学生阅读的理解能力，加快阅读速度，并在阅读过程中培养语感。其次，课外阅读是培养学生自学能力的最佳途径。未来教育的发展趋势必然是终身学习，而终身学习所必需具备的就是超强的自学能力。大学生通过大量的课外阅读培养和增强自己的自学能力，这种能力的养成必将使他们在今后的学习中处于有利地位。最后，课外阅读是学生创造语言环境的良好途径。语言环境是提高学生学习效率的重要因素之一。大量的课外阅读可以使学生的阅读能力、语感和写作能力得到提高。然而遗憾的是，大部分教师没有对课外阅读给予足够的重视，没有把课外阅读纳入阅读教学范畴。

二、改善大学英语阅读教学现状的策略

（一）加强阅读教学知识学习，更新教学观念

大学英语教师一定要加强对自身教学知识，特别是基础理论知识的学习，要深入研究教学改革中提及的有关大学英语阅读教学的方法；通过不断更新自身的教学理念和教学方法，打破传统的英语阅读教学模式；在教学中有意识、有目的地指导学生通过全新的教学模式和教学理念来提高自身的阅读能力和阅读速度。学生英语阅读能力的培养应当引起教师足够的重视，要达到培养学生阅读能力这一目的，教师自身阅读教学知识的学习和培养是关键。另外，更新英语阅读教学理念的关键在于教师要摆脱传统教学方法和理念的束缚，尽可能在英语阅读教学中采用全新的教学模式和方法，帮助学生在阅读过程中提升阅读能力、理解能力。教师应培养学生在阅读过程中做到"难、准、快"，主要是培养学生在一定时间内阅读完成有一定难度的词汇和语法的文章的能力，并能准确把握和理解文章的内容。这也是英语教育培养学生阅读能力的最终目的。

（二）注重学生阅读策略和阅读习惯的培养

传统的英语阅读教学方法刻板、单调，教师以陈述性知识讲述为主，忽视了程序性知识的传授。学习策略研究领域中一个重要的方向就是策略性英语阅读教学，它是指学生在从事有效英语阅读活动中，为解决阅读过程中遇到的问题而采取的技巧、方式和行为。阅读策略既包含隐性的阅读规则，又包含显性的、有章可循的操作技巧或步骤。这就要求学生根据不同的文章和不同的阅读目的，灵活地制订适合实际阅读情况的认知活动计划。策略性英语阅读教学是一种能够提高学生英语阅读兴趣，使学生养成良好阅读习惯的

教学模式，这种模式转变了课堂上只注重"阅读结果"而忽视"阅读过程"的现象，大力提倡以学生为中心，主张传授知识与能力培养并重。多年的策略性英语阅读实践表明，针对不同的文章采取不同的阅读策略，最终取得的阅读效果截然不同。原因在于阅读过程并不是简单的信息传递，更不是读者的被动接受，而是检验读者通过阅读获取信息后的理解能力、分析能力和认知能力。这些能力的取得都离不开阅读策略的培训。策略训练可以提高学生的阅读速度、阅读水平，强化其对知识的记忆，同时也有助于良好阅读习惯的养成。

（三）重视课外阅读，加强阅读管理

大学英语课程中英语阅读课时相对较少，如果仅用课堂上的时间培养学生的阅读能力远远不够，必需采取课堂教学为主、课外阅读为辅的教学方式培养学生的阅读能力。课堂上教师应以提高阅读技能知识和培养阅读技能训练为主要内容，并在课后辅以大量的阅读材料。教师所选的阅读材料要确保其涵盖的信息量足够大、知识面足够广，像英文报纸、国家地理、百科知识等都可以用于课外阅读。教师除了对阅读材料进行筛选把关外，还必需针对学生阅读材料的不同，采取不同的、行之有效的管理方法，使课外阅读落到实处。只有这样，才能够使课外阅读真正起到应有的效果。在课堂教学中，教师可以尝试将班级分成若干小组，要求学生以组为单位在学习新课文之前在网上搜索与课文内容相关的资料，并将资料整理制作成PPT，在学习新课文时，各小组选派一名代表向全班同学讲述本组搜集整理的资料。教师在整个过程中可以充当监督者的角色，为学生搭建起自主学习的平台。这种模式不仅有利于学生阅读、写作等基本能力的培养，而且有利于学生主观能动性的充分发挥。

（四）尝试运用计算机辅助英语阅读

基于计算机网络的英语阅读教学模式可使教学不受时空限制，实现阅读的交互性、可选择性，使学生以合作互助的方式进行阅读，充分发挥认知主体的作用，提高自主学习能力。计算机辅助英语阅读教学的另一优势是激发学生的学习兴趣，从不同角度吸引学生的注意力，形成师生之间的互动交流，最大限度地调动学生学习英语的积极性。多媒体技术走入英语阅读课堂，突破了传统单向的教学模式，真正实现了以学生为中心，使其发挥在学习英语过程中的主观能动性，实现了知识传输的交互性；在教学活动中，教师的角色也发生了重大改变，由以往的传授者变成了指导者和帮助者，学生有更大的自由度和思考空间，更有利于智力的开发和阅读能力的养成。独立自主的学习降低了学生因错误发音或错误答案而受他人讥笑的顾虑，使他们在轻松的环境中学习。

总之，如何科学合理地讲授大学英语阅读这门课程是一个值得深入研究的问题。大学英语阅读教学不能再依靠课堂面授、"填鸭式"的教学方法，而是要改变传统的教学手段，采取新的教学模式和教学环节，运用多样化的现代教育技术，最大限度地发挥学生的主体作用，提高阅读学习效率。

第二节 读的心理机制与认知过程

英语目前是最多国家使用的官方语言，也是世界上最广泛的第一语言。同时英语是大学生必需掌握的基本技能，而英语阅读是提高大学生英语能力的重要方式。英语阅读理解是一个复杂的心理认知的过程，但从语言学的角度出发分析英语阅读就会简单很多。语言学不仅对揭示阅读的心理机制和思维规律有重要意义，而且有利于促进英语教学的质量和水平。

一、高校学生英语阅读的现状

随着英语在应试教育中占的分量越来越大，学习英语已成为应付考试的主要原因，面对沉重的就业压力，越来越多学生认为英语作为考试的一部分不得不学。抱着这样一种心态学习英语的人，在阅读策略和情感态度上都已趋向于模式化、系统化，学习效果也可想而知。经过调查发现高校学生在英语阅读方面存在以下问题：

由于学生在语法、词汇等方面的欠缺使得他们在阅读过程中受到了较大的阻碍，尽管学生有想读的心理，但面对这些无法逾越的障碍，他们只能选择逃避，另外母语在英语阅读中也会存在一定的影响，超过半数以上的学生认为在英语阅读理解中母语的影响是非常大的；其次是阅读材料的单一，据调查有超过60%的学生只会完成教师布置的阅读作业，很少有人会利用课外时间阅读一些英语周报、英语杂志或者其他英语阅读资料，除此之外阅读取向也是一个很大的影响因素，大部分学生只会根据自己的兴趣爱好去选择一些难度较低的英语短文故事，而有近半数的学生认为科普类知识和议论文类题材在阅读过程中的困难很大而放弃阅读；第三个现状是教师很少会根据学生现有的英语水平向学生推荐难度相符合的阅读材料，语言心理模式理论中明确指出背景知识、上下文联系及文化习惯对英语阅读而言非常重要，为了降低学生在阅读过程中的困难，必需对学生的背景知识进行扩大储备，另外还可向学生介绍西方国家的经济、文化、政治、历史、宗教等相关知识，让学生在良好的语言环境中阅读，构建语言材料；第四点是学生缺乏自由阅读的时间，在阅读时间、阅读量等方面没有养成良好的阅读习惯。根据课程标准要求，学生每日课外阅读的词汇至少要达到 500 个以上，但在实际英语教学过程中，留给学生阅读的时间少之又少，有超过半数的学生只是为了完成教师布置的作业，并没有安排课外阅读的时间。

二、英语阅读教学中心理能力的培养

（一）重视学生学习情感因素的培养

著名哲学家黑格尔曾经说过：如果没有热情，世界上所有伟大的事业都不会成功，由此可见，观念和热情是成功的必备因素。同样在教学活动中观念和热情也是不可缺少的一部分，认知和情感对学生智能的开发及英语阅读能力的培养都非常重要。教育家乔姆斯基曾表示：人天生就具有"语言智能"，在后天的激励下这种语言智能得到了发展，在这其中情感因素是关键。在过去的英语教学中无论是教学方法、教学思想还是教学态度都是以传统的教学观念为指导，"师道尊严"使得教师和学生之间产生了严重的隔阂，师生之间得不到平等的交流。针对这个现象我们首先要从观念、地位和职能开始转变，将学生作为教学的主体，培养学生的学习情感，让他们在学习过程中从被动地位变为主动地位。

（二）重视学生的自信心的培养

阅读属于一项语言综合运用的练习，对口头语练习的不重视会使学生养成不爱开口的习惯，从而无法形成英语语感，学生的阅读能力也就很难有所提升。语言专家表示阅读英语的过程就解码视觉信息的过程，并对解码的信息进行加工和处理，而情绪因素就是影响阅读效果最根本的原因，由此可见，学生的自信心在阅读过程中非常重要，良好的自信心可以激发学生的学习兴趣，保持良好的思想学习心态。在英语教学过程中重视学生的自信心的培养，帮助学生克服学习心理障碍，自信勇敢的阅读英语。

（三）重视学生的阅读兴趣的培养

阅读兴趣是培养英语阅读能力的最好动力，阅读兴趣又指情绪兴趣，情绪兴趣是指教师通过表情对学生学习中的情绪状态进行适当的调节，调节方式可包括气氛调节和课堂指导，增加与学生之间的互动活动。兴趣可以驱动学生从事脑力活动，通过脑力劳动获得的成果可以激发学生的满足感和兴奋感，在快乐情绪的引导下学生会产生深入钻研和创造学习的欲望，从而对某学科产生学习兴趣，在这个转化过程中教师则充当引导者和催化剂的作用。教师只有抓住学生心理把握学生的情绪状态，才能针对不同年级学生的英语阅读采取不同的培养方法，当教师抓住了学生的学习兴奋点，学生学科兴趣的培养过程就更为简单。开展阅读教学活动的目的为了加强学生的阅读能力，增加学生的知识面为终身英语学习打好基础，随着阅读量的不断增大，学生的英语阅读速度也会不断地加快，只有改变传统的阅读教学，学生的英语阅读能力才会有所提升。

三、语言学与外语教学的关系

语言学是以人类语言为研究对象的学科，包括了语言的性质、功能、结构、运用以及历史发展，它是对语言的一种科学化、系统化的理论研究。语言学有很多分支比如心理语言学、系统功能语言学、认知语言学以及语言教学等，而外语教学就是语言教学的一部分，同时外语教学的实践孕育着应用语言学的诞生。但是他们又有所差异，语言学的研究是为语言现象提供理论依据，而外语教学是为了让学生掌握和运用好外语。语言学把语言作为一个整体的系统，而在语言教学中语言是一种能力。语言学是对语言的研究为英语教学提供许多帮助，因此考试应该转变教学观念，树立正确的态度应用语言学提高英语阅读教学的水平。

四、从语言学角度谈大学英语阅读技巧

（一）从心理语言学角度的角度下探究大学英语阅读技巧

目前许多高校的阅读教学仍然使用传统的教学模式，让学生读文章解答问题，然后老师对答案并针对错的多的问题进行讲解。这种教学模式不会降低学生的学习积极性，而且难以提高学生的阅读能力。而心理语言学主要是研究语言行为和人的心理的联系，那么如何运用心理语言学来探究英语阅读技巧呢。比如我们可以根据心理语言学的知识建立系统的心理语言学阅读模式，首先通过看到的材料来揣测文章的意思然后进行检验最终得出结论。英语阅读不仅仅是读的过程，它涉及多个方面因此我们要学会通过多个角度去解析文章。比如我们可以利用自己了解的背景知识、题目的信息等来猜测从而充分的理解文章表达的想法和内容。

（二）从系统功能语言学的角度探究大学英语阅读技巧

系统功能学是以一定的哲学思想为基础，它从功能的角度来研究语言的

系统性。它为英语阅读的语篇分析提供了理论依据。我们应该通过系统功能学学会语篇意识，语篇是用来表达文章的意义和作用的，词汇与语句都是构成语篇的重要因素。它主要突出了语篇的功能和意义，强调在英语阅读中要结合宏观结构分析（包括文章体裁、故事情节、中心思想、篇章模式等）和微观结构分析（例如词汇、语法等），从整体上分析文章的信息。因此在英语阅读中要增强自己的语篇意识，这是提高英语阅读能力的重要方法。

（三）从认知语言学的角度探究大学英语阅读技巧

认知语言学认为英语阅读时一个认知复杂心理的过程，它强调的是信息处理的过程。从认知语言学的角度探究英语阅读模式主要包括以下单个内容。首先是概念能力，它是指学生能够将分散的信息进行整理上升为概念，便于更加全面的理解文章从而提高自己的综合能力。其次是信息加工方式，它是指对语篇中语言和非语言的信息进行全面深入的处理，可以说它是一种语言处理技能。信息加工方式主要强调充分利用上下文提供的线索来理解文章的一些句子含义。最后一个重要内容就是图示，这种理论也是基于心理学的角度提出来的，它是指文章的关系结构，强调利用网络图加深对文章各个段落关系的理解。

综上所述，语言学的运用对学生更好地融入英语语言环境中，有效提高英语阅读教学的质量和水平有重要作用。随着教育改革的不断推进，英语阅读教学面临巨大的挑战而语言学的应用是英语阅读教学的重要改革和创新。学生通过从语言学的角度来学习英语阅读技巧提高自身的英语阅读水平，增强自身的综合素质。

第三节 大学英语阅读教学的有效途径

在世界范围内，大多数英语学习者在他们所处的环境中都会发现，阅读是他们学习英语的重要原因。同时《大学英语课程教学要求（试行）》也明确规定："大学英语的教学目标是培养学生的英语综合应用能力，使他们在今后工作和社会交往中能用英语有效地进行口头和书面的信息交流，……以适应我国社会发展和国际交流的需要。"由此可见，阅读是学习知识，获取语言信息十分直接和极其有效的途径，它在英语教学中占有举足轻重的地位，为此，重视并加强英语阅读教学显得尤为重要。

一、英语阅读教学的现状

英语阅读是一种高度积极主动的创造性行为，是阅读者通过语篇这一媒介与作者之间相互作用的交际行为，是阅读者根据已知信息、已有经验和知识对信息进行筛选、分类和解码的过程。英语阅读在大学英语教学中是一个非常重要的环节，而阅读教学的成功与否直接影响着大学生综合运用英语的能力。长期以来，大学英语阅读教学中却一直存在这样或那样问题。通常阅读被视为一种机械行为，是对书面符号的习惯性辨认。课堂教学基本上仍是以传统单一传授知识的模式教学，先让学生正确掌握生词的发音、词义，然后分析语法关系，理解句子，最后总结全段。这样即使学生掌握了正确的语音语法和拥有一定的词汇量后，仍不能有效地培养实际运用语言的能力，阅读教学成效也难以得到根本提高。作为一线教师，我们必需明确阅读教学的现状及存在的问题，力争减少影响提高阅读教学成效的不利因素。

二、制约大学英语阅读教学的因素

阅读是一个认知和言语交际的过程。这一复杂的生理、心理过程的完成要求学生要有丰厚的知识积淀，运用阅读策略，通过语言符号来领会作者所要表达的意图，从而达到与作者之间的思想沟通。制约大学英语阅读教学的因素是多种多样的，本节按照影响阅读教学的主体因素划分，主要包含以下两个方面：

1.教师因素教师因素影响着阅读教学，其主要包括教师的专业理论素养和专业技能水平

教师不仅自身要有过硬的基本功，而且必需研究吃透教学大纲，科学制定教学计划，选择适当教学策略和教学方法，在培养学生阅读能力的同时，提高学生综合水平，从而使阅读教学收到实效。

2.学生因素不同的学生对阅读学习的体会和阅读效果都不尽相同

学生自身的因素也影响着阅读教学。

（1）词汇量匮乏

英语的语篇由"词、词组、小句、句子"四个句法结构单位组成，它们是按一定的语法结构和语言习惯组织起来成为一个有序的整体。"没有语法不能很好地表达，而没有词汇则什么也不能表达"。由此可见，词汇是正确理解英语的前提和基础，词汇在英语学习中处于重中之重的位置。学生英语词汇量的大小直接影响对文章的理解，他们即使有一定的词汇基础，但还没有达到熟练运用的程度。因此，在阅读过程中，往往将注意力放在对某个单词的

猜测上，导致阅读活动缺乏连贯性，这样不仅减慢阅读速度，也影响了对篇章的整体感知，最终影响了阅读效果。

（2）阅读技巧缺乏

大部分学生存在重精读、轻泛读的倾向，往往把精读课的学习方法运用于泛读课中。由于缺乏阅读技巧，其问题主要表现有：有声阅读、逐字导读、重复倒读、查阅字典以及汉语思维等不良的阅读习惯，通常是捧着文章就读，不看标题，不善于抓中心句。这样势必会影响了阅读速度和理解力，达不到应有的阅读效果。

（3）知识面狭窄

在英语阅读过程中，文化背景知识对阅读理解有很大的辅助作用。许多学生由于缺乏文化背景知识，因各国之间的文化差异往往会形成文化干扰，获得毫无意义的阅读或导致他们对一些典故和习语无法理解或产生误解，造成了文化休克，最终影响了阅读理解。因此学生除了具有一定的词汇量和阅读技巧之外，还应注重对文化背景知识的积累。

三、提高阅读教学成效的对策

针对上述影响阅读教学的主要因素，教师在阅读教学中可采用如下对策，提高阅读教学成效。

1. 改革传统的教学模式，提高阅读教学成效

要提高阅读教学成效，首先要改革传统的阅读教学模式，这对英语教师自身的知识水平及个人修养提出了更高的要求——拥有广博的知识，要有良好的知识结构。通常教师只要能专精外语而且兼具其他学科的普通知识，然而作为理想目标，教师应该成为"中西汇通"的结合体。这就要求教师应当阅读国内外有关文献，掌握最新的阅读教学理论和方法，具有开阔的视野，开放的思维，深刻的领悟能力，严密的分析归纳能力以及高度驾于课堂的能力。最后，在转变阅读教学模式的同时，教师应注意及时转换角色，教师的身份应变为具有多重身份，而不再是单一的说教者，应当从教学活动和教学秩序的管理者和控制者转变为学习策略的诊断者和培训者。只有把教师的角色定位于一个较高的水平，才能提高阅读教学成效。

2. 教学手段的多样化，激发学生学习兴趣

要提高阅读教学成效，教学手段的多样化是对教师提出了另一方面的要求。教师应该针对不同学习材料的内容和结构方式，采取不同的教学方法。但其核心是确定学生的主体地位，鼓励学生积极参与思考，突出学生吸取、体验和实践的过程。如运用思维点拨，激发学习兴趣的教学方法。所谓思维

点拨，就是当学生阅读遇到干扰时，教师根据不同的阅读文本，运用恰当的语言帮助引导学生，使他们能及时补充和调整自己的阅读感受和见解，这有别于传统教学中的"导人法"和"讲授法"。传统教学中的"导人法"，就是教师事先设好"圈套"，然后用"一问一答"的固有模式引导学生的回答达到既定的标准。这种"请君入瓮"框定学生思维的教学方法，不仅使学生失去质疑求异的能力，而且也慢慢地扼杀创造力。阅读教学是教师、学生、文本及其作者之间的多重对话，是心灵交流和思想碰撞的动态过程。同样，传统教学中的"以教师为中心"的"讲授法"，学生只是被动的听众，这显然不利于满足学生自我发展的内在需要，不利于发展学生独立阅读能力。为此，阅读教学中的思维点拨，是引导学生对阅读文本意义再构建，是促进师生相互交流沟通，相互启发补充。当然，在阅读教学中，思维点拨是必要的，但不能以一味的讲解分析代替学生的独立阅读。教师的思维点拨要准而适当、少而精当，这样不仅帮助学生梳理、完善知识，激发学生的积极的情感体验，而且给学生有更多参与体验、讨论的机会，构成有效的互动教学课堂。由此可见，思维点拨是一门艺术，是营造良好教学氛围的基础，是促进阅读教学成效必备的教学方法之一。

3. 介绍学习策略，扩大充实词汇

大多数学生都是运用简单的死记硬背的方法记忆词汇，由于词汇量小，导致看不懂课文，逐渐丧失了学习的兴趣。因此，下面结合学生的学习情况，简要介绍一些学习词汇的策略。教师可采取以下的记忆单词的策略，以扩大学生的词汇量。（1）系统归纳法。通过同义、反义、平行、种属、伴随和搭配等关系对词汇进行系统归纳，即教给学生归纳类似词项促进联想的方法，使学生轻松记忆单词，在词汇学习上不惧怕而且有信心，从而培养学生的学习兴趣。（2）反复记忆法。收集精读、泛读、写作、报纸导读等各门功课中遇到难记易忘的新单词，寻找发音和拼写规则，反复背诵，每周以自测或互测的形式进行检测，加深记忆，直到熟练为止。（3）掌握构词法。许多英语单词是由一个表述基本词义的词根，加上前缀、后缀或者是单词便合成语义多样的新词汇。通过构词法的规律记忆单词，能够使学生达到事半功倍的效果。

4. 拓宽背景知识，树立学习信心

语言深深扎根于文化之中。语言和文化有着密不可分的关系。学生知识面的宽窄常常会影响他们对阅读文本的理解。由于学生基本知识贮备不足，造成阅读时困难重重。为此，教师在教学中要多方位加强文化导入，如历史事件、著名人物、风俗习惯、科普知识、价值观念等文化背景知识，以上这些非语言环境组成了人文网络的各种体系、制度以及关系，在每一瞬间都对人们的话语强加了复杂的前提和限制。因此在日常教学中教师尽可能多接触，多介绍和多解释，让学生了解英语国家特定的语言环境及文化观点等知识。为了加深学生记忆和理解，教师还可通过提问、讨论、复述和笔记等方法加以巩固。此外，教师要推行课外阅读的延伸，尽量避免孤立的材料，应加强学习材料之间的相关性，使课内阅读和课外阅读有机结合，这样就可大大丰富学生的知识结构，并逐步提高阅读自动化程度。具体做法如下：要求学生浏览畅销的报纸杂志文章或现当代受欢迎的小说，多渠道全方位地接触外国名人名言、民间故事、时事政治等，也让学生之间相互交流、相互学习、博采众长，不断完善知识结构。这样，尤其针对基础薄弱的学生而言，他们会因自己的文化背景知识的拓宽，在阅读活动中胸有成竹，准确理解，透彻领悟篇章，从而摆脱长期处于一种充满焦虑，缺乏自信的紧张状态，相反处于一种充满自信，具有高自我效能感，时常体验成功喜悦的良好状态。

5.加强阅读技巧训练，培养良好阅读习惯

为了加强学生的阅读技巧，培养学生良好的阅读习惯，教师应当学用结合，学以致用，将各种先进理念和教学方法融入日常的教学活动中，将重点放在培养学生阅读技巧上，从而在教学进程中应有目的有计划地分阶段向学生传授阅读技巧，达到良好的教学效果。

（1）培养略读和寻读技巧

略读和寻读是快速阅读行之有效的方法。略读法要求学生迅速浏览全文，初步摸清文章脉络，了解作者写作意图进而掌握中心大意或捕捉主题句的一个重要阅读技巧。寻读法则要求学生先看文章后面的每项练习要求，带着问题，有的放矢地进行阅读。这种方法可使学生有了明确的阅读目的，学生可逐步速度扫视整篇文章，寻找答案，而与练习无关的内容则可跳读，这无疑对阅读速度的提高起到积极促进作用。

（2）根据语境判断词义

通过上下文猜测词义不失为重要的阅读技巧。所谓语境就是词汇所处的前后语言环境。教师可让学生根据上下文语言环境这一线索，结合自己的知识和经验来猜测词义。学生可运用英语符号（如冒号、括号、破折号等）信号提示词、词汇或短语、同义或反义关系等方法来猜测词义。当然，教师在讲解所有生词时，要提醒学生不是单纯、孤立地记住这些技巧本身，而是在语篇中该用何种技巧推测，这将大大提高学生综合应用这些猜词技巧的能力。

综上所述，英语阅读的过程就是读者以英语为媒介与文本之间进行交流，从而获取信息的相互作用的过程。为了提高阅读教学成效，在日常教学过程中，教师应逐步改革传统的阅读教学模式，根据具体情况，适时地采取一些学习策略和阅读技巧，培养学生良好的阅读习惯等一系列对策。只有这样，大学英语阅读教学的效果才能得到保障，大学英语阅读教学成效才能真正得以提高。

第四节 大学英语阅读教学模式的探索

阅读是大学生学习词汇、句型和语法等语言基础知识的基本途径，也是获取英语信息，了解英语国家社会文化的重要手段。培养大学生的阅读能力是大学英语教学的重点，也是大学英语教学成败的关键之一。

一、当前阅读课程教学模式存在的问题

1.传统的教学模式制约了学生的主观能动性

在英语教学中，学生阅读能力能较好地反映学生掌握语言的深度和广度，是构成英语实际交际能力的重要组成部分。而大学生进入了大学，普遍失去了高中时学习英语的动力，很多非英语专业的学生学习英语的劲头削弱，加上教师的传统阅读课教学模式多数都只是解释生词，翻译难句，做题，对答案的模式，学生一直在教师的要求下，被动地进行做题练习，使得其主观能动性的发挥受到了限制，最终导致教学效果未能达到预期。

2.词汇量严重不足和语法知识的薄弱导致学生阅读能力低

词汇和语法是英语学习的基础，是英语阅读能力的骨架，有的学生为了背单词而背单词，不会把词汇和阅读有机地结合起来，结果往往是边背边忘，效果不理想。在考试当中，由于缺乏词汇和语法知识的积累，以至于在阅读文章的时候读一遍没读懂，继续读第二遍，还是不懂，越读越紧张，到最后也只得胡乱选答案，草草了事。这些都是因为平时训练不够，技巧把握不好，词汇和语法知识积累不够造成的。

3.对英语文化背景知识和英文写作特点的不了解制约了学生的阅读能力

众所周知，由于东西方地理位置、社会体制、生活习惯、风土人情、宗教信仰等方面的不同，从而导致了文化和思维方式的巨大差异。对于一个阅读外语文章和作品的读者来说，如果不知道其中所涉及的客观事物，特别是一些特有的事物，历史背景，典故或者专门术语，那么这种理解只能是肤浅的，甚至根本不能理解。在理解了英语文化背景的前提下，如果对英文写作和中文写作特点之间的差异性没有一个充分的了解，学生的阅读能力也会受到制约，最终也无法达到阅读课程理想的教学效果。

二、构建大学英语阅读课程教学新模式

1.确定以学生为主体的教学模式，充分发挥学生的主观能动性

兴趣是最好的老师，学生兴趣越浓厚，其学习的自主性就越强，要提高学生的学习效果必需先提高学生的学习兴趣。在教学中，教师应充分发挥其在课堂教学中的主导作用，以"学"为重心，让学生在浓厚的兴趣中学会自主学习。教师应引导学生积极参与到课堂教学活动中去，并充当教学活动的主角，引导和帮助学生明确阅读活动所要达到的目的，激发学生的阅读兴趣。在教学过程中，教师不宜直接讲授或讲解解决问题的思路、途径和方法，而是让学生自主探索解决问题的思路、途径和方法。教师可以将学生分成若干个兴趣小组，鼓励学生对阅读文章进行积极的讨论，提高学生的分析问题和解决问题的能力。

2.扩展学生的词汇量和语法知识，掌握有效的阅读技巧

词汇量的大小直接影响着阅读能力的高低，而阅读是扩大词汇量的唯一途径。教师应多鼓励学生在课外多阅读英语文章，并养成良好的英语学习习惯，在平常的阅读训练中，要有意识地收集一些难词和长句。课外阅读有利于扩大学生词汇量、丰富语言知识，开阔视野、开拓思路，掌握英语特有的语言表达方式，从而提高阅读理解能力和英语运用能力。教师要在阅读教学中，科学讲授英语语法结构知识，学生有了扎实的语言功底，阅读速度自然就会得到提高。教师还应教授学生一些基础的阅读技巧，引导学生根据标题预测文章的大致内容，通过分析不同体裁文章的结构，运用略读、寻读等阅读技巧，找出主题句和关键词，从而抓住文章的中心思想。教会学生如何辨别文章的主旨与细节、理解上下文的逻辑关系、领会作者的观点和态度及根据上下文、构词法来猜词义等阅读技巧的使用。

3.利用多媒体加强英语文化背景知识的积累

所谓背景知识指的是关于一个社会或文化的知识体系，包括语言在内。只有当读者将自己的背景知识与语篇负载的语言文字信息联系起来以后，意义才产生，理解才实现，阅读的交际功能才得以完成。利用多媒体播放视频、短片多让学生了解西方文化背景知识，并对阅读材料的背景知识进行介绍，不但可以激发学生的阅读兴趣，也有助于学生正确理解、把握阅读材料，提高英语阅读课堂的教学效率。

4.课后发展兴趣小组，反馈总结，拓展提高

大学英语阅读课程教学模式改革不能仅仅在课堂上得以体现，还应引导学生在课后养成良好的阅读习惯，鼓励学生进行广泛的自主阅读。在课后发

展阅读兴趣小组，学生在教师的组织和指导下交流、探讨学习成果。这样既可使同学相互启发，相互学习，共同提高，又能让老师对学生学习中暴露出来的问题及时分析，寻找原因，帮助他们矫正。

综上所述，影响英语阅读能力提高的因素很多，提高英语阅读水平就要从这些方面入手，不断扩大词汇量和阅读量，养成良好的阅读习惯，多了解西方文化知识背景，发挥教师的主导作用，实现学生的主体地位，对学生进行个性化指导，促使学生自主阅读能力得到最大限度发挥。

第九章 大学英语写作教学改革

第一节 大学英语写作教学面临的问题

在我国大学英语教学中，写作课的地位和作用越来越受到重视和突出，人们从多种层面对写作课中新发现的各种问题进行了探索，提出了许多有实践意义的观点。这些问题包括：教师认为学生英语水平不高而妨碍了意义的表达，外籍教师认为是思维方式造成中国学生英语写作缺乏中心和衔接，而学生则感到写作理论和教学与写作实践脱节等。如何解决这些问题？这是本节将要探讨的问题。

一、大学英语写作教学中存在的问题综述

（一）客观因素

提高大学生英语写作水平收效甚微存在客观原因。首先，从课程设置的角度来看，大学英语教学不能像专业英语教学那样专门开设写作课程，大学英语教学至今没有专门的写作教材，写作内容只是附带分布在精读教材各个单元的练习当中。这种教学现状导致学生对写作无论从字词运用还是篇章组织方面的认识都停留在一个不完整的、时断时续的认识层面而不是系统的层面上。另外，由于不同的历史、社会、文化背景的影响，东西方在思维方式上存在着明显的差异。这种差异性也给写作教学带来了难度，由于中国学生不可避免地受到自身思维模式的影响，即便他们精通语法，懂得如何遣词造句、连句成段，他们的作文也多多少少会带有一些中文腔。所以中国学习者要写好英语作文，首先要了解英语族人的思维模式，再进行有效的模仿，才有可能写出地道的英语作文。最后，随着我国大学招生规模的扩大，大学英语教学任务繁重，每位教师不得不超负荷地承担教学任务，学生的习作批改工作受到了严重影响。教师很难经常性地对每位学生作文作详细批改，大部

分学生不能从教师对作文的批改中看到自己的不足之处，更无法获得有益启迪。这样就使得许多学生失去了对写作练习的兴趣，如此反复，有些学生会在很长一段时间内停留在较低的写作水平上，最终放弃写作练习。

（二）主观因素

写作能力也是一项重要的交际能力。虽然《大纲》明确要求学生应初步具备写作的能力，但在实际的英语教学中，这一要求并没有获得足够的重视和有效的落实。由于阅读教学一直在英语教学中占有举足轻重的地位，大学英语课的时间都花在阅读上，而且在测试中阅读所占的分数比例也很大，通常占，因而大学英语的教学重点往往过于强调阅读理解技能和词汇学习，读与写严重脱节，学生的英语知识没有转化成相应的写作能力。而且，在目前大学的英语写作教学中，大多数教师仍采用传统的"以教师为中心"的写作教学模式。许多教师一般都是在写作课堂上先讲授一些写作技巧，随后分析一些教材上的范例，然后让学生模仿范例自行练习，然后收集学生的作业进行批改及课上点评，教学效果并不令人满意。此外，学生的语言基础不扎实，也是写作教学长期不见明显成效的原因。许多学生语言基础知识掌握不牢固，在这些学生的作文中，拼写和有重大语法错误的句子比比皆是，不少学生运用英语基本句型的能力差，词汇量少，在他们的作文中有很多生编硬造的英语，教师在批改的过程中不得不在纠正学生的语法、拼写错误上花去大量时间。由于语言基础不扎实，很多学生对写作有畏难情绪，对写作缺乏热情和兴趣，也不愿意对教师批改后的作文进行反思以求改进。另外，与对阅读和听说的研究相比，外语界对大学英语写作教学的研究相对较少。尽管常在"兼顾'或"全面发展"中提及写作教学，但常常是为了论述的完善而一笔带过，很少着重论述如何全面兼顾写作以及如何在全面发展中抓好写作教学。

二、大学英语写作教学对策

（一）改革教学模式，提高学生英语写作活学活用能力

教师要摆脱应试教育的束缚，要充分认识到大学英语写作对于学生的重要性，要不断地改革教学模式，采用多元化的教学模式，如可以根据学生的相关情况采用差异教学法、兴趣教学法、活动教学法、游戏教学法、小组合作学习法等。次卧外，要提高学生对语言的运用能力，学生灵活运用的能力对于学生能否把握英语写作的整篇布局，准确合适地把握文章的结构，如何将知识衔接到一起起着至关重要的作用，因此教师要培养学生将理论运用到实践中去的能力。例如，教师可以鼓励学生每天写英语日记，用英语自由交

谈，举办英文写作大赛等等，这不仅能够提高学生活学活用的能力，同时也激发了学生的学习热情，提高了课堂效率。

（二）培养学习自信心，提高学习兴趣

教师在写作教学中，首先应向学生详细地说明写作学习的特点、难点和方法，让学生结合写作学习特点及时地找准学习方法，164 避免走弯路、走错路。教师要尝试让学生认识到写作学习的艰巨性和渐进性，让学生对写作学习有个心理准备，帮助学生树立自信心；在具体写作教学过程中，可以利用多媒体等现代化教学手段，丰富教学内容，如让学生学唱经典英文歌曲，欣赏精彩的电影片断，模仿精彩电影对白等，这些活动可以提高学生的学习英语写作的兴趣。

（三）加强词汇与句子训练

词汇是文章的根基，贴切、适当的词能为文章增添风采，使文章颇具风味。因此，在词汇教学中应加大单词的对比教学，扩充学生的词汇量，同时也应有意识地介绍英语成语让学生掌握，重视加强句型训练。

句子是文章的基础组成部分，是文章中表达思想的最基本单位。同一意思可以用不同的表达方式表达出来，而不同的表达方式又会表现出不同的效果，因此，在写作教学中，要加强学生对句子句型的练习与巩固。教师首先让学生熟练掌握翻译句子的能力，然后让学生掌握仿写句子的能力，训练学生综合运用知识的能力，同时又能为表达积累丰富的词汇和语言材料。

大学阶段的英语教学对学生的整个英语学习阶段十分重要，这一阶段为学生更进一步学习英语、走向社会打下了基础，如何有效促进大学生英语写作能力的提高是广大大学英语教师应该思考的问题。然而现阶段我国大学英语写作教学中还存在较大的问题，大学英语写作教学要改变传统应试化教学模式，提高学生对英语活学活用的能力。

三、解决英语作文"中国化"问题的对策

中国学生在学写英语论文时常常用汉语思考，用英语下笔，结果造成在思想表达及语法和句法上的汉英混杂，写出中国式的英语论文。这主要是长期以来东西方由于地域及文化的不同导致思维的差异，进而对写作产生不同的影响，形成各自不同的模式。

中国学者在调查中发现，中国人的隐伏型语篇思维模式与西方人的一般特殊型语篇思维模式有下面几种不同表现形式：（1）逐步高潮式与逆潮式。中国人的思维方式以具体和圆式为特征，因此，在写文章时常避开主题，从

广泛的空间和时间入手，从整体到局部，由远及近，往往把最关键的内容保留到最后。西方人由于受直线式思维的影响，往往喜欢直接切题的做法，开门见山，把话题放在最前面，以引起读者的注意。（2）现象罗列式与解决问题式。在展开讨论时，中国人喜欢进行现象的罗列，喜欢提出问题留给读者思考，有时甚至让读者去寻找解决问题的方法。西方人倾向于把人类活动当成一个主动去发现答案或解决问题的过程，因而他们注重分析原因，偏爱演绎式推理和得出结论，给出解决问题的办法。（3）迂回式与直接式。中国是一个以过去取向为主的社会，人们崇拜祖先，敬老尊师，重经验。在写作中则表现在爱引用俗语、谚语、成语、典故等，以此来增加权威性，使自己的说法更有力，更可信；同时，用词较温和，语气也较委婉。西方是一个以未来取向为主的社会，西方人着眼于近期的未来，很少循规蹈矩，他们举的例子也多选用现代的事件；他们在语气上较直接，而且直言不讳。

从以上的分析我们可以看出，中国学生的隐伏型思维模式是中国社会历史文化的产物，由来已久，人们认为这种方式含蓄委婉，使人容易接受，但当这种思维模式以英语语篇表达出来，进行跨文化交际时，则会产生障碍。

在写作教学当中，应该给学生提供语言环境、专题、素材，使学生的写作根扎于大语言环境的坚实土壤中。写梗概，它溶学与写、学与用为一炉，不失为一种培养我国学生用英语思维，训练写作的行之有效的方法。在选材时，可充分考虑原文的知识性、趣味性、思想性、可读性、相关性。本着知识习得与语言习得同步的原则，兼顾学生的兴趣，充分发挥学生的主动性，激发学生的学习热情，将内容翔实、语言精美、思想健康、引人入胜、长短适宜的好文章介绍给学生。此外，还应有意识地配合教学内容，结合所讲文章，选择相应的描写、叙述、说明、议论。题材应尽量广泛，涉及社会生活不同侧面、角度，使学生既学会课堂知识，又广泛认识社会，充分培养语感。当学生学完原文之后，教师可以提问："本文究竟讲什么？阐明了什么最重要的思想？有无贯穿全篇的主题？"可以组织课堂讨论，加以引导。一旦确立中心思想、主题，其他问题就迎刃而解了。可以让学生自我心中发问："这段包含了全文中心思想还是补充中心思想？是直接论证主题，还是辅助论证主题？"这样逐步写出全文精髓，去除枝节，同时注意行文的连贯性，流畅性。鼓励学生用原文中的词汇，顺着作者思路思考，当学生产生了要运用该词表达思想的意识时，他的想法是积极的，因而也是富有表现力的。在篇章中学词汇，学地道的原文表达，是在读懂原文，扎根原文背景基础上进行的，因而在小环境中弥补了语言环境的障碍，既不凭空而谈，又未裹足不前，因而学的是活生生的，并具有较强的持久性和生命力。写梗概涉及的范围、文体较广。当原文是叙述文时，应要求学生找出关键描写词、短语。当原文是介绍历史事件的，应要求学生找出事件的起因、发展、结果。当原文是介绍科学知识或社会知识的，应要求学生找出论据与观点。如果学生写得不太成功，可以让他们将自己写的梗概同原文放在一起，比较阅读。然后教师再进行启发性提问："在写作过程中漏掉了哪个关键点？""再创作后是否同样有说服力？""是否同样引人入胜？"因为学生已经几易其稿，他们不难发现问题。经过反复改写和对比阅读，学生不仅学到了相关知识，还提高了运用语言能力、鉴赏水平，大大提高他们用英语思考的能力，自觉抵制了汉语思维模式的负面影响，掌握英语篇章结构，从而缩短学习进程。最终实现在英语论文写作上质的飞跃。

第二节 英语写作的心理活动

大学英语写作是检验学生英语交际能力的有效途径之一，也是促使学生高效学习英语的主要方式。纵观历年来我国大学英语四、六级考试，英语专业四、八级考试以及研究生入学考试，学生的写作能力普遍较差。造成这种写作困难的原因很多，其中大学英语写作教学中的心理障碍是影响较广而且容易被忽视的一个原因。写作是一个自觉的过程，包括准备、具体写作和作文修改三个基本阶段。本节对造成大学英语写作能力滞后的心理原因进行分析，并提出相应的对策。

一、写作过程中的主要心理活动

写作体现的是心因运动技能，即通过练习和反馈逐渐形成的受到内部心理过程控制的产生言语信号的知觉—运动技能。在心理语言学上称写作为"言语的产生"，即"写作是一个由起始动机和总的意向，经过内部言语阶段形成深层句法结构，再扩展成为以表层结构为基础的外部言语的编码过程。因此写作过程中存在着认知心理学所强调的目的、计划、内部程序或表象的作用，它并不是人们头脑中已有想法的原始反应，而是一个不断发掘、创造的自觉的过程，并随时受到意识的监控。意识和记忆在写作过程中起着非常重要的作用"。意识中出现的各种非引导的状态，往往是十分有效的思维启发途径。中国传统的英语教学只注重学生语法、词汇的学习，而忽视了学生写作能力的开发和培养，其结果必然导致写作能力滞后。写作初期很多学生遭遇所谓的写作障碍，即面对一个作文题目，感觉无从下笔的难堪局面。因此，改进传统的英语写作教学势在必行。近些年来，思维风暴法和自由写做法颇受推崇。在日常写作教学中，教师经常采用思维风暴和自由写做法来拓展学生的写作思路，即引导学生将源源不断涌入大脑中的相关的信息都记录下来，这将有助于学生归纳整理与题目相关的的信息，是把题材从潜意识中提取出来，让清醒的头脑能够审视它们并对其进行加工处理。这些存在于潜意识中的信息是不可预知的，保持在瞬间记忆中。如果把这些瞬间得到的信息马上记录下来，就可能使学生产生与作文题目相关的极其重要的联想，对有次序的思考很关键，也是开发学生创造性思维的重要方法。

二、作文评改过程的心理分析

按照传统的写作教学模式，评改作文只是教师的职责，与学生无关，学生获得有关作文的唯一反馈就是教师的评语。其结果是，教师辛辛苦苦写出来的评语，学生常常很少注意，只看看分数，就把作文丢到一边，而教师的评语如文章段落过渡、论据的应用等往往被忽视，学生在以后的写作中还是犯同样的错误。这是传统的写作教学中存在的问题的一个方面。另一方面，教师不宜主次不分地评改作文。如果教师只注意作文中的单词拼写，语法运用的错误，而忽视作文整体谋篇布局，这样的批改对提高学生的写作能力毫无意义。事实上，学生对于一些语言系统形成后的错误，如大小写、单词拼写、简单的语法项目等，通过大量阅读规范地道的语言，是能够自我修正的。但是对于那些超句子水平的错误，学生根本无法完成自我修正，教师就应给予修正，甚至还要写上评语。教师在作文批改的过程中必需坚持"因材施教"原则。学生的语言和写作水平因人而异，因此，他们对老师批改的期望和要求也不尽相同，这就要求教师既要了解这些差异，又要灵活地处理这些差异。教师只有熟悉每个学生的语言和写作水平，才能做到有的放矢。

作文评改是学生了解自己写作水平、发现问题、提高写作能力的重要方法。国内外的学者在英语写作方面做了大量的研究，在英语作文的评改方面也总结了许多成功的经验，这些经验值得我们应用到写作教学之中。根据最新的教学理念，学生是教学的中心和主体，而教师是客体和课堂教学的组织者，英语写作课的教学也是这样。教师在教学中应该充分调动学生的积极性，培养学社自主学习、协作学习的意识。例如，每次作文写完后，学生可以在协作学习小组内进行互评。这样学生会从教师的角度思考问题，指出作文中的拼写、语法和布局谋篇方面的错误。经过这个过程，学生不仅发现了其他同学的问题，也发现了自己在写作中容易犯的错误。别人的缺点短处，自己引为借鉴，学生受益匪浅。另外，评阅其他同学的作文也是同学之间进行思想交流的过程，可以了解其他同学处理题目的方法和看问题的角度。这样，可以拓展自己的写作方法和思考问题的角度，也能更好地理解英文写作的基本要求，全面提高写作能力。

学生互评之后，教师应该及时审阅学生的评改结果。审阅之后教师要给予讲评，对评改正确的地方给予肯定，而对于评改错误要及时纠正。同时，教师应该对学生互评作文中疏漏的有关拼写、语法及布局谋篇方面的错误及时纠正，而对学生作文或评阅中的优点给予表扬和鼓励，如用词精彩、语言优美的句子，结构严谨、逻辑缜密的文章，思想独特、内容新颖充实等。

三、排除写作心理障碍的策略

（一）运用语言的过程就是心理活动的过程

认知心理学强调较高级心理过程的重要性，诸如态度、信念、知觉、记忆、学习、思维和语言等。20 世纪 60 年代美国心理学家卡鲁尔（J.B.Carroll）以认知心理学为理论基础提出认知教学法，他认为人类学习语言不是机械地模仿和记忆，而是在理解语言的基础上进行的一种创造性的活动过程。根据这一教学理论，教师应当遵循认知心理学的同化及顺化规律，学生完全可以在教师的引导下通过自己的认识活动掌握语言交际能力，并应用于写作的创造性过程中。英语写作是一个创作过程，而不是拼凑、机械模仿他人写作模式、写作方法的过程。多年的英语写作教学实践证明"结果教学法"和"过程教学法"存在局限性，束缚了学生写作能力的发展。在以上两种教学方法的基础上，国内外研究人员提出了以内容为依托的"写作教学法"。该教学方法将"过程教学法"和"结果教学法"有机地结合起来，强调学生协作学习。教师与协作学习小组共同营造真实的写作情景，学生在真实的情景中进行交流和沟通，有利于学生顺利完成写作任务。

（二）情感教育在写作教学中非常重要

苏联教育家赞可夫认为，教学法一旦触及学生的情绪和意识领域，触及学生的精神需要，这种教学法就会变得高度有效。为此，教师必需努力在课堂上营造积极的情感氛围，使学生处于有利于学习活动的情感状态，激发学生的写作兴趣和写作动机，降低学生的情绪紧张程度，尽量消除学生对写作的抵触情绪。在方法上因人而异，最重要的是教师要有足够的耐心与爱心，真诚地和学生们进行沟通和交流，平等地对待那些语言水平有差异的学生。

（三）写作体现了作者的思维模式

语言能力包括语音、语法、词汇和修辞等语言外壳，还包括思想内容，即思维。思维模式的不同导致语言表达方式和内容存在着千差万别。语感和英语思维是学好英语和自如运用英语的两种非常重要的能力。语感是对语言的感性反映，能最快形成语感的那些人，他们具有一定的学习语言的先天素质，掌握相应的理论知识，开展足够的实际运用语言的实践。思维同语言紧密结合，才能准确、流畅、自如地表达思想。因此，英语写作教学中培养学生的英语思维及语感对提高学生的写作能力及其重要。

大学英语写作是一门实践性很强的课程，只有学生积极参与、不断积累、勤写多练才能提高写作能力。英语教师应该很好地了解言语活动的心理特点和学习外语，掌握外语的心理活动规律，注意激发学生在写作学习方面的正能量，这样才能全面提高写作教学的效果。

第三节 大学英语写作教学的基本方法

作为一种综合运用英语知识的实践活动，写作是"听、说、读、写"四项技能中最难掌握的一项。长期以来，为了提高大学生英语写作能力，不少教师潜心探索，提出了许多有益的建议和可行的方法。但是目前写作教学依然是大学英语教学中的一个薄弱环节。受专家学者研究成果的启示，本节试图针对大学生的客观情况，围绕如何提高大学生写作能力的问题，谈几点看法和设想，与大家商榷。

一、关于阅读与写作相结合

在二语习得理论研究领域，Krashen 提出的可理解性输入假说颇具影响。此假说认为决定外语习得的关键是接触大量可理解的、有趣又关联的目的语，而 Swain 在承认可理解性输入在二语习得方面重要性的同时，又提出了可理解性输出假说。她认为，给第二语言学习者提供大量实践的机会，也就是促进可理解性输出，不仅能使他们将现有的知识得以很好地应用，而且能使他们在语言使用中不断地进行假设验证，从而丰富语言知识，提高交际能力。将 Krashen 的输入说与 Swain 的输出说引申应用到写作教学实践中，就是应该促进和加强读与写的结合。

"读书破万卷，下笔如有神"。这本是中国古人学作诗的经验之谈，把它借用于外语写作教学中仍是至理名言。外语写作技能的提高离不开知识的积累，而阅读又是外语学习者获得可理解性输入，进行知识积累，提高语言技能的重要途径和主要源泉。离开阅读的写作只能是无源之水，无本之木，大学生之所以把英语作文视为畏途，其主要原因就在于学习中缺少大量阅读的积累。"米"尚没有，焉能起"炊"？

那么，阅读之于写作究竟有哪些好处呢？首先大量的阅读能帮助学生扩大词汇量，熟悉词的用法，掌握句法知识。其次，阅读各类题材，各种内容的文章，可使学生增加文化背景知识，扩展知识面，提高认知能力。再者，阅读可培养学生细致观察语言，假设判断，分析归纳，推理验证等逻辑思维能力。另外，通过阅读，还可使学生了解地道的外语书面语特点，避免在写作中将书面语和口语体混用。鉴于上述诸多好处，在写作教学中，教师一定要引导启发学生多读书，读好书，切实抓好语言材料的积累，以便在写作时能够得心应手。"不积小流，无以成江海。"没有阅读时量的积累，就谈不上写作时质的飞跃。

在阅读材料的选择上，教师应从培养学生写作能力出发，结合实际，有组织地加以引导布置，由浅入深，从易到难。阅读时，教师要引导学生体会作者表达思想的方法以及遣词造句的技巧，不能浅尝辄止，仅仅满足于对文章大意的理解。另外，要训练学生养成读书时做笔记的好习惯。"好记性不如烂笔头。"读书时，只作简单的浏览，不作读书记录，就无法将习得的知识从短期记忆转化成长期记忆。这样，即使书读得再多，写作时也会觉得"无米下锅"。当然阅读后，教师若能不时地引导学生写一些相关内容的读书札记、概要、书评之类的东西，则更能相得益彰，有效地提高学生的写作水平。

英语里有句成语 Practice makes perfect，意即熟能生巧。就写作而言，没有大量的练习，所有写作方法和技巧的学习只能是纸上谈兵，根本起不到实质性的作用。因此，为了内化通过阅读所获得的知识，提高书面交际的能力，教师应特别强调平时写作的重要性，要求学生将读写结合起来，多读勤写，临摹仿效，只有这样阅读才能潜移默化地影响写作。值得一提的是，在要求学生写作的同时，教师也应该经常动笔写一写。有了自己亲身经历的写作心得，就有可能发现一些切实可行的写作教学方法，从而也就可能更有效地帮助学生。

二、关于抓好基础教学

一段时期以来，由于受一些教学理论的影响，不少英语教师在写作教学时有重语篇轻句子的倾向，片面强调写作内容的言之有物，而忽视了基本语言知识对于书面交际的重要作用。事实上，就文章的篇章结构而言，中英文写作之间的差异，并不像一些人所想象的那么大。其共性特点要远远超过其区别特征。更何况我们的教学对象是大学生，他们既有较强的认知能力，又有较长时期的中文写作实践，在语篇写作技能方面，并不存在很大的问题。学生之所以在英语写作时，费尽周折而仍然写不出像样的文章，往往并不是由于他们的思维不敏捷，表达愿望不强烈，而是由于他们处于语尽词穷的困境，力不从心，无法把自己的思想用英文明白地表达出来，所以只好避重就轻，东拼西凑，反复使用一些类似主——系——表，主——谓——宾之类的简单句型和常见词汇。这样写出来的文章，难免语言干巴，内容贫乏。因此，本着标本兼治的原则，我们进行写作教学时要从句子水平着手，要从语法词汇抓起，至于具体做法，笔者有如下建议：

1. 强调词义学习

要求学生学会细致观察语言、善于在语境中学习词汇，明辨同义词、近义词的用法，完整地掌握词的指示意义及它与其他词之间的语义关系。此外，教学中还应要求学生熟悉词与词之间在句子中的修饰关系以及习语的搭配关系。

2. 组织有意义的句型操练

句型操练像许多其他已过时的教学方法一样为许多人所不屑，然而它却不失为一种教语法的有效途径。它直接从模仿入手，通过对大量体现语法规律的句型的练习，使学生对语法规律有较全面、深入的了解，从而能在实践中自觉、正确地运用语言。做这类练习时一定要设法结合实际，尽量避免做一些无意义的机械训练。

3. 设计句子合并、句型替换练习

这类练习虽然与前一种一样依然是在句子水平上进行，但其目的却有很大不同。句子合并练习可使学生学会使用连词、连接副词等表达因果、对比、顺序、转折等多种关系。而句型替换练习则是通过变换修辞手法，让学生掌握一些他们平时只能辨认欣赏却不会使用的写作方法，诸如排比、倒装、省略、强调等。常作这类练习可使学生熟悉同一意义的不同表达方式，从而改变他们写作中千篇一律地使用简单句的习惯。

4. 适当布置汉译英练习

中英文之间在句法结构上的差异很大。由于不熟悉地道的英文表达法，学生在作文中常犯 Chinese English 之类的错误，这是令许多英语教师最头疼的问题之一。为了解决这个问题，不少教师采取了一些防范措施，如不布置翻译作业，禁止写作中使用汉英词典等，但结果并不理想，类似的错误还是屡见不鲜。另一些教师，在承认问题客观存在的同时，针对大学生思维能力强的特点，适量布置汉译英练习，并在作业讲评中指导学生就两种语言进行必要的分析对比，使学生熟悉英文表达习惯，减少母语干扰。实践证明，这样做会产生意想不到的好效果。这里需特别指出的是：我们强调抓基础训练并不意味着排斥写作技巧和语篇结构的教学。我们认为，加强基础训练是提高大学生英语写作能力的必备条件，只有在此基础上进行写作技巧和语篇结构的教学，才有可能取得事半功倍的效果。

三、关于范文仿写与范文背诵

范文仿写与范文背诵其实一脉相连，唯一不同之处在于前者是按原文仿写而后者则是在背诵原文的基础上仿写。有人可能会对这个并不新颖的提法不屑一顾，认为让学生去仿写和背诵是一种没有交际色彩、不带创造性的死板的教学方法，应该加以抛弃才对。但实际上，那些最传统、最简单的方法只要利用得当，往往是很有效的方法。

仿写的好处很多。篇章结构仿写，有利于学生掌握各类文体的写作方法，学会谋篇布局的技巧及有理有据、层层深入的论述方法；句子结构仿写可以锻炼学生在写作中有意识地模仿使用多种修辞手法和各类句型，从而使文章结构灵活多变；而对作者遣词造句的模仿，则可使学生学到标准的英文表达方法，不至于在写作中出现生硬的汉英对译现象。总之，仿写的好处不一而足，关键是要运用得当。

仿写可在教师指导下进行，亦可布置学生独立完成。学习写作初期，则最好由教师进行统一指导。教师可根据学生的水平有目的选定优秀范文，与学生一起分析其语言特点和语篇结构。在学生对其句法特点和修辞手段有了一定了解之后，要求他们写题材类似，结构相仿的文章。表面看来，这种练习似有依葫芦画瓢之嫌，实则并非如此。模仿只是过程，创造性地使用语言才是结果。语言都是约定俗成的，学习一种语言就必需遵循它的使用习惯。只有让学生反复练习，模仿背诵，才有可能培养他们的语感，才能锻炼他们在写作中把握谋篇布局的技巧和遣词造句的分寸。实践表明，任何创造性的语言使用都是在模仿的基础上进行的，先模仿后创新，学习英文写作尤其如此。

四、关于加强对写作过程的指导

传统的写作教学模式是，教师以家庭作业的形式给学生布置作文，学生下课完成。教师只注重文章本身，对完成文章的复杂过程不加理会。而学生也并不珍视自己写出的东西，写完之后即一了百了，只等教师评收，不愿再度改写。如此看来，教师学生只把写作看成是一次性的行为，把初稿当作成品对待。其结果是，尽管教师对每篇作文都进行了仔细的评改，学生却未能从教师的评改中吸取有益的启示，下次写作时依然故我，水平难以提高。而过程写作教学法则要求教师未雨绸缪，介入写作过程，对学生在写作过程的思维情感、心理状态加以分析指导。这样既可避免学生犯不必要的错误，又可引导他们提高写作水平。其具体做法可以是：

1. 写前准备

过程法要求学生在动手写作前对题目作认真的思考，最大可能地激活记忆储存。同时鼓励课堂讨论，让学生就同一题目交流看法。教师可参与讨论，亦可因势利导启发学生集思广益，选择适合自己的观点。这种准备过程对于学生理清思路，选择具体写作内容有很大帮助。

2. 草拟初稿

初写过程中，过程法强调数量而不是质量，鼓励初学写作者尽可能地将自己的想法写下，而不必过多地担心语言形式的正确与否。这样做的目的在于改变学生边写边改的习惯，促使其对写作形成积极的态度。

3. 初稿讨论

学生初稿完成之后，可分组活动，交换初稿进行互评，并就彼此的文章提出建设性的意见。教师此时犹如运动场上的教练，对学生难以达成共识的问题予以及时的帮助和点拨。

4. 改写润色

过程法主张通过修改让学生尽自己所能写出最好的文章，这与我们传统的"文不怕改"的思想是一致的。修改中，学生根据同学和教师所提供的建设性意见不断完善文章内容，寻求最佳表达方式。

5. 写后回顾

传统的写作教学，不重视写后阶段，而过程教学法则强调学生应对自己的写作过程做回顾与思考，并尽可能地写出写作后记。后记中可评述写作的成败得失，亦可紧扣文章谈体会，说感想。这样就促使学生反复阅读自己的作文，从而对自己的写作能力有较明确的认识。

五、关于改进评改方法

教师对文章的评改是写作教学中一个很重要的环节，因为它往往是学生衡量自己写作成败的一个重要标准。

教师在评改过程中必需既考虑文章思想内容、组织结构等方面的错误，又注重那些语法形式方面的错误。当然，这样的要求必然给教师带来更大的工作量，使他们不胜重负。

我们可采用以下一些方法来缓解这个矛盾：

1. 样本批改

每次作文教师只抽查部分学生的作文，进行详细批改，并在写作课上讲评有代表性的优缺点，这不仅可节约时间，减轻教师负担，还可起到以点带面的功效。

2. 设计批改符号

"授人以鱼，不如授人以渔。"为了提高学生自我纠错能力，教师可设计一套批改符号，并晓之于众。让学生根据教师的批改符号修改重写。这样既可以加快批改速度，又可以让学生在批改中承担一些责任，便于他们在错误中吸取教训，取得进步。当然，并不是所有的学生都能根据教师的批改符号改正错误，这时就需要教师对其加以帮助。

3. 充分利用学生本身的力量

可以让学生互改、互评。往往有这种情形：检查自己的作文时，常常不易发现错误和不足，而当读别人文章时，就会发现不少错误。这种做法要求教师在学生互评之后就其结果进行复查，以确保评改的准确性。

最后简要谈一下写作教学的时间安排问题。写作能力的提高是一个螺旋上升、循序渐进的过程。其间要经历长期的阅读与练笔，输入与输出的反复交替。且写作技巧的掌握和运用非突击性的知识传授所能奏效。因此在安排写作教学时，必需遵循循序渐进的原则，最好与听、说、读同步进行。

六、大学英语写作教学改革方法和途径

1. 更新写作教学观念

全面贯彻《高职高专教育英语课程教学基本要求》，把"写"的能力培养放到相对重要的位置。国内研究表明：写作教学不是边缘教学，而是英语整体教学中一个必不可少的有机组成部分。因此，我们应当充分认识到写作教学的主体作用，作为高职人才素质教育的重要一环，英语写作教学有理由承担起比以往更大的责任，应当根据社会需求确定本学科的人才培养目标，借鉴国内外外语写作教学的理论研究成果，采用适当的教学法，培养学生的应用能力。

2. 改革课堂教学，针对具体内容讲解写作知识

目前广泛使用的大学英语教材没有单独编写写作分册，而是把读写放在一起，称作"读写教程。"读不好也就使写作成为无源之水，无本之木。换言之，只有充分发掘"读"才能做到创造性地"写"。在精读教学中，我们不但要注重给学生讲解基本词汇的用法、词与词的搭配、过渡词语的运用等语言

知识，同时还要花一定的时间给学生讲解基本句型、句型变化手法、各种形式的篇章纽带等写作知识。

3. 建立新的训练模式

英国外语教育专家亚历山大曾说过，"没有读就无所谓写。"一语道破阅读对于写作的重要性。只有阅读了一定数量各类题材的范文，才能对各类文章的写作有一个感性的认识，继而才能写出符合英文表达习惯、语流顺畅、浑然一体的文章来。这里的阅读，主要指精读，即不但要理解阅读材料的内容，更要研究其谋篇布局、句式搭配以及用词特点。学生在课外为提高写作水平所进行的阅读，应主要包括精读课本中的文章，当然也可以读一些名家著作，各类文体的好文章，以及一些四级考试范文。

4. 改革教学方法，创新写作教学法

学生对英语学习并不是不重视，有的学生甚至大学四年主要精力都放在了英语学习上，最后还是没有通过四级考试。这种现象不仅说明学生的学习方法有问题，也说明我们的教学方法有偏差。国外各种教学流派对我国的英语教学形成很大的影响，长期以来，我们的主流教学法使交际教学法、语法翻译法备受冷落。课堂上教师全英文教学，很少去分析语法现象，许多大学英语教师都认为语法教学是中学老师的事情，到了大学阶段就不该再继续讲语法了。但是通过实践证明，在大学阶段，依然需要对学生进行语法教学，教学的重点依然应该放在句法上，通过分析复杂句法，让学生能够理解并最终写出比较复杂的句子，而不是简单句的堆砌。除加强语法教学外，还应该重视翻译对于英语写作的重要性。

5. 多媒体在教学中的使用

《要求》重视网络对教学的辅助作用。因此，教师应该改变以前那种以教师讲授为主的单一课堂教学模式。鉴于我国高校入学人数迅速增长，各个高校大学英语师资严重不足，我们应当尽可能地充分地利用多媒体、网络技术发展带来的契机来缓解这方面的矛盾，加大教学改革的力度。英语教师应鼓励学生学习使用网络技术，借助网络帮助学习写作。

综上所述，大学英语写作水平的提高绝非一日之功，它要求广大英语教师正视现实，不断反思自己的英语写作教学，改变教学观念，从根本上重视英语写作教学，在具体的教学实践中，采用像"过程写作教学法"之类的行之有效的教学方法，不断培养学生的遣词造句的能力，强化其段落意识和篇章结构意识，帮助学生真正掌握好、应用好地道英语提高大学英语整体水平，顺利流畅地实现跨文化交际的大学英语教学目标。

第四节 大学英语写作教学的新模式

近年，随着改革开放的进一步深入，我国加入世贸组织，并且参与的国际事务日益广泛，国家对复合型外语人才的需求缺口极大。所谓复合型外语人才，是指"专业＋外语"和"外语＋专业"。大学生应努力把自己培养成"专业＋外语"的复合型外语人才，才能适应社会对人才的需求，找到自己满意的岗位。目前，人才市场反馈的信息是复合型外语人才的语言输出功能（口头表达和笔头写作水平偏低）较差，尤其是笔头写作水平。这样，新世纪复合型外语人才培养目标的重点便是：重点培养大学生的口头表达和笔头写作能力。

一、大学英语写作教学的基本思路

（一）提高学生对英语写作的认识

现实地讲，大学生对英语写作的认识只停留在四、六级考试这一层面上。为考而学，为考而写，为考而练的思想很重。认识上的浅层次很难使大学生对英语写作重视起来，也就很难提高其写作水平。而随着四、六级考试的社会权重不断增强，高水平的英语写作能力逐步受到社会的青睐，外语综合性人才的写作能力凸显其越来越重要的地位。大学生对英语写作的认识已落伍。要真正提高学生的英语写作能力，适应社会的需求，英语教师首先要提高学生对英语写作的认识，从社会发展需求的高度，从未来人才培养的方向上，要求学生在思想上重视起来，意识上提高起来，行动上实践起来。

（二）明确英语写作训练的要求和标准

英语教师对学生要明确大学英语在写作方面的要求和标准。部分大学对英语写作方面的要求一般是按四、六级的考试要求和标准而制订的。即在30分钟内就给出的话题写出一篇120～150词之上的短文。要求文章能充分用英语表达思想，用词比较正确，句子通顺流畅，使内容和语言成为一个统一体。行文的逻辑思维流畅、合理。在语言方面，词法、句法及修辞等应用正确，无重大的语法错误。高等学校英语教育专业对写作课的要求和标准是：培养学生初步的写作能力，包括写提纲、文章摘要、日常应用文和一般题材的短文。要求条理清楚，语言正确、得体。从上述这两方面的要求和标准可以看出，大学英语写作的要求和标准应为：语言正确流利，具有较强的思想性，条理分明。这样，大学生要达到大学英语写作训练标准的基本前提是学生语用能力和思想意识水平的培养和提高，而这则需要学生进行大量的语言输入与语言输出。

二、大学英语写作教学的新模式

多媒体网络技术运用于英语教学是一种新兴的教育模式，给英语教学带来了深远的影响。"从教学整体上看，多媒体网络的教学应用，为教学过程提供了有效的教学媒体，丰富了教学手段，提高了教学效果，扩大了教学规模，促进了教学现代化的发展。从教学系统上看，引起了教学内容、教学方法、教学组织形式一系列变化，导致了教学思想、教学观念，甚至教学体制的根本转变。"作为英语教学的一个方面，英语写作教学虽有众多理论的支持，在实践中却收效甚微。如何才能提高英语写作教学的效率，是否可将多媒体网络技术应用于英语写作教学，形成多媒体网络写作教学模式，是一个值得探讨的问题。

（一）多媒体网络教学的优势

目前我国英语写作教学的实际与写作教学应达到的目标之间还存在着相当的差距。因此"，通过引入多媒体网络技术，将之与英语写作教学相结合，来开辟一条提高英语写作教学效率，促进学生英语写作水平的新途径，这是完全可以实现的，同时也是非常必要的"。

如前所述，写作内容贫乏是中国学生在写英语作文时面临的最大问题，而导致这一问题的根本原因就在于写前没有充分的收集、吸收和消化各种素材。而多媒体网络技术在这方面提供了极大的便利，学生利用网络在极短的时间内，就可以查找到大量相关文献。比如，如果你想知道文章这样开头，你可以打开英语写作网，在那里你就可以轻而易举地找到下面的文章：《英语写作三部曲》《怎样写好一篇大学英语四级作文》《英语作文的文章开头》等等。如果你需要的是文章的素材，那么你就可以根据自己的需求查找相关的话题、文章、资料。避免信息少，思维单一等弊病。

（二）多媒体网络的交互性促进了交流

多媒体网络的一大特点是它的交互性，不仅可以实现人机对话，还可通过网络进行与老师、同学、读者间的交流，在英语写作教学中，后者的作用更为重要。而这种交流是双向、快捷、及时的。学生可以自由选择交流的形式、内容，老师可以通过交流监控每个学生的写作过程，在必要时给予指导。这必将大大提高英语写作教学的效率。

（三）学生的个体差异得到兼顾

众所周知，学习者无论在个性还是在学习方法方面都存在着个体差异。多媒体网络技术兼顾到了学生的这种个体差异。学生可以根据自己的理解能力和学习进度选择学习内容，对自己认为薄弱的环节加强知识技巧的学习；学生可以对自己感兴趣的话题进行更深入的探讨，可以对自己喜爱的文体进行更进一步的了解和学习等。这样一来，学生不仅在各种文体、风格题材的写作上得到训练，而且还可以在自己擅长的领域有所专攻，真正实现写作能力的增强和写作水平的提高。

（四）真正实现以学生为中心的教学

在多媒体网络英语写作教学中，学习的重心已由教师转移到了学生。教师只是起组织、导引和释疑的作用，而学生却能充分发挥自己的主动性、积极性和首创精神，最终达到使自己有效地实现对当前所学知识进行意义建构的目的。

三、多媒体网络技术运用于大学英语写作教学的实施设想

"多媒体网络写作环境对学习者和教师来说，代表着一种新的、创造性的教学手段，它可以对写作过程的各个阶段产生影响。不仅如此，多媒体网络写作环境可适应各种类型学习者的不同需求"。笔者从多媒体网络教学的优势出发，设想了将其运用于大学英语写作教学的过程，从写前准备、写作过程、修改与提高等三个阶段进行分析。

（一）写前准备

写前阶段包括构思及收集素材。在多媒体网络写作环境下，通过集体构思激发新思想；通过电子邮件讨论问题；参与大型网络讨论组；在 Internet 上观察图像显示；阅读通过电子手段收集的数据；运用 CDROM 及电子图书馆，这些都是多媒体网络提供给我们的全新的写作手段。具体而言，在写前准备阶段运用多媒体网络主要在以下几个方面：

1. 充分利用网络

网络是一个庞大的资料库，网上资源浩如烟海，基本上所有所需资料均可在网上找到。网上还有专门的英文教学网站如 www.4Ewriting.com。其中涉

及写作教学，一般是写作课程、写作技巧的传授等，也提供一些参考范文或佳作欣赏，这些网站甚至还设置了专门为新手开辟的文章发表栏目，例如英语写作网的原创发表栏目。可以鼓励与激发学生的创作激情。

2. 利用多媒体软件学习范文

课堂中教师对范文的讲解是以大多数学生的理解接受能力为基础进行的，不会照顾到学生的个体差异。而多媒体软件不仅存贮量大，可分门别类地收录大量范文，而且可直接向学习者生动地呈现文章内容，还可按学习者的需要提供必需的背景材料、相关的基础知识、语法语义、图形解释甚至部分词汇单词的注解等等，让学习者可以根据自己的需要提取学习内容。

（二）写作过程

在这一阶段，多媒体网络可以实现：利用具体的软件写出框架及草稿；快速浏览文章；直接在电脑中输入写作内容而不需要先在纸上写好后再录入电脑。具体作用在于：

1. 利用计算机文字处理程序进行写作训练

文字处理程序的辅助功能在客观上减少了写作过程中的重复劳动，简化了修改和编辑过程中的琐碎的技术性细节，使学生能够把写作中的精力大多集中在创造性的劳动上。增强了学生对写作的兴趣。

2. 在多媒体网络写作环境中，教师对学生写作过程的监控主要通过 E-mail来实现

在以往的作文修改过程中，师生之间的往来频率均不多，而且修改费时费力。在文章送达教师手里时，教师读到的是一篇已经成型了的文章，教师无法看到学生文章的酝酿过程。运用 E-mail，教师可以在适当的时间与单个的学生或一组学生进行交流。例如，学生的备稿、准备的资料、作提纲等都可以备份，都可以作为写作的渐进过程送达教师，教师可以从第一步就参与讨论提出建议或修改意见。这种教师与学生之间关于写作任务的交流是不受课堂限制的。教师起着监控、遥控等作用。而且，在媒体上修改文字的功效与速度是众所周知的。

（三）修改与提高

这一阶段与写作阶段是一个循环反复的过程，包括修改和重写。在多媒体网络写作环境下，写作者可以轻易地通过剪切、粘贴、添加等电脑操作手段对文章进行修改，可利用电脑的检查功能来查找和纠正拼写、语法和句法错误等。教师、同学可通过网络对学生作文进行评析与修改，将学生作文贴到网上，让更多的读者能够阅读到他的文章，可激发学生的写作热情，提高

学生对待写作的认真程度，让学生在写作中有意识地注意到读者的存在。

多媒体网络教学方式的采用并不意味着教师在教学中失去原有的作用，相反，教师的作用更为重要，也更为灵活。学习写作的过程从根本上来说还是一个需要交流的过程，而这离不开人的参与，特别是作为指导者和监督者的教师的参与。在多媒体网络教学环境下，教师的角色有了一定的转变。这种转变使教师的教学效率得到提高，对教师本人的要求也更高。教师只有不断加强自身的专业学习，才能在新的教学形势下取得良好的成绩。

多媒体网络技术为英语教学打开了新天地，将多媒体网络技术运用于英语教学，最终将建立起一种新型教育模式——多媒体网络教育模式，这一模式在我国的教育体系中有着广泛的发展前景。

第十章 大学英语翻译教学改革

第一节 大学英语翻译教学面临的问题

随着全国大学英语课程改革的进一步深化，大学英语翻译教学也变得备受关注。翻译教学是大学英语教学中的一个重要组成部分，也是培养翻译人才的主要途径。但长期以来，大学英语翻译教学并没有受到普遍的重视。我们有必要对其进行改革，建立符合社会需要的更加完善的翻译人才培养机制。笔者多年来一直从事大学英语教学工作，通过多年的教学实践在大学英语教学中的翻译教学方面积累了很多经验，了解大学英语翻译教学的现状，并根据社会对人才培养的需要，提出了相应的大学英语翻译教学改革的办法和相应对策。

一、大学英语翻译教学现状及问题

（一）不重视对学生翻译能力的培养

大学英语课程的教学大纲中规定，学生应掌握听、说、读、写、译五种基本能力。在实际的教学工作中，大学英语教师对学生的前四项能力的培养都比较重视，可是唯独对学生的翻译能力的培养却常常忽视。事实上，翻译能力是一种综合能力，学生必需经过较长时间的学习和训练，在提高听说读写四种能力的基础上才能提高翻译能力。对学生翻译能力的培养非常重要，社会需要有较高翻译能力的人才。在整个大学英语教学中翻译教学所占的比重很小，课时非常有限。笔者发现各高校的大学英语教学中很少设置独立的翻译课程。很多高校的大学英语课程采用的教材都包括综合教程、阅读教程和听说教程，可是却没有专门的翻译教程。学生只能在综合教程的练习题中找到一些翻译练习，且这些翻译练习的主要目的是为了巩固课文里刚刚学到的一些词汇和句型结构，内容非常有局限性。很多教师认为，翻译练习是学生练习词汇和语法的有效途径和自己检验学生掌握外语水平的有效手段，根本没有想到要通过这些翻译练习来提高学生的翻译水平。事实上，这些教师并没有进行真正的翻译教学，学生做的只是教学翻译，这与专业翻译教学完全不同，教师把翻译作为了英语教学的一种工具，而不是教学的内容。由于教师的重视不够、教材的引导和指导不够，学生的翻译能力普遍不能令人满意。

（二）教师自身翻译理论不足

笔者对所在院校的部分大学英语教师进行的问卷调查表明，多数教师对翻译理论的了解和掌握不够，不能游刃有余地对学生的翻译实践给予理论指导。对翻译理论的欠缺往往使教师对翻译教学感到力不从心，困惑茫然。虽然很多教师希望在课堂上进行翻译教学，并在对学生讲解翻译练习时加入翻译技巧，但很难做到用理论指导实践。现用教材对翻译理论的讲解处于空白，仅有的翻译练习远远不能满足学生学习翻译的需求，使学生在翻译时仍感到无据可依。没有翻译理论的指导，学生在翻译时完全凭感觉，总是摸不着头脑，找不到依据，没有思路，缺乏技巧，很难提高翻译水平，翻译课的教学效果甚微。

（三）教学针对性不强

大学英语课程教学大纲中对培养学生的翻译能力做出了明确的要求，强调翻译与专业的结合，要求学生能翻译所学专业的英语文献资料。而在实际的教学当中，教师对学生的翻译教学很少针对学生所学的具体专业。大学英语课程是公共基础课程，无论对哪一个专业的学生都是相同的教材，相同的练习题，教师在课堂上不谈专业，教学内容也与专业无关。教师从不使用专业的语料让学生进行与自己所学专业相关的翻译实践。由于学生在学校没有受到过与专业相关的资料的翻译方面的训练，将来在工作岗位上遇到此类问题，也会觉得难以应对。同时，在翻译教学过程中，多数教师也没有对学生的翻译速度提出要求，这也不能满足将来工作上的要求。社会对具有一定专业的翻译人员的需求量也很大，但真正能够胜任某一专业领域翻译任务的翻译人才仍然短缺。导致这个结果的一个重要原因就是高校里对翻译人才的培养模式与现代社会的需求和发展变化脱节。

（四）教学观念保守，教学模式滞后

目前，很多大学英语教师的教学观念保守，教学模式滞后。很多教师在大学英语翻译的课堂教学中主要以教师为中心。常见的做法是，教师给学生布置翻译练习，然后批改作业，指出问题和错误，提供参考译文。在教学过程中完全脱离真正的交际语境，所使用的翻译练习材料也很陈旧，使翻译教学完全成为教师—学生的单向式知识传播而非技能训练。学生知道自己翻译得不好，也知道标准答案，可是下次遇到类似的情况还是不会翻译，不能举一反三。

在大学英语翻译教学过程中，有相当一部分教师教学观念保守。这些教师认为，翻译主要应借助英语词典，因此要求学生在课堂上每人手里准备一本词典，在做翻译练习时可随时查阅词典。但是，随着互联网的发展以及科技的进步，学生完全可以借助互联网和计算机辅助翻译工具，词典早已不再是学生进行翻译的唯一工具了。在现代化的日常办公环境中，人们更加依赖互联网和计算机辅助翻译工具进行翻译工作。然而，目前还有很多教师在翻译教学中不提倡学生使用这些现代化的翻译工具，甚至反对学生使用它们，更不会向学生讲解如何使用了。

二、大学英语翻译教学的对策

（一）重视大学英语翻译教学培养学生翻译能力

从根本上讲，教师应该改变观念，重视大学英语翻译教学，努力培养学生的翻译能力。翻译课不是只有英语专业的学生才要上的，对于众多的非英语专业的学生我们也要重视对其翻译能力的培养。现代社会需要的是复合型人才，社会对翻译人才的需求远非少数英语专业的毕业生能够满足得了的。非外语专业的学生具备一定的专业知识，若能在工作中翻译一些专业相关的资料，则比英语专业的毕业生更有优势。因此，对于非英语专业的学生来说，具备一定的翻译能力非常必要。因此，我们要重视大学英语翻译教学，使非英语专业学生的翻译能力得到提高，满足社会对人才的需求。大学英语教学大纲应对翻译教学提出明确的要求，而不只是对学生的翻译能力做出要求。教学大纲也应体现出对翻译教学的重视。我们还可以制定出专门的一套整体的翻译教学大纲，要让教师在教授翻译时有据可依，按照大纲的要求，一步一步心中有数，由浅入深，逐步提高学生的翻译能力，从而彻底改变大学英语翻译教学在整个大学英语教学的边缘地位。同时我们还应从各个方面都加大对翻译教学的投入。例如我们可以尝试在大学英语课程中增加独立的翻译课程，安排足够的课时，就如同阅读、听说等课程一样，使翻译能力的培养得到时间上的保障，因为要提高学生的翻译能力必需以大量的实践为前提。其次，我们也可以开发合适的翻译教材，使教师在教学过程中能够有据可依，重视对学生进行翻译理论的讲解和翻译技巧的训练。

（二）加强教师自身翻译理论修养

任何的翻译实践都离不开翻译理论的指导，大学英语翻译教学也离不开翻译理论的指导。大学英语教师应重视翻译理论。在进行翻译教学备课时应学习翻译理论知识，了解前沿的翻译理论，加强自身翻译理论修养。教师自身素质的高低直接影响到翻译教学的实际效果。只有教师的翻译理论修养提高了，才能在课堂上有效地指导自己的翻译教学，系统详尽地对学生进行翻译理论的讲解，并能游刃有余地对学生的翻译实践给予充分的理论指导，在对学生进行翻译技巧训练时感到有据可依。让学生感觉到翻译是需要理论指导的，而不是单纯靠查字典或凭感觉。此外，现用教材中也应增加对翻译理论的介绍，让学生了解一些常用的翻译策略和技巧，并设计相应的翻译练习，使学生完全在翻译理论的指导在完成翻译练习，用理论指导实践。使学生在翻译时感到有据可依，通过实践加深对翻译理论的理解。对翻译理论的讲解会提高大学英语翻译教学的效果，会使学生非常受益，能够让学生重视翻译教学，在课堂上有所收获，提高他们的翻译水平，并能指导学生将来在工作岗位上的翻译实践。

（三）增强教学的针对性

大学英语教师在进行翻译教学时要考虑到学生所学专业，对不同专业的学生设置不同的与专业相关的资料的翻译练习，增强翻译教学的针对性。事实上，对于非英语专业的学生来说，他们既有专业知识又有一定的英语水平。英语对于他们来说主要是作为一种工具，要使他们认识到英语对自己专业的非常重要，有必要提高自己的英汉翻译能力。在大学英语翻译教学中，教师一定要面向学生所学的具体专业，在备课时充分考虑到学生的专业，多搜集某一专业的语料让学生进行与自己专业相关的翻译实践，使学生能摘译所学专业的英语文献资料，并能翻译所学专业的文献资料，多进行各种公文文体的翻译、旅游资料的翻译、新闻文体的翻译、科技文体的翻译、军事资料的翻译等等。这样，学生在以后的工作中需要翻译所学专业相关资料时，就会使学生感到可以胜任，而不会因为没有受过这方面的训练而手足无措。另外，在翻译教学过程中，教师还应注重对学生翻译速度的训练，要求学生在翻译时做到又好又快。在如今翻译日益职业化的趋势下，又好又快地完成翻译任务是对每一个译者的要求。在工作环境中，有时不要求对译文精雕细刻，往往需要加快翻译进度，才能满足客户对时效性的要求。教师要帮助学生通过实践建立翻译经验，熟悉所译内容和所牵涉语言，逐步提高学生的翻译速度。

从某种意义上讲，只要英语水平达到一定程度，专业的工作人员从事与其专业领域相关的英汉翻译会更得心应手。

（四）探索有效的教学模式

探索有效的教学模式，是大学英语教学改革的一项重要任务，也是大学英语教师应该思考的问题。翻译教学作为大学英语教学的一部分，我们也应该去摸索其有效的教学模式。传统的以教师为主体，满堂灌输的模式是应该完全避免的。首先，翻译教学应该遵循外语教学的一般原则，在课堂上尽量采取"以学生为中心"的交际互动式的教学模式，适时、合理的穿插翻译活动，把理论与实践、口译与笔译两者结合起来。教师可以探索各种灵活多样的教学方法。比如可以让学生相互交换译文修改或小组讨论分享翻译过程，等等。同时在课堂中要让学生明白，英语和汉语是两种不同的语言，在语序、词汇、句型的选用等各个方面存在许多差异，只有两种语言都精通，才能做好翻译。同时，教师还应在课堂上向学生介绍中西方文化的差异，因为翻译离不开文化。学生在课堂上要多了解中英两种语言和文化，为他们的实际翻译打下基础。另外，在给学生布置翻译任务时，也要兼顾到实用和学生的兴趣，如简历的翻译，论文摘要的翻译，或是某个专业领域的文体的翻译。

大学英语教师还应鼓励学生借助多种现代化手段和方法，完成翻译任务。如今，机器翻译的发展确实使翻译工作变得快捷高效，人们看到了人类译者将来被取代的可能性。教师应教会学生利用计算机辅助翻译技术和翻译软件来提高翻译效率。大学英语教师应与时俱进，不断尝试新事物，在翻译教学中采用现代化的信息技术，培养具备一定专业的翻译人才来满足市场的需求。在大学英语翻译教学中，我们可以尝试使学生了解一些翻译软件的应用，使他们能更有效地完成翻译任务。另外，由于运用了先进的计算机技术以及美观的人机交互界面，这些的翻译软件在一定程度上可以激发学生的学习兴趣，调动学生的学习积极性。

大学英语翻译教学是大学英语教学中的重要环节，对于翻译人才培养起着重要作用。随着国际交流与合作的日益密切，大学英语翻译教学的重要意义愈加突出。因此，我们应着力改变大学英语翻译教学的现状，采取措施，让各个方面，从大纲到教师都对大学英语翻译教学给予足够的重视，同时还要提高教师的理论水平，满足教学需要。在教学中，我们还应考虑到学生所学的专业，注意增强教学的针对性，探索现代化的有效的教学模式。培养出大批的符合社会需求的具有一定专业的翻译人才，实现人才培养目标。

第二节　大学英语翻译教学的理念

翻译作为大学英语教学中的重要组成部分，英语教师在教学时需要结合学生的实际状况制定出更加完善的教学方案，这样才能够满足学生的英语翻译学习需求。但是在现实中，许多大学英语教师过于重视学生的实践指导，从而忽视了英语理论知识的讲解，导致大学生的翻译技巧掌握不足，英语翻译质量不高。而且大部分英语教师在讲解翻译技巧时都没有将其升华到一定的理论高度，学生对翻译技巧一知半解，无法学习到翻译精髓，从而降低他们学习英语的积极性，不利于今后他们英语相关知识的学习。

一、重新定位大学英语翻译教学的重要性

英语翻译作为英语教学的重要组成部分，它对大学生今后的英语知识学习有着很大的帮助，教师应该要制定出比较完善的教学方案，提升学生的英语翻译质量，从而满足他们今后英语的学习需求。教师只有对大学英语翻译教学进行从新定位，从新的角度去分析英语翻译的重要性，不断增强自身的英语教学水平，给予学生更多的英语翻译理论学习空间，才能够为学生英语翻译学习提供帮助。当前我国英语翻译人才相对紧缺，大学生的英语翻译水平有相对较低，这样导致我国大学英语翻译教学改革迫在眉睫。大学英语教师在教学过程中不仅需要增强学生的英语翻译实践能力，同时还要鼓励学生掌握更多的翻译理念，使得译文忠实原文，既能够展现出原文的英语魅力，又可以有自身翻译语言文化特色。大学英语教师通过转变自身英语翻译教学理念，制定出科学完善的教学方法，可以让更多学生参与到英语翻译学习中来，提高学生的英语语言表达能力，增强学生的英语写作水平。因此说，大学英语翻译教学有着非常重要的作用，它关系到学生今后的学习和发展。

二、大学英语翻译教学理念和方法的改进策略

（一）提升学生对英语翻译的认识

在传统的应试教育观念下，许多学生将英语翻译作为一种负担，他们在课下被动的完成英语教师布置的翻译作业，没有去深思翻译中存在的技巧，无法掌握更加科学的学习方法，从而降低他们的英语翻译质量。大部分学生

没有定位好自己的英语学习地位，他们上课只能够被动接受教师的讲解，不能充分发挥自身的主观能动性，对英语翻译产生抵触心理，最终会对英语翻译失去兴趣。大学英语教师在进行英语翻译教学时，尤其是对于一些非英语专业的大学生，需要结合他们的专业，让学生感受到英语翻译的重要性，体验两种语言相互转化的乐趣，最终达到英语翻译教学目标。在传统的英语翻译教学中，教师过于重视对学生翻译实践的指导，从而忽视对学生英语理论的讲解，许多学生只是为了翻译而进行翻译，没有将一些科学的翻译技巧运用其中，翻译出的文章或者句子水平较低，不能够展现出原文的思想情感。因此教师在以后的教学中，需要转变自身教学理念，让学生熟练掌握英语翻译技巧，将翻译理论与实践充分结合，找到更适合自身学习的翻译方法，提升他们的英语翻译水平。除此之外，教师还要增强学生的主体意识，在翻译过程中敢于用自己所学过的英语技巧来表达原文，提升学生的翻译信心，为他们今后的英语学习提供帮助。

（二）大学教师要积极创新教学方法

教师要想保证学生的英语学习水平，提高学生的英语翻译能力，就要积极创新自身的翻译教学方法，降低学生的英语翻译学习难度，满足不同学生的英语学习需求。第一，充分利用多媒体网络资源。教师在翻译教学过程中可以充分利用网络上的大量资源来提升学生的英语翻译水平，让他们掌握更多的英语翻译技巧，从而提升他们学习英语翻译的信心。大学教师可以利用多媒体为学生播放一些英文字幕的电影，然后让学生结合电影中的情景来翻译人物所说的话，然后将学生的翻译与英语原版翻译之间进行对比，让学生发现自己与专业翻译之间的差异，同时教师在讲解的过程中将翻译技巧融入其中，加深学生对英语翻译技巧的认识，掌握更多的翻译理论，在今后的翻译中能够将这些理论运用到实际生活中。第二，鼓励学生分析英语谚语中的翻译技巧。教师在讲解英语翻译时可以鼓励学生分析英语谚语中的翻译技巧，从而提升学生学习英语翻译的兴趣，降低他们学习英语翻译的难度。比如：（1）蜡烛照亮别人，却毁灭了自己。译文：A candle lights others and consumes itself.（2）吃一堑，长一智。译文：A fall into a pit, again in your wit. 这些句子就是采用直译的方式来进行，但是这些句式更加整齐、语句更加凝练精确，让人能够感受到两种语言之间的共性和差异。但是如：（1）患难见真情。译文：A friend in need is a friend indeed.（2）一本好书，相伴一生。译文：A good book is the best of friends, the same to day and forever. 这些句子就是采用意译的方式，它没有强调词语的对称性，反而强调一种句意的相似性，最终达到翻译的目标，让读者能够体会到两种语言所要表达的含义。第三，教师要拓展学生的翻译视野。对于非英语专业的学生来说，他们的英语学习时间比较有限，要想提升学生的英语翻译能力，教师需要拓展他们的英语视野，充分利用各种资源，这样才能够达到教学目标。教师可以鼓励学生借阅一些自己喜欢的中英文对照书籍，然后逐渐提高自身的翻译技巧。对于一些英语基础较好的学生，教师则可以鼓励他们学习一些与自己专业相关的英语文献和书籍，增强他们的英语阅读水平，能够准确把握书籍中的翻译技巧，从而为他们以后的专业知识学习提供帮助。

（三）适度讲解英语翻译理论

大学生在学习英语翻译时往往会存在一定的误区，认为英语翻译理论知识的学习没有必要，这样就导致学生的英语水平相对低下，他们不能够按照教师的要求来熟练掌握相关翻译技巧，最终影响到他们的英语学习。因此教师在今后的教学中需要转变学生的英语翻译学习理念，为学生适度讲解英语翻译理论，实现大学生英语翻译理论与实践的结合，提高学生的英语学习质量。在讲解翻译理论时，教师首先需要了解学生的学习状况，制定出相对科学的教学方案，拓展学生的英语文学视野，找到适合他们自身的学习方法，从而提升大学英语翻译教学效率。其次，教师要不断提升自设的理论知识水平，在教学中能够满足不同学生的英语学习需求，帮助他们解决翻译问题。最后，教师应该要增强学生理论与实践相结合的水平，鼓励学生多阅读一些英语翻译相关的书籍，找到自身翻译学习中存在的问题，在教师的引导下制定相应的学习计划，弥补自己翻译上的不足，从而提升自身的英语翻译水平。

（四）调整英语翻译教学课程

以往的教学中，由于教师和学校对英语翻译教学不够重视，使得翻译课程设置存在较多的问题。因此在今后的翻译教学中，学校应该要给予英语翻译更多的课时，让大学生能够学习到系统完整的翻译技巧，提高他们进行英语翻译的兴趣，为他们今后英语知识的学习奠定扎实基础。教师在课堂上也要及时调整教学内容，将有针对性的翻译理论教授给学生，为他们例举大量的翻译例证，从而弥补英语教材上翻译理论讲解的不足。大学生通过这样的课程设置，能够掌握更加科学的翻译技巧，提高自身对英语的认识，降低他们的英语学习难度，学习到更多的英语语法和句式，增强学生的整体英语学习水平。此外，通过翻译主体课堂的设置，学生与教师之间的交流增多，教师可以及时指出学生英语翻译理论中的不足，指导他们更好地参与翻译实践，最终增强他们的英语翻译能力。

综上所述，大学英语教师在讲解英语翻译技巧时，应该要转变自身的教学理念，重新定位英语翻译教学地位，积极创新相应的翻译教学方法，这样才能够更好地满足当代大学生的英语翻译学习需求。除此之外，教师在教学过程中还要尊重学生的主体地位，为学生创造更广阔的英语翻译学习空间，帮助他们熟练掌握翻译技巧，增强学生的英语翻译能力，为学生今后英语知识的学习打下坚实基础。

第三节 大学英语翻译教学的理论与 技巧的实践分析

自从中国加入 WTO 以来，与西方发达国家的交往越来越密切，英语作为全球通用语言之一，在我国高等教育中的地位也日渐突出。英语翻译是学生认识英语，掌握英语学习方法的重要途径，为了提高学生的英语水平，教师应采用正确的英语翻译教学方法，使学生认识到中西方语言和文化的差异，这对学生未来的发展也大有裨益。因此，教师应积极转变自身观念，加强课堂英语翻译练习，使学生掌握多种翻译技巧，将英语翻译教学真正落到实处。

一、大学英语翻译的现状

从当前的大学英语翻译教学来讲，主要存在两方面的问题：首先，各大高校和大学英语教师普遍不重视英语翻译教学，他们认为听、说、读、写才是大学英语课程的重点，"译"只是英语教学中非常不起眼的一小部分，甚至认为其是英语课程的延伸，不应在教学计划和教学资源安排中给英语翻译预留专门的资源配给。当前，几种比较通用的大学英语教材并没有涉及真正的翻译内容，各高校自身也没有给大学生准备专门的英语翻译教材，英语教师更没有针对性的制定翻译教学内容只是依靠普通教材进行教学活动。这直接造成大学英语翻译训练的内容单一，翻译教学内容的度和量都不够，无法取得预期的翻译教学效果。其次，随着英语的应用越来越广泛，部分高校和教师逐渐认识到英语翻译教学的重要作用，但在对其认识角度上却不尽相同，其中的部分高校和教师认为，专业性的翻译人才才是学校培养的目标，因此应从专业设置上做工作。这种观点导致仅英语翻译专业和英语专业的英语翻译教学取得了一定的进步与发展，公共学科专业学生的英语翻译教学仍采用传统的教学方式，限制了其他学生翻译能力的进步。

二、大学生翻译教学中的理论渗透

（一）大学英语翻译教学理论

由于大学英语翻译教学在我国长期处于边缘地位，因此至今仍未有统一规范的教学理论。不少学者认为大学英语翻译必需有专业化的教材，鉴于翻译教材针对的是非英语专业学生，其学术性应该较低，相反趣味性应较强，能够吸引学生的阅读兴趣。教材中可以包含西方的风俗习惯，日常交往常用语句，或者是奇闻轶事，使学生对西方文化产生浓重的好奇心，这样学生才会主动配合英语翻译教学。此外，高等院校还应根据当今企业对人才的基本需求和学生的英语水平设计专业的教学理论体系，教学目标设为让学生学会用最简短、通顺的语句将英语句子翻译出来，并且需要完整明确地表达原句的含义。英语翻译不代表逐字逐词翻译，只要将句子大意表达清楚即可，教师不应设置过高的标准，必要时可以放宽内容和结构要求。值得注意的是，英语翻译应重视语言表达能力，轻书面表达能力，毕竟英语最主要的用途是交流而非应试，教师在英语教学翻译中应该把握好这个度，才能使英语翻译教学达到事半功倍的效果。

（二）大学英语翻译教学理论的渗透

根据当前大学英语翻译教学现状和英语翻译教学理论，英语教师应在实际教学中逐渐将这一理论进行渗透，进而切实提升大学生的英语翻译能力。首先，教师在教学中应让学生充分理解译文与原文的对等关系。即在英语翻译中，学生可以选择追求意思的对等或者文字的对等，这涉及在英语翻译中对意译与直译的选择和比较。

意译与直译是英语翻译中的两种基本方式，也是两个重要理论。意译比较注重原文与译文内容的对等，没有特定要求的表达方式，可以通过不同的方式来表示同样的内容。直译要求译文在内容和形式上与原文内容的对等，译文在信息与风格上要以原文为主。在翻译时，意译与直译的共同要求是原文与译文的内容对等。在英语翻译中，意译方法是比较具有依据的，而直译方法是很有必要的。在翻译教学中，英语教师可以指导学生应用汉英两种语言规则选择意译和直译的翻译方法。当原文与译文的结构差别较小时，直译方法能够更好地保留原文的韵味。

其次，其次在大学英语翻译教学中，英语教师要做好引导工作。从理论上来讲，译文要与原文内容对等，既然翻译教学的目的是为了提升学生的英语翻译能力，教师在教学中可以适当忽略英语翻译的文学性，注重学生在翻译中对原文意思的表达，而不是译文的文学性和翻译结构的整齐性。

三、大学英语翻译教学中的技巧渗透

大学英语翻译教学中涉及多种翻译技巧，其中比较常用的是合译法和分译法、减译法和增译法。

（一）合译法和分译法

分、合译法是两个相互对应的翻译方法。合译法是通过合并几个简单的短句进行翻译的，比较适合汉语翻译为英语。分译法是通过将相对较长的句子分解为若干相对简单的句子来达到翻译目的的，在英语翻译为汉语中应用较多。在实际英语教学中，英语教师要引导学生依据翻译需要来选择翻译方法。相对于语言结构，汉语更注重强调语言的意义，所以汉语具有较高的简单句出现频率。英语则相反，具有较高的复杂句出现频率。因此，在英语翻译为汉语时，教师应该引导学生根据长句各个部分的关系进行长句分解；在汉语翻译为英语时，根据连词和介词，将短句结合。

（二）减译法和增译法

根据翻译理论，英语翻译译文的流畅和自然是重点，译文与原文的语言规范要相符。在大学英语翻译教学中，英语教师要让学生充分理解忠实翻译的重要性，努力保持原文与译文风格的一致性，并根据汉英两种语言的差异，合理的应用一些词语。在利用增译法进行翻译的时候，一般利用虚意词，当然也可以有选择性的利用实意词。利用增译法进行翻译，不但能传达原文的语言信息，还能够使译文更符合语法要求。减译法是与增译法正好相反的翻译技巧，即在翻译英语时，有选择性的省略一些词语，以避免译文的拖沓与重复。在实际教学中，英语教师应注意让学生理解应用减译法进行翻译不是为了简化原文意思，而是为了更加整洁的表达原文意思。

综上所述，大学英语翻译课程对于学生理解英语，提高学生的英语水平有着重要的意义，因此广大教师应该正确认识英语翻译教学，增加该门课程的课时设置，同时教授学生英语翻译的关键技巧，使学生在课堂上得到充分的指导和练习。此外，英语教师还应不断研究新的英语翻译方法，使学生在不同环境中都能灵活运用英、汉两种语言，从而促进学生英语翻译水平的大幅度提升。

第四节 大学英语翻译教学的有效性研究

20 世纪以前，西方教育理论界普遍认为，教学是一门艺术，是教师的一种个性化行为，影响教学效果的因素众多，难以用科学的方法来进行研究和测量。随着 20 世纪科学思潮的来临以及心理学尤其是行为科学的发展，西方掀起了一场教学科学化运动。人们开始用科学的眼光审视教学，明确提出"教学也是科学"，并开始关注教学的哲学、心理学、社会学的理论基础，采用观察、实验等科学的方法来研究教学问题，如程序教学、教学效能核定的指标体系等。有效教学概念正是在这一背景下提出的。特别是受美国实用主义哲学和行为主义心理学影响的教学效能核定运动之后，这一概念频繁出现在英语教育文献之中，引起了世界各国同仁的关注。

所谓"有效"，是指活动的有效，是在对活动的结果判断后做出结论，反映的是活动对预期结果的实现程度。"有效教育"是指教师遵循教学活动的客观规律，以尽可能少的时间、精力和物力投入，取得尽可能多的教学效果，从而实现特定的教学目标，满足社会和个人的教育价值需求。具体而言，教学过程中的有效性可以从以下三个方面来加以理解：一是有效果，是对教学活动结果与预期教学目标吻合程度的评价。二是有效率，由于教学活动本身也可以看作是一种精神性的生产活动，沿用经济学的概念可将教学效率表述为：教学效率＝教学产出／教学投入或教学效率＝有效教学时间／实际教学时间 ×100%。三是有效益，即教学活动的收益，教学活动价值的实现，具体而言是指教学目标与特定的社会和个人的教育需求是否吻合以及吻合程度的评价。

一、影响现行大学英语翻译教学有效性的主要问题

翻译课程是一门教学难度较大的课程，因为它不但属于理论教学课程，更重要的是，它同属于实践教学课程。大学英语翻译教学过程实际上是一个包含了学生、教师、高校管理层及高校与社会之间的关系的特殊管理过程，涉及教学目的、学生需求、绩效评估、社会需求及反馈等要素之间的互动关系。但是，在基础阶段教学中，翻译教学只占大学英语教学中的极少部分。出于时间和历史的原因，大部分高校的大学英语翻译课照搬了高校英语专业

翻译课程的培养方案，这就造成了现行大学英语翻译课在教学管理和教授方法上存在很大的弊端和问题，其主要表现在如下几个方面：

（一）具有个性化的教学目标缺失

选修大学英语翻译课的学生具有多元的学习目标，有人为了提升自身综合素养，有人为了能考上研究生，还有人只是为了获取学分，而以教师为教学主体的传统教学体制对教学效果的预测过于主观和乐观。在教学中，教授对象与教师之间的沟通相对封闭和单一。教师负责课程设计、知识传授、作业布置、批改及讲解。教师是课堂的指挥者、控制者和译文的评判者。多数教师的态度是以完成教学大纲所规定的任务为目的或只强调课堂教学这一环节。教师很难以个体的身份系统客观地分析教学效果，从而引发教师无所不能的心理预期与实际局限性之间的矛盾。教师在教学过程中多数只考虑到笔译课堂的教学策略和教学困难，而对学生想要达到的目标和学生在实际工作中遇到的具体困难没有清楚的认识与了解。

（二）对学生实践过程中有效自主学习因素缺乏重视

在大学英语翻译提高课中，学生多为大班上课，学生群体过大，教师和学生之间缺少一个紧密联系、及时沟通、调动彼此积极性的平台，学生在课堂上基本处于被动接受，很少能主动发表意见。教师布置课后作业容易，但面对庞大的学生群体，教师不可能给予众多题材的译文细心而有见地的批改和评价，而学生又缺乏课堂以外的主题深化和进一步交流。而翻译教学课程的重点并不仅仅表现在对文字材料的认识上，背景资料的研究和认知环境的拓展往往对译者的认知起到关键性的作用，在这方面应发挥学生的主观能动性而不能让其一味被动接受，否则，很难取得最佳效果，

（三）在设计和实践上"最优化"和"量化"概念缺失

"最优化"概念主要强调教学效果要以缩短课堂学习和社会实践之间的距离为目标，需要不断从学生的学习成效中得到积极的反馈，从而及时调整教学内容和手段，为教学带来最佳效果。由于英语提高课为大班教学，教师对学生的多样化需求未给予充分考虑，而选修这门课的学生多数为英语已过四级或六级的高年级学生，面临毕业求职或考研升学的抉择。前者会发现课堂翻译实践中所设置目标的社会需求性较弱，多为文学文化翻译，后者则发现研究生升学考试内容在教学中涉及较少，从而使翻译知识应用的长期目标向短期目标转换不能如愿实现。同时，提高课课时数少，翻译课堂的"量化"概念也常常被忽视，学生翻译实践量远远低于专家提出的量化要求。

4.教学内容与工作取向、实际应用缺失有机联系

忽视了学生的个性需求导致了选修翻译课的学生很难在翻译学习中探寻到一种平衡，即个人素养的渐进式提高与升学、就业压力下短时高效的认可之间的平衡，这种探寻的基础不仅在于对毕业后的几种选择：继续深造、就业、个人自我修养等几要素之间关系的权衡，还在于寻求各要素之间达成真正互动的有效途径。目前，应用型专业人才在未来的工作中多数应具有翻译各类文字资料、政府文献、专业技术资料的能力，而大学英语翻译教学活动则难以兼顾。高校内部的教学评估和社会实践评估之间缺少一个直接转换的途径和促使教学评估管理从象牙塔式的管理向开放性、双向选择式管理转型的平台。

二、大学英语翻译有效教学网络互动平台模式的构建

目前，多媒体和网络技术被迅速应用到高校课堂中，成为教学中不可缺少的一部分，大学教学的形式也随之发生了极大的变化。多媒体教室的普及，现代网络技术设备的运用，教学资源及管理软件的介入使得高校的教学工作变得简单而生动。在这种以网络和多媒体为基础的新教学模式的冲击下，大学英语教学也面临着前所未有的创新和挑战。信息技术与课程整合，从而最大限度实现现代信息技术与创新教学的结合，是建构有效教学模式的关键。

把丰富的网络资源作为教学和师生交流的基础，把网络现代化作为教学评估、实践、反馈的平台和师生、高校与社会之间的沟通媒介而建立的大学英语翻译网络互动平台教学模式，可大大提高大学英语翻译教学的有效性。以下几种平台的开发与构建，是保证高校大学英语笔译教学质量及效率的重要条件。第一，"师生互动平台"。学生与教师的互动平台。下设开篇导学、网络学习指南、翻译理论、翻译素材库、典型译例分析、教学意见反馈、成绩评估等具体板块，几种功能可以同时实现。第二，"译者交流平台"。学生与学生的互动平台。同班学生之间、同校不同年级学生之间、社会各界有相同需求人士之间均可以利用该平台进行在线交流，对译文进行评论和指正，下设习作发表、互评作业、资源共享、经验交流等具体板块。第三，"在线作家平台"。教师、学生与文本作者的互动平台。主要提供国内外现代作家的文本来源，并与现代名家、知名专栏作家、网络精品文学作者等建立交流空间和联网互动。下设文本资源、兴趣分类、在线交流等板块。第四，"供需平台"。高校对毕业生的成绩评估与社会上提供实践机会的就业机构的互动平台，可以实行模拟翻译实践实习联动。企业向大学生提供职位要求、提供所需人才将要涉及的翻译资料，以供彼此了解，达到双赢效果。该平台包括个人资

料、业务资料、职位需求、模拟应聘等板块。

教师充分利用网络上的大量资源所建立的翻译教学素材库，保证了翻译教学的实效性，将课堂与社会有机联系起来。教师可以按不同的信息分类建立素材库，学生根据自己的专业或兴趣选择，涉及文学、科技、经济、管理、外交、外贸、金融、法律、军事、教育、影视、媒介等社会生活的各个方面。计算机仿真生成的虚拟现实世界可以创造一种身临其境的真实感，使学生的翻译练习变成了一种真实性任务。学生在做翻译练习的过程中，就不能无视其他同学——读者的存在，就会考虑读者的兴趣、爱好、语言习惯以及审美方式等，把翻译作为一种与读者之间的交流过程。学生成了真正意义上的译者。与此同时，译者本人也可以去阅读或欣赏其他同学的译文，此时译者变成了读者，可以从读者的角度去看待翻译，从而加深对翻译本质的认识。翻译成了一种即时交流，交流与对话氛围的建立改变过去那种以教师为中心的教学模式，真正做到在翻译中学翻译，形成百家争鸣、相持不下的热烈场面，激发学生对翻译实践的高度热情，充分发挥他们的潜力。

以现代网络技术管理为特色的新型教学模式为应用提高阶段的大学英语笔译教学提供了一个全新的动态环境。在这一框架指导下，教师是意义构建的帮助者、促进者，而不是知识的传授者与灌输者，学生是信息加工的主体，是意义的主动构建者，而不是外部刺激的被动接受者；课程安排和实用之间产生了必然的联系。在完成网络辅助教学功能的基础上，还可以提供师生教与学的交流、评价等关键互动环节，大大缩短了教师和学生的距离。同时，同步异步互动交流工具的双重实现将会更有效地促进教学过程的高效便捷，保证教学过程的完善规范和资源优化。当然，在实际操作中，无论是教师还是学生对公开展示自己的译文和翻译过程都会产生不同程度的心理压力。

因此，教师和学生要注意调整心态。我们相信随着人们对笔译课程重视程度的加深，在大学英语乃至高校英语专业中普及这种互动式笔译教学网络平台的可能性会越来越大，这种教学模式对学生、教师、高校、社会就业、社科研究几方面将产生重要的影响。

第十一章 大学英语多模态英语
课堂教学研究

第一节 大学英语多模态教学模式研究

随着科技的飞速发展，社会已经进入信息化时代，对英语人才的要求也越来越严格。社会的需求即教育的方向，因此，多元化教学手段应运而生，充分调动学生多感官参与学习的多模态英语教学模式渐渐走入人们的视野，视听一体化的教学方法打破了传统的沉闷课堂模式，使教学内容得以更生动、有趣、立体地展示。可以说，多模态的大学英语教学模式激发了学生的学习欲望，增强了学生听说读写译各方面的知识储备，提升了学生的综合素质以及实际运用语言的能力，为日后向社会输出优秀英语人才做出重要贡献。

一、多模态教学的含义与特点

（一）多模态教学的含义

模态指的是通过视觉、听觉、触觉等感官系统与人物、机器、物体等外部环境进行交互的方式。多模态就是使用两个或两个以上的感官进行互动。运用在教学模式中，就是运用视觉、听觉等多种感觉，通过文字、图像、音乐、视频、肢体语言等诸多手段来更加生动形象地阐述语言的含义，调动学生的多种感官协同合作参与语言学习，提高学生的积极性，吸引学生的注意力并加强记忆，达到提升教学水平的目的。

（二）多模态教学的特点

1.注重多感官协同

多模态教学强调多感官协同并用，通过多元化的教学方法将一些静态、动态的资源整合并引入教学过程之中，给学生全方位的立体化体验。经历过内容，才更好理解；实际应用了，印象才能更深刻。

2. 多种教学方法并用

在实际的大学英语教学过程中，单纯的讲述是很枯燥的，学生也难以理解其具体含义与实际应用环境。而多模态教学模式倡导多种教学方法并用，集传统讲述、讨论、角色扮演等手段于一体，激发学习兴趣的同时，使学生亲身参与其中，更真实地体会到语气语调语境对语言含义的影响。

3. 学生是主体

在多模态教学模式中，学生是主体，教师只起到引导作用。教师可以设计课件、制作道具，也可以当导演当编剧，但是实际的任务一定是由学生来完成，教师的作用是通过多方展示的手段调动学生的情绪，引导其自主学习而不是被动地灌输，学生自主融入学习中去，才能更好地体会英语的魅力，才能付出更多的精力。

二、多模态教学的必要性

在语言系统中，一句话的意思是由语言因素和非语言因素共同决定的。非语言因素包括很多，如说话语调、面部表情、肢体语言、当时所处的环境等，不能只单独从其中某一方面来断章取义地理解。严格来讲，日常生活中的交流都是多模态的。采用多模态表达的优势包括：可以补充单一模态不能完全表达的剩余含义；可以在一个整体之中突出表达某一部分的含义；可以在表达了基本含义的基础上更生动、更形象、更具体地重现其含义；可以更清晰地表达态度、感情等人际关系中的情感；应用具体实例更容易被理解。因此，在大学英语教学过程中采用多模态教学模式势在必行，利用多种手段充分调动学生的学习热情，对听力教学、口语教学、阅读教学、写作教学以及翻译教学都有显著效果，整体成效上呈现的就是提升了学生日后在实际运用过程中的语言能力，培养出高素质的优秀英语人才。

三、多模态英语教学现状

目前，虽然随着计算机技术的普及，教学环境以及教学设备都在不断更新，多模态的英语教学模式开始引起重视，但是大部分院校还只是局限于课件电子化，将教材的内容搬到演示文档上，还是由教师通过口语或者按照课件照本宣科，这种所谓的多模态其实只是在原有基础上引入电子设备展示而已，并不能真正被称为多模态英语教学模式。而且大部分院校的英语教学也还是只局限于课堂时间，课外的实践活动少之又少，虽然部分院校开设了语音室、多媒体室等，但是实际投入使用的比例非常低，学校的管理制度以及学生的自主学习意识薄弱等，都影响了这部分资源的使用。如此的教学模式不能吸引学生的注意力，甚至会导致学生失去兴趣，所谓兴趣是最好的老师，教学方法必需能抓住学生的心，才有可能提升教学质量与效率。

四、多模态大学英语教学模式研究

大学英语不仅是一门基础的语言课程，也是一门拓宽学生知识面、让学生了解世界的素质教育课程。传统的英语教学一味以教师讲授灌输为主，教师很累，学生觉得方式简单枯燥、内容晦涩难懂。多模态的教学模式注重多种感官协同，全方位立体化地带给学生全新的体验，学生不但积极性提高，学习效率也会大幅提高。

（一）教学内容多模态展示

1. 文字（视觉）

文字是传统英语教学中最常用的形式，词汇是语句最小的组成单元，因此必需了解词汇的拼写、意思以及应用特性。针对这一方面，文字阐述最为直接，配合一定的例句展示则更加明朗。

2. 图片（视觉）

在一些词汇的教学过程中，可以选择相关图片进行联想性记忆，使学生建立文字与图片之间的关联，对词汇的记忆有很大帮助。

3. 音频（听觉）

在词汇教学过程中，还可以播放与其相关的新闻、电影、音乐等音频资料，使学生了解这个词汇使用的语言环境，为以后的实际应用打好基础，在学习词汇的同时也可以了解相关的新闻及热点时事。

4. 音乐（听觉）

之所以单独强调音频中的音乐，是因其旋律、韵律、节奏等都容易形成深刻的印象，相对枯燥的音频来说更容易记忆。这种方式不仅可以缓解压力，还能令学生心情愉悦，体验到英语的魅力，很好地培养学生学习英语的兴趣，激发进一步学习的欲望。

5. 视频（视觉＋听觉）

视频展示充分调动了学生的视觉以及听觉，画面的冲击可以形象化地加深记忆，触发学生深层次的情感，而且可以很好地激发学生学习的兴趣。可以说，良好的视频材料是英语教学的极大助力。

（二）教学方法多模态融合

1. 多媒体技术辅助

多媒体技术是多模态教学的辅助技术手段，可以使资源数字化，既可以实现无界限的共享，又弥补了传统教学中教师语言能力不足的缺陷，将文字、图片、音频、视频集合在一起，给学生更直观更震撼的听觉视觉冲击，多媒体课件已经成为大学英语教学的必备资源。

2. PPT 演示法

首先，PPT 在视觉模态上包含了文字、图像、图文混合以及图表四大类，而且可以将相对来说难理解的内容做成动态画面，对教学内容可以更直观更形象地展示，而且不受时间空间限制，有效达到互动效果。其次，PPT 可以插入音效，构建不同的听觉模态展示，更加生动有趣，可以很有效地吸引学生的注意力。

3. 合理选择不同模态

在大学英语教学过程中，应该针对不同的教学内容采取不同的模态讲解，多元化的手段才更利于学生接受与理解。例如：利用当前已有的环境或者创造一些新的环境来刺激学生的感官；根据教学内容配置简单便携的道具；通过变换音色、语调、语气、表情来强调需要重点注意的内容；利用音乐、视频等进行特殊情景的设定；利用电影配音等手段训练情景模拟能力；还可以改变着装进行角色扮演，甚至举办小型的话剧、舞台剧，寓教于乐，学生在演练台词的过程中就被潜移默化，掌握了语调、语气、语境等在课本上无法展示的东西。

4. 充分利用网络资源

目前有很多网站汇总了很多听说读写译以及文化背景介绍等英语学习资料，还有一些网上的在线学习小组，这是在课堂之外丰富知识面的良好方法。在教学过程中应该引导学生进行这方面的尝试，同时培养学生的自主学习能力。

5. 营造课堂外学习环境

对于英语专业的学生来说，听说读写译都需要大量练习，除了课堂上有限的时间，教师应该鼓励学生参与课外活动，如英语角、外语社团、原著阅读小组、英语话剧社等，这才是语言的实际应用。因此，学校应该注重这一部分课外多模态学习环境的建设。

（三）互动模式多模态

1. 人机互动

随着多媒体技术的发展，大学英语教学也可以将教学信息以各种多媒体手段在计算机上显现出来，既将教师从传统的灌输式讲解中解放出来，又将各类生活场景带到课堂，而且学生可以在课余时间随时获取网络中的学习资料，或者通过网络向教师咨询自学过程中遇到的问题。

2. 师生互动

有了信息化教学手段，师生之间的互动就由原来的课堂讲述增加为面对面交流、通过网络的在线实时交流以及通过网络的非实时交流。不可否认面对面交流的便捷性，对于交流情感、培养兴趣、及时反馈都起着重要作用，但也有其局限性。而利用非课堂时间通过邮件、QQ、微信等进行在线交流，教师可以随时发起话题讨论，延展课堂内容，也可以在线辅导或者检查学生的学习情况。

3. 生生互动

无论是课堂上的学生间的互动，还是课堂之外基于网络的学生之间的互动，都是对自身了解的知识的巩固与互相之间掌握的知识的补充。可以说学生之间的互动是一次次的头脑风暴，是一个很动态的创造的过程，不仅促进了自主学习，而且完成了各项专业能力的共同成长。

多模态大学英语教学模式注重多种感官在学生学习过程中的知识构建，而且通过图片、音频、视频等多元化的手段激发学生的兴趣，实现英语教学的情景化与语境化，大幅提升英语教学质量。可以说，大学对社会输出高质量高素质的英语人才，多模态教学模式功不可没，日后也势必会成为大学英语教学的主流模式。

第二节 英语教师课堂多模态话语研究

一、教师课堂话语的多模态化

通俗地讲，课堂话语即课堂上产生的话语，包括学生和教师话语；英语教师课堂话语就是英语教师在组织和实施英语课堂教学时产生的话语，这里主要指英语，不包括教师对母语的使用。传统认为，教师课堂话语主要是教师的口头语言和书面语言，"一张嘴，一支粉笔"即可传递信息，讲解知识。然而，随着现代信息科技的飞速发展，各种形式的多媒体技术进入课堂，参与并辅助课堂教学，打破了几千年来书面语和文本占主导地位的交际，基于计算机技术的屏幕为主导的课堂教学已经越来越成为一种趋势和主流。那么教师话语的多模态化也将是必然现象，并成为话语研究的重点领域。

多模态话语是相对于单模态语言而言的，这里的"多"主要有三层含义：交流主体的人所拥有的多种感知渠道，如视觉、听觉、嗅觉、触觉等，交流所需要的物质媒介和技术媒体以及通过这些渠道和媒介产生出来的多种符号资源。在新媒体时代下，教师的课堂话语已经从语言一种符号构建的交际单位转变到由多种符号共同构成的意义实体，模态的"多"直接导致"话语"形式和意义的改变。教师课堂话语的多模态化有利于丰富信息输入手段，调动学习者的多种感官参与学习，激发其学习兴趣和主动性，对于创建多模态学习环境，促进多模态教学有重要意义。

二、英语教师课堂多模态话语的研究意义

新媒体时代背景下多模态化的教师话语呈现出更为复杂和丰富的特点，因此，对于教师课堂多模态话语的研究应该迫切提升到更为全面和多维的视角，这不仅有利于更好地了解课堂教学的实际发生情况，而且也是研究教师和教师发展的重要途径之一。

（一）对于教学研究的意义

研究课堂教师话语是研究课堂教学效果的重要途径之一。课堂上教师对于多模态话语的选择、组织、协同是否得当，言语模态和非言语模态的配合使用是否科学合理，视觉资源和听觉资源的调用是否有效，都直接关系到课堂教学是否有助于促进学生的学习，特别是有效地帮助学生构建知识，实现师生和生生之间的课堂交际。然而，从目前的情况来看，很多教师的课堂多模态话语存在为"多"而"多"，因"多"而"乱"的问题，不利于学生的学习和教学效果，但教师并没有意识到这一问题的严重性。因此，对于英语教师课堂多模态话语的理论研究和课堂实际教学情况的跟踪分析有利于提高教师多模态话语的质与量，促进师生进行有效的知识建构，提升教学成效。

（二）对于教师教育研究的意义

教师课堂话语与教师的教学理论水平、教学实践能力、教学方法的运用等有着密切的关系，而多模态化的教师课堂话语对于教师的教育技术水平和课堂教学综合能力提高出了更高的要求。具体地讲，教师课堂多模态话语研究对教师主要有四方面的意义：

1.通过阅读有关多模态话语分析的学术文献，教师可以更好地了解和掌握现代话语的特点和话语分析的新发展；

2.通过分析自己在课堂上的多模态话语，教师可以更客观地了解自己课堂话语的质量和效果，更细致地把握自己与学生的课堂关系和交际效果；

3.通过关注和洞察同行的课堂多模态话语，有利于教师学习反思教学方法和角色定位；

4.通过开展课堂多模态话语分析，教师可以更加全面地认识自己的教学经历与经验，认识自己所从事的教育教学工作的意义与价值，为教师追求终身专业发展奠定基础。

三、英语教师课堂多模态话语的主要特征

教学课堂中的多模态话语的显著特点就在于"多"，即多种形式和类型的模态符号充斥着整个英语课堂，包括教师和学生的口语、书面语以及与之伴随的非言语模态符号，如面部表情、手势、空间距离、目光接触、声响、音调、着装、情景布局以及视觉图像媒体工具的使用。总结起来，教师的课堂多模态话语具有以下主要特征：

（一）情景真实性

随着数字化和信息化时代的到来，多模态已经成为人类言语交际的普遍特征，是人类生活的一种普遍内在的特性。在多模态社会中，意义的建构越来越依赖于多模态话语的交际。课堂是特殊的社会活动场合，它有重要的教育和教学目的，而教师话语又是课堂上学生语言输入的主要来源之一。教师话语的多模态化特征直接反映出多种符号模态在新的政治历史和社会文化中产生，是符合时代需要出现的新的交际方式。这些符号模态不仅是客观存在的，而且直接参与真实的社会交际，传递人际意义。虽然课堂教师话语不能完全等同于真实的社交话语，但是从培养实际语言运用能力的目的出发，教师在课堂上应该尽量使用真实语言和语言材料，尽量调用多种模态符号创设情景。只有在接近真实的情景中，教师和学生才能用真实的语料表达真实的内容，从而促进语言实际交际和运用能力的发展。

（二）感官多样性

课堂中的教师调用的模态主要有三类：听觉模态、视觉模态和其他模态，这些模态共同作用，对整个课堂的意义建构起着重要作用。前两种模态是课堂教学涉及的主要模态，两种模态彼此协调，缺一不可，能够积极刺激和调

动学习者的眼、耳、口感官系统参与学习，通过多种感知渠道达到知识构建和意义交际。听觉模态是绝对的线性模态，只能根据时间向前推进，符合学习循序渐进的特点，因此是主要模态，视觉模态可以强化和补充听觉模态的信息。这里所说的听觉模态不只是指教师的口头语言，还包括多媒体影像和音频声音，这些模态内部的媒体互相结合和搭配，共同作用于学习者的听觉系统；视觉模态除了黑板和 PPT 课件上的书面文字外，还涉及图片、动画、表格、视频图像、手势、表情、眼神、身体语言、空间距离以及教室布局等，模态符号丰富，对视觉模态有重要的辅助作用；其他模态包括嗅觉、味觉和触觉，在课堂教学中的使用频率相对较低，只有在特定的活动情景中涉及。

（三）符号协同性

多模态话语理论是将 Halliday 的语言是社会符号的思想扩展到其他所有社会符号中，多模态话语中的模态就是符号资源，具有表达意义的潜势。从社会符号学的分析视角来看，教师的课堂多模态话语不是"唯语言独尊"的话语，而是包括如图像、动作、声音和颜色等各种符号在内的所有符号模态，它们与语言符号是平等的符号资源，在课堂教学和实践中共同参与构建话语意义。如此多样的符号资源必需有机组织和配合才能协同模态之间的关系。符号资源之间的关系主要是互补和非互补，前者又分为强化和非强化，后者包括交叠、内包和语境交互。课堂教学中的主要符号关系是互补和强化方式以及两种方式的结合，同一符号资源在不同教学阶段发挥迥异的功能，因此，教师要根据不同教学阶段的教学目标来具体选择模态和协同模态符号之间的关系。

（四）交际互动性

根据对符号模态特征的分析，运用系统功能语言学描绘出多模态的交际理论，认为多模态是设计符号产品或事件时多种符号模态的使用以及它们的结合方式，且符号资源在创建交际意义上分为话语层、设计层、生产层和传播层四个层面。其中设计就是使用符号资源，包括话语的生成、互动和符号的结合方式；生产指媒介在交际中的使用，是对符号的实际表达；传播则是在技术上对符号产品和事件重新编码。由此可见，符号模态要创建意义必需在交际中互动，根据交际情景的利益进行选择和组合。教师话语中的各个模态并非孤立无关联的，而是以互动模式贯穿于教学的各个环节中，互动中的听觉、听觉、触觉、嗅觉等符号模态通过互补、融合、整合、协同等作用不仅帮助意义传递、实现交际，而且有利于营造轻松和谐的课堂互动环境，减轻学生的焦虑感和紧张感，激发其学习兴趣和主动性，进一步提高学生的多模态交际能力。

四、英语教师课堂多模态话语的主要功能

Halliday 作为系统功能语言学的奠基人，他的元功能思想对于我国语言及语法的研究具有深远的影响。语言的三大元功能思想，也称纯理功能，是功能语法的核心思想之一，包括语言的概念功能、人际功能和语篇功能。既然语言是典型的符号系统，那么有关语言的理论也同样适用于其他符号系统。教师课堂多模态话语的"意义潜势"存在于课堂符号系统构成的语境中，包括意识形态、语类和语域，其中语域中的语场、语旨和语式分别通过以下三大功能来实现，并借助听觉模态和视觉模态以及相关媒体系统来表现。

（一）概念再现功能

语言是对存在于主客观世界的过程和事物的反映，即"经验"和"内容"功能，因此，多模态话语的概念再现功能即再现说话人对外部世界和内心世界的经验。放在课堂这个语域中，语场决定教师话语的概念再现功能，实现概念再现意义，可通过文字和口头语言以及图片和意象性手势建构。其中语言中的"概念意义"可由语义关系体现，视觉图像的"再现意义"中的矢量对角线可用意象图示和手势体现。

（二）人际互动功能

语言是社会人的有意义的活动，必然反映人与人之间的关系，即"人际"功能，由语境中的语旨决定，实现人际互动意义。借助 ELAN4.1.2 视频分析软件，定量分析了一段英语课堂教学录像，在实现话语的人际互动功能方面，教师多模态话语中的"人际功能"主要包括语气和态度系统，前者使用降调讲授知识，使用升调提出问题，后者包括情感，判断和鉴赏；话语中视觉图像的"互动功能"包括了目光接触、视角、社会距离和情态四个要素。此外，教师话语在实现人际互动功能方面除了使用口头模态的语言问答外，更多使用触觉模态和图片视觉模态。

（三）语篇组篇功能

语言在实际使用中并不是以词或句这样的基本语法单位来表现，而是通过相对具有完整思想的"语篇"来表达，上述两种功能也要借助说话人把它们组织成语篇才能最终实现。语篇功能使语言与语境发生联系，由语境中的语式决定，实现话语的语篇组篇意义。在课堂多模态教学中，教师主要通过图片、PPT 和视频图像等提供多模态语篇，在语篇组篇意义的建构中，主要

使用图片及其中的符号、字体、颜色等伴语言，文字和口头语言模态使用相对较少，而指示性手势使用较多。多模态语篇组篇意义的结构主要是由语言的主位—述位、已知信息—新信息系统呈现，以及图像语篇的"构图意义"来完成图像的"构图意义"对应于语篇功能，包括信息值、取景和显著性三种资源。

关注教师课堂话语的研究一直是语言研究和外语教学研究的重点，随着现代教育技术对课堂教学内容、方法和手段的日益革新，教师课堂话语的多模态化已成为必然趋势和普遍特征。开展对英语教师课堂多模态话语的分析和研究可进一步认识多模态话语的特征、意义和功能，指导英语教师在教学实践中更好地选择、组织和协同各种模态，更科学地处理模态和媒体关系，更有效地创建多模态环境和开展多模态教学。

第三节 多模态大学英语教学中的课堂活动设计

在近十年里，随着信息技术的迅猛发展，传统的交际方式发生了翻天覆地的变化，这也给传统的大学英语课堂教学模式带来了冲击。交际方式的多样性和意义表达方式的多模态化，要求大学英语教学工作者思考并改变传统教学方式和课堂教学活动模式。

一、理论综述

多模态话语分析起源于二十世纪九十年代，源于 Halliday 的系统功能语言学理论。Halliday 把语言看作一个社会符号系统，一个表义系统，用来建构意义；而如绘画、声乐、舞蹈等语言外的其他表义系统，则与语言协同实现社会意义。Scollon&LeVine 从社会语言学角度出发，认为多模态指交际时所采用的多种模式，例如言语、色彩、味道、图像等。

国内最早研究多模态与外语教学关系的是顾曰国和胡壮麟先生。2007 年，复旦大学朱永生在《多模态话语分析的理论基础与研究方法》中对多模态话语的产生、多模态话语的定义、多模态话语分析的性质和理论基础、多模态话语分析的内容、方法和意义四个方面进行了研究。研究认为 5 种感知渠道的获得分别导致 5 种交际模态，即视觉模态、听觉模态、触觉模态、嗅觉模态和味觉模态（gustatory）。2012 年周焕灵对多模态大学英语课堂教学中师生互动的多种形式进行了研究。2013 年张德禄在《外语教学多模态选择框架探索》一文中，通过教学方法选择教学模态及其组合，从而使模态的选择更具可操作性。2015 年沈阳师范大学的梁丽、张宜以多模态话语分析理论为基础探讨"大学英语"教学改革的有效方法。

　　大学英语课堂本身是一个交际的场所，需要通过多模态模式实现师生有效交际，从而提高学生的英语交际能力。大学英语授课方式本身就是一种多模态交际。如：多媒体课件、图片、音频、视频、动画、手势、面部表情、体态等都属于多模态范畴，在英语教学中发挥着很重要的作用。因此，教师应该在授课过程中依据多模态环境设计不同的课堂活动，来提高学生的参与度、关注度，从而提高大学英语的教学效果。

二、研究设计

　　依据上述理论，本研究设计了一个多模态语境下英语课堂活动设计教学实验，以提高学生的英语综合应用能力。

　　研究设计如下：

　　（一）听觉模态中的课堂活动设计

　　在听觉模态中，语言和声音是最主要的两种交际手段。在新技术迅猛发展的时代，英语课堂上应充分运用听觉模态进行有效的师生互动。具体课堂活动模式有：

　　1. 英文歌曲

　　音乐能带给人美感，使人变得轻松愉快。在相关教学主题下，教师可以选择适当英文歌曲，让学生欣赏，并省去部分歌词，让学生填空。如果可以的话，可以让学生学唱，这样既可以提高学生的英语听力，又能提高学生的口语水平，同时英文歌曲会帮助提高学生的英语学习兴趣。例如：在讲以环保为主题的课文时可以给学生播放迈克尔·杰克逊的 Heal the World；在讲以感恩为主题的课文时可以给学生播放 You Raise me up 等等。

　　2. 新闻音频

　　新闻的内容与当下发生的各种时事相关。学生会很容易产生兴趣，更容易听懂其中的内容。下载 BBC 或 VOA 中的相关新闻，给学生播放，让学生去听关键词。在选择新闻题材的音频时要注意难度适中，并确保新闻内容的生活性，不要过难，这样学生会失去兴趣。

　　3. 英语电影片段配音

　　根据课文主题，找一些与课文主题相关的电影片段，利用相关配音软件，鼓励学生进行英语配音模仿。例如《怪物史莱克》、《加菲猫》等都是很好的素材。课堂实践证明，学生对这一活动非常感兴趣，积极性很高。模仿让学生体会到了说地道英语的感觉，增强了学生说英语的欲望。此外，学生课下通过手机、电脑可以下载配音片段，自己课下配音合成后发送到班级 qq 群中，相互学习、相互交流，极大地激发了学英语的热情。

4.学生讲英语故事

这一课堂活动目的是让学生成为听觉模态的发出者，而不只是被动接受者。每节课课前请一位学生讲英语故事，其他同学可以认真去听，然后争取用自己的话进行复述。鼓励学生去讲一些简单易懂、幽默风趣的故事，如英语笑话、伊索寓言、希腊罗马神话等。在实验过程中，有的同学选择了娱乐新闻，大气预报等，效果也很好。在听和说的过程中，听觉模态交际在学生之间有效地完成。

（二）视觉模态中的课堂活动设计

视觉模态也是英语课堂上的基本模态之一，基本形式包括文字、图画、PPT、视频等。视觉模态往往与听觉模态是相辅相成的，视觉模态强化听觉模态，对听觉模态进行确认和补充，丰富听觉模态在大脑中的映射，二者共同作用，不可分割。具体课堂设计如下：

1.板书及 PPT 设计

课上板书设计要条理清楚，主次分明。内容不宜过多，要根据所讲内容用图画或图解，生动形象地向学生传授所讲内容。PPT 内容展示要多样化，加入图片、视频、动画等多种元素，丰富学生的视觉体验，让学生时刻保持兴奋的状态，抓住他们的眼球，提高上课专注度，从而提高学习效果。从实验中可以看到，英语电影经典片段很受学生的欢迎。

2.实物展示

在课堂中，教师可以准备相关实物来为学生讲解课文内容，实物展示也包括课堂教师依据课文内容而打印的图片。此外，学生在讲故事环节也可以准备相关实物。例如，有的同学会在这个环节向大家介绍一些有趣的东西，比如绣球，学生就会拿来一个绣球，用英语进行介绍，然后抛出，活跃了课堂气氛；还有的同学会介绍自己的手机及其功能，就会把自己的手机展示出来，对部分功能进行演示。实物展示强化了言语在头脑中的映射，提高了学生听力效果。

（三）其他模态中的课堂活动设计

1.教师授课中的非言语交际

非言语交际对于教师本身来说是视觉模态和听觉模态之外的一种交际形式，刺激的是学生的视觉模态交际。心理学家 Mehrabian 曾经指出："谈话中 93% 的意义是通过非言语形式传递的，38% 通过声音，55% 通过脸部表情。"

在大学英语课堂上，老师单纯的听觉模态的交际所传达的信息十分有限，很难达到教学效果。所以教师在授课过程中要结合目光接触、面部表情、手势、姿势、体触、沉默等非言语交际形式来强化言语交际内容。教师柔和的目光，丰富的面部表情会使学生感觉轻松愉快；手势、姿势的运用会强化言语的内容；体触，如拍拍肩膀、击掌等对学生起到鼓励作用。这些非言语交际形式，介于视觉模态、听觉模态、触觉模态之间，良好的运用会使课堂气氛更加融合，提高教学效果。

2. 触觉模态、嗅觉模态及味觉模态的利用

这三种模态在课堂上利用的比率不高。在本实验中主要鼓励学生在小组活动中，特别是英语短剧中加以利用。比如，学生在短剧中可以准备鲜花、食物、饮料等，其他同学可以去闻鲜花的香味、品尝食物和饮品的味道，然后把相关词汇介绍给同学，学生往往会有更深刻的记忆。此外，在上课时遇到这三个模态可以感知的词汇，鼓励学生课下去尝试，体验。

三、研究结果及研究启示

（一）研究结果

通过多模态课堂活动实验，学生英语综合应用能力特别是英语交际能力有了显著提高。一是学生课堂活动参与度有了大幅度提高。多模态下课堂气氛很活跃，趣味性强，学生乐于参与其中。比如说英语配音、英语故事、英语短剧等活动受到了学生的广泛欢迎。二是学生的口语表达能力得到了显著提高。课堂活动都是英语课堂活动，学生的参与增加了学生说英语的机会。三是学生上课注意力有了明显的提升。由于多种模态交际法在教师授课中得到运用，教师抑扬顿挫的声音、英文歌曲、英语电影、丰富多彩的 PPT、教师的肢体语言都极大地吸引了学生的注意力。

（二）研究启示

一是在多模态大学英语课堂设计中，各种模态之间的关系不是孤立的，它们是融合的、相互作用、相辅相成的。切忌进行单模态课堂活动。二是课堂活动的设计要恰当运用多模态中的不同手段进行有效课堂活动。有些手段不宜过多，要恰到好处。如教师上课的肢体语言，如果使用过多，会分散学生注意力。三是课堂活动设计切忌模态越多越好，要依据课堂内容主题进行。四是课堂设计要遵循以学生为主，让学生成为听觉模态、视觉模态、触觉模态的发出者，而不仅仅是承受者，让学生成为课堂活动的主体。

第四节 多模态视角下英语听说 交际能力的培养

英语听说课程是一门语言实践课，需要利用现代化的教学设备，集视听说于一体进行语言教学。英语听说课程的教学目的是培养学生的英语听说交际能力，使学生在今后的社会交往和工作岗位中，能够用英语有效地进行口头交流。随着多媒体技术的不断更新与发展，英语听说教学运用多媒体网络信息技术手段为支撑，进行语言输入，对学生的视觉、听觉、触觉、动觉、嗅觉等多种感知模态予以强化，培养听说交际能力已成必然。传统的教学法已被"多模态、全方位、广视角"的英语学习环境与平台所替代。本节将探讨多模态听说教学模式，以培养学生英语听说能力及综合应用英语的能力。

一、大学生英语听说能力现状研究

在我国英语一直以来都是一门非常重要的学科，在许多城市小学甚至是幼儿园就开设有英语课程，可见英语的受重视程度。可尽管如此，英语教学的效果却往往不尽如人意。学生花了很多时间来学习英语，却不能自如地使用英语进行交流。由于传统应试教育"重分数、轻能力"，不管是教师还是学生都将学习重心放在如何提高分数或者通过英语等级考试上。虽然近年来教学大纲和教材编写都更重视英语实际运用能力，进一步突出英语听说的重要性，但在实际教学过程中，教师仍难免摆脱以往的单一教学模式。英语课堂上教师往往把重点放在词汇和语法教学上，而听说训练相对较少。由于受到学时、教学设备、教学效果等因素的影响，教师通常在听力上安排的时间较少。听力练习也是停留在老师播放磁带或音频，学生对着材料做题的阶段。课堂上针对提高英语口语能力的练习也很少，朗读或背诵课文是口语练习的主要方式，学生很少有在全英语环境下进行讨论和表达的机会。缺乏目的语语言环境和科学的教学方法导致了我国大学生英语听说能力普遍较差的现状。如何改进教学方法，切实提高学生的英语听说能力是大学英语教学亟须解决的问题。

二、多模态视角下英语听说教学模式

从 20 世纪 70 年代末开始，美国语言学家克拉申对第二语言习得提出了一系列假说理论，1985 年，他提出了"可理解性输入"理论，强调只有在理解目的语的信息时，人们的语言习得才会产生。该理论认为第二语言习得的输入在很大程度上取决于听说的输入，"可理解性输入"理论后来被引入英语听说教学。根据 Krashen 的"可理解性输入"理论，教师设计各种听说任务，运用不同的教学手段组织课堂活动，进行大量的可理解性输入，以调动学生的多重认知感官，达到提高听说水平的目的。

多模态视角下英语听说教学模式强调教师充分优化和整合网络资源，运用多种模态教学手段来调动、刺激学习者进行语言输入，所输入和积累的语言知识为说的能力的培养奠定基础。教师在教学过程中充当导演，并扮演指挥者、引导者、协调者、帮助者及参与者等角色，充分利用各种教学模态，强化学习者的语言感知能力，调动学习者学习语言的热情，鼓励他们主动地、积极地参与课堂活动，全方位地帮助他们提高英语听说水平，培养学生的英语听说交际能力。

多媒体和网络技术的发展为学习者主动学习和探索提供了认知语言的工具，同时也成了学习者互动学习和会话交流的手段，体现了教育技术和认知理论的优化组合。多模态视角下的英语听说教学应围绕着环境的模态特征来进行，课堂上每一组交流互动都是多模态的，教师的教学手段多模态，教师通过融合多种教学手段，创设情境，调动学生的积极性，让学生主动参与语言学习，表达自己的观点，提高学生的交际能力和综合应用英语的能力。

（一）多模态教学模式在英语听说教学中的应用

改变教学模式，运用多模态化教学方法有利于提高学生英语语言习得的效率，听说课程信息资源是开放的，师生课内外的交流是多元交流，不受时间空间限制。网络英语教学模式突破了传统教学的局限性，在听说课堂上学生不再为程度的不同或接受能力的不同而发愁，网络的应用、课程的设计使听说课程实现个性化。

1. 交互式教学模态

交互式教学模态强调通过多种途径获得知识，促进师生之间、学生之间的互动作用，提供给学生更多的参与机会来实践语言。学生在实践中习得语言，实现了以教师为中心的传统教学方法向以学生为中心的现代教学方法转变的目的。该教学模态强调以学生为主体，教师利用交互式教学模态，在课堂上与学生互动，充分发挥学生语言学习的积极性。该教学模态还强调教学是一种多边性活动，而不是单向或双向活动，提倡师生、学生之间的互动，教师发挥主导作用，学生发挥主体作用，强调学生要多训练，实施以学生为中心的主题教学模式。教师要根据语言学的一些基本原理，运用多模态化教学方法，结合自身的教学实践，设计听说教学活动，根据不同的主题，采用不同的教学方法，创造语言输入的环境，使学生积极参与听说活动，在语言的输出过程中，进一步使输入内化，为学习者吸收，让学生在轻松的语言环境中体验用英语交流的喜悦，从而培养学生的英语听说能力。

在交互式教学过程中，教师运用专题讨论、角色扮演、课堂辩论以及话题演讲等教学方式使每个学生充分参与课堂活动，活跃课堂气氛，加强交流，提高口头表达能力。教师在设计课堂活动时，不但要考虑训练学生的记忆能力，还应充分考虑到训练学生的概括能力、理解能力和语言组织能力。课堂上教师通过互动交流来达到培养学生语言应用能力的目的，教师必需把师生的互动交流贯穿于整个的听说教学过程，突出学生的主体地位，调动各教学模态，营造课堂上双向互动交流的机会，充分调动学生的积极性，激发他们的兴趣，促进课堂交流，使学生的视觉与听觉完美结合。此外，教师应学会创造性地使用教科书，通过多种不同的方式使用教科书，根据学生的情况和教材内容增加补充一些课外材料作为授课内容，以丰富语言输入。

2. 网络英语教学模态

网络环境下，听说课程教学对教师提出了更高要求，借助网络、QQ、微信链接等，师生、学生之间课前进行交互活动，最大限度地鼓励学生的学习积极性。做到课前学生自觉按教学计划独立查阅相关信息、分组完成教师布置的项目，教师借助网络给学生予以引导。在多模态的英语听说课堂上，利用网络，创设交际情境，提高学生的学习积极性。教师利用网络英语教学模态，为学生的英语语言操练创造模拟交际情境，以形象生动的方式，尽可能让学生身临其境，进行互动交流，教师应进行各模态间的转换活动，运用不同的教学模态，从而有效地完成英语语言技能的培养，降低学生在英语学习中产生的焦虑情绪，激发他们的学习兴趣，培养他们的合作意识，提高学习的效率。

教师课前通过网络精选与主题贴近的音频资料，如 TED 演讲片段，这样可以极大地激发学生的学习兴趣，在潜移默化的视听活动中学生不仅极大地提高听说能力，同时也能很好地了解英语文化。在网络环境下，以学生为中心，促进学生互动、师生互动、网络与教学互动，做到课前、课上、课后的融合与补充。教师应了解学生感兴趣的话题、内容，把一些紧跟时代节奏的英文视频发布在网上与大家共享。网络英语教学模式不仅为教与学之间的多向互动创造了实践机会，而且为视、听、说三位一体化教学提供了一种理想的教学环境和教学模式，更重要的是学生在课前、课上、课后查找、讨论、运用语言的同时，培养了组织能力、协调能力、创新能力及交际能力。

（二）英语听说教学中的语言输入模态与输出模态

多模态视角下语言输入必需与有意义的交际相结合。在第二语言习得中，有效的输入应与有意义的交际相结合，理解修正输入和修正交际的概念。只有当学习者理解语言的意义，语言输入才更有效。语言的规则性处于相对次要位置，可以随时让位于意义，语言的意义才是核心所在，强调有意义的语言输入的重要性。教师通过设计各种模态的教学活动，让学生将输入的信息进行有意义的交际输出，实现从听觉和视觉输入模态向口头及书面表达等输出模态的转换，这种模态之间的转换以及信息输入与输出之间的循环过程，可帮助学习者习得语言知识，提高口头和笔头表达能力。

多模态视角下的英语听说教学是以多媒体技术为支撑，教师根据"可理解性输入"原则设计并开展听说活动的过程，学生以多模态感知为基础。在听说交际中，交际的一大部分意义是由非语言因素体现的，交际过程是依靠多种感官的交替融合，互为补充，而不是单一依靠某一种感官进行。只有了解了不同感官、符号在多模态听说教学中的互补性，才能更好地调动学生的学习兴趣，促使教学模式的多模态化，达到培养学生听说交际能力的目的。

在多模态英语听说教学中，教师通过网络资源，选择整合与教学主题相关的视听材料，帮助学生输入丰富的素材，解决学生英语口语表达内容贫乏的问题，增强学生对语言的敏感度，进一步内化学生语言知识，达到输入和输出一体化，有效地进行口头输出，该教学模式在培养学生英语听说能力的同时，也提高了学生综合应用英语的能力。

随着现代教育技术的发展和教学改革的不断深入，多模态教学理念已经被越来越多的教育者认可并逐步运用到教学实践中。在英语听说教学中引入多模态教学方式改变了传统的以听觉为主要输入模态的教学模式。通过科学的调动视觉、听觉、触觉等多模态接收渠道，可有效激发学生的多模态认知机制，提高学生对输入信息的处理和内化的能力。实践证明在多模态的教学过程中，听与说得到了有机结合与相互强化，学生的学习积极性大大提高，学习效果显著增强。

第十二章 大学生英语跨文化交际能力研究

第一节 影响跨文化交际能力的因素

跨文化交际的过程是交际者双方双向交流的过程，这种交际活动既有言语的也有非言语的，要实践这种双向交流的成功行为主要与交际者双方下列能力有关：

一、认知能力要素

交际是一个复杂的过程，是交际者对交际目的进行编码，形成信息，再通过一定的渠道或者方式传达到接受者，由接受者解码反馈的过程。交际过程中的各个环节都受到交际双方性别、年龄、受教育程度、文化背景等干扰。跨文化交际的认知能力要求交际者具有能够理解并破译不同言语和非言语编码的能力，具体包括三方面的能力。

1. 掌握目的文化的交际体系

语言是交际的主要手段之一，掌握目的文化的交际体系要求掌握目的文化的语言。这里的语言不只包括语言知识还包括语用知识。语用知识能够帮助交际者得体使用语言，如以对方习惯接受的方式表达赞扬、邀请、拒绝等意图和情感。

2. 文化理解

话语模式和行为模式基于文化，对于目的文化的理解程度决定了交际者对其话语模式与行为模式的理解和接受程度，是移情能力的基础。文化是一个宽泛的概念，其分类形式多样，一般认为文化的重心包含于伦理方面、宗教方面、政治方面和经济方面。理解文化是一个浩大的工程，要求了解其历史、政治、宗教、价值观等方面的知识。

3.认知综合能力

所谓认知的综合能力是整合信息的能力。一个高水平的跨文化交际者能够更深入地了解目的语和目的文化，从而形成一种心理倾向，能够辨别本族文化和其他文化的细微差别。

二、情感能力要素

情感能力是跨文化交际能力的重要组成部分，要求交际者具有跨文化交际意识、尊重其他文化、克服民族中心主义、种族主义等交际障碍的能力。具备良好的移情能力有利于在行为上采取得体的交际策略。情感能力包括三方面内容。

1.适应动机

适应指交际者在跨文化交际语境中适应他者文化系统的交际模式，能够按照对方习惯接受的方式交际。主体适应的速度和程度取决于主体的动机。融入对方文化动机强烈的人，接受对方文化的心理准备充分，行动积极，适应速度较快；反之，动机弱则不利于克服自身文化系统的干扰，适应速度较慢。此外，年龄对于适应也有影响，年轻人比较容易接受新的目标语文化，而年纪大的人接受起来就比较困难。

2.身份弹性

身份弹性是一种基本的社会心理定位，涉及主体对自身、自身文化和目的文化的尊敬，即主体是否愿意改变其建立在原有文化体系中的行为模式和习惯。这种弹性或适应性有利于减少对其他文化的偏见，从而使交际者实现交际目标。

3.审美情绪

审美情绪与 Ruben 提出的移情较为接近。移情是从对方的角度看待问题，而审美情绪更加深入，指交际者在跨文化语境中的交际行为是否符合目的文化的审美习惯。了解对方的审美习惯有利于主体欣赏、理解对方的文化产品，包括美术、音乐、体育等；同时也有利于主体理解日常生活中遇到的对方文化中的笑话、幽默、喜、怒、哀、乐等情绪的表达。

三、行为能力要素

跨文化交际能力指主体能与不同文化背景的个人或者群体进行有效沟通的能力。交际是一种行为，交际能力体现在具体交际行为中，所以跨文化交际的行为能力是跨文化交际能力的最终体现。行为能力的最终形成需要认知能力所获得的知识做支撑，情感能力做铺垫，即通过具体行为表达个人的认知和情感经验。跨文化行为能力包括三方面内容：一是技术能力，包括基本的语言技能、工作技能、学术技能等一切能够获得有用信息、解决不同问题的技能；二是协同一致能力，指交际者能够以得体的举止与当地人和谐相处的能力；三是应对变化的策略能力，指交际者能够克服文化差异，运用合适的交际策略解决问题、实现交际目标的能力。

这些能力有与个人态度、知识、交际、自信和社会关系有关，根据个人态度、知识、交际、自信和社会关系可以做出如下归类：

1. 态度

包括：对于跨文化交际的动机和兴趣；对于不同文化的积极态度，接受差异的能力；现实期待；对于其他文化价值观和行为的尊重；礼貌、友好、交际手段；处理不同想法的开放程度和灵活程度；耐心和容忍度；主动精神、自尊和持久度；处理精神压力的能力，保持动机的能力；社会智能；认知综合能力，即接受对外国人行为的解释的能力。

2. 知识

包括：对于文化差异的常识和注意程度；对于其他国家及其社会组织的知识；对于其他文化的规则、模式和习俗的知识；对于交际和互动规则的知识。

3. 交际

包括：交际能力，良好的语言掌握能力；对于不同言语交际和非言语交际模式的了解和注意能力；辨别并有效使用不同交际风格的能力，对于谈话方式的适应能力；和来自不同文化的人开始并保持有效对话的能力；避免并澄清误解的能力；反问并有效获取信息的能力。

4. 自我展现

包括：为双方建立可以接受的身份的能力；面对困难时保持冷静和自制的能力；接受第三种文化角度的意愿和能力；承认他人需要和愿望的能力；对于文化定势的思考能力；灵活性和适应性。

美国教育学家 B.Bloom 在其《教育目标分类》中把教育目标按照从低到高的次序分为六个层次，这六个层次分别是：知识、理解、应用、分析、综合、评价，对达到每个目标的要求不同：

1. 知识

辨别或记忆具体的事实、一般的概念、原则、术语、事物的分类、过程和倾向等。知识层次是最低的一个层次，考试最低的要求就是看考生对学习过的知识掌握的情况如何。

2. 理解

要求考生用自己的语言来复述、解释、归纳所学的知识。这是一种低层次的理解，没有上升到判断和推理，只是在认识基础上的记忆。

3. 应用

要求考生在不同环境下应用某些抽象的原理和方法。语言测试中这样的题目有很多，例如考生已经学习了某个语法知识，能不能按照要求写出合乎语法的句子，这就是一种应用。

4. 分析

要求考生把某一事实或概念分解为若干个组成部分，然后指出它们之间的内在联系。语言测试应强调应用而不是分析。

5. 综合

要求考生将各个部分组合成为一个整体。如外语测试中的写作测试就属于综合性测试。

6. 评估

要求考生对某篇作品、某种方法、某种结论做出评估。

跨文化交际能力也包括以上所有六个层次，因为跨文化交际能力归根到底就是需要对交际过程中遇到的情况进行综合分析，然后进行交际策略的选择——最后表现在实际行为中的具体应用。由于每种文化中都存在各种不同的文化模式，交际双方的文化意识、文化知识和文化技能都会影响他们的跨文化交际效果。

第二节 大学英语跨文化交际能力的
影响因素及培养

一、跨文化交际能力的影响因素

1. 对词汇文化内涵理解欠缺

任何民族的语言，都是在长期历史过程中形成的，必然浸透了该民族的文化内容。新词汇，就是为了表达一定的文化新内容而增添的，它的变迁，也是因为文化内容的变化。一定语种的词汇，是民族的政治、经济、文化（狭义的）、道德、心理、习俗等等的载体，又是以上种种文化现象的历史。全面、准确、历史地把握它，确非易事。概括说来，学生在词汇方面，常犯的错误有以下几类：

（1）误将英汉词语简单对等。一个词语，表意是很丰富的，应视语境来辨析。特别是，英语的一词多义，远多于汉语。学生所掌握的词汇量本来就有限，在多义的掌握上，不可能太宽，必然影响理解。

（2）未辨词语的感情色彩。有的词语，是带有感情色彩的，所以才有褒义词、贬义词、中性词之分。把词语感情倾向理解错误，固然不对；对没有感情色彩的词，带有感情色彩去理解，也影响表达。

（3）对成语文化内涵理解得不够。成语是历史积淀的结晶，最富有文化内涵。一个成语，或源出某个历史事件，或记载某一名人业绩，或是某类社会现象的高度概括，或是某种民族习俗的记录，总之，它浸透了民族文化的汁液。

（4）对专用词语掌握不足。有些科技用语、学科用语、行业用语、地方用语、少数民族用语等，也具有特定的文化内容。只有掌握了文化背景，才能正确使用这些词语。汉语中的"黑话"就是典型的例子。匪盗们对金钱的表述，如"叶子"（票子），"美子"（美金）等等，理解时，不可望文生义。英语中的例子，如：Watergate一词，原义是指美国华盛顿特区综合大厦，现在，它已成为专用词语——泛指丑闻。

2. 中西方世界观和思维方式存在巨大差异

中国人的思维方式有从大到小的特点，表达时间时按年、月、日钟点为次，写地址时以国、省、市，县、区、街、室为顺序，体现了中国人的整体思维观。而西方的表达方式则恰恰相反，他们持一种"天人分离"的哲学观，认为世界是由相互独立的不同部分组成。截然不同的思维方式导致中英文的话语和文章的篇章结构不同。英、美人士说话或写文章喜欢直线式因果思维，往往一开场，就直点主题，以引起对方或读者的注意和兴趣，然后再举例加以论证，结尾照应开头和概括全文。而中国人说话或写文章常常是先陈述原因、条件、背景，以给对方或读者有个思想准备引起同情或理解，之后再给出论点、重要内容或具体要求。有时英美国家的人听了中国人说话或看了中国人写的文章总觉得是在绕圈子，转弯抹角，重点不突出，条理不清晰，造成交流上的困难。因此，中国学生在学习英语表达时应尽量避免用中文的篇章结构模式去写英语文章，以减少在文化信息交流上的失误。

二、在大学英语教学中培养跨文化交际能力的原则

大学英语教师应当认真地研究和学习本族文化和异国文化，在英语教学中应用各种原则和措施，不断加强文化导入的力度和深度，使学生充分意识到汉语与英语及其所属文化的差异，尽量避免或消除因跨文化而引起的误解与困惑。

1. 实用性原则

实用性原则要求导入的文化内容与学生所学的语言内容密切相关，文化教学紧密结合语言交际实践，不但能使学生对语言与文化关系的认识更具体、更实际，激发学生学习语言和文化的兴趣，产生较好的良性循环。

2. 适度性原则

适度性原则主要指在教学内容、教学方法上的适度。教学内容的适度指要求大学英语教学中导入文化内容时应遵循循序渐进的原则以及应考虑到该文化项目的代表性，重点放在当代主流文化内容的引入；教学方法的适度就是要协调教师指导和学生自学的关系，鼓励学生进行大量的课外阅读和实践，增加文化知识积累。

3. 持久性原则

持久性原则指应持久、系统和循序渐进地导入社会文化知识的学习应结合语言知识的学习，跨文化交际能力的培养也应和听、说、读、写、译等语言技能的培养相结合，而这些技能的培养又以长期系统地培养学生的跨文化交际能力为最终目的。

三、大学英语教学中培养学生跨文化交际能力的策略

1. 加强中西文化差异的比较

中西方文化渊源的不同，造成文化上的诸多差异，如思维方式、家族观念、生活方式、风俗习惯等。因此在教学中，如何把中西文化在称呼、招呼、感谢、谦虚、赞扬、表示关心等方面的差异自然而然的渗入进去？这一点值得每个英语教学工作者重视，跨文化交际知识的丰富与否将直接影响跨文化交际能力的提高。那么，笔者认为在文化差异对比教学时可从以下两个角度去比较。

首先，词汇、习语的文化内涵教学。词汇是语言的一个重要组成部分，是语言信息的基本单位和载体。它反映着文化的发展和变化，同时也直接反映着文化的差异。文化渊源的不同导致东西方价值观念的不同，从 individulism 这一词汇就可以看出，在汉语中是贬义词，在英语中却无丝毫贬义，英国首相丘吉尔曾把个人主义描述为"我们从我们的父母那里得到的只有我们的名字而已，不是财产。我们必需寻找机会，我之特殊不是继承来的，而是我通过拼搏取得的。"又如"Professor Smith, your peaches and palms are all over the world."很显然，这是直接译自汉语的，学生本意是想恭维这位外籍老师，但是，这句话在操英语的本族语者听来一点也没有恭维的意思，因为英语中没有这种隐语，只会觉得很奇怪。

其次，加强语用文化差异的教学。著名语言学家 Thomas 曾经说过："语法错误从表层结构上就可以看出，听话者很容易发现这种错误。这种错误一旦被发现，听话者便会认为说话者缺乏足够的语言知识，因此可以谅解。语用失误却不会像语法错误那样被看待。如果一个能讲一口流利英语的人出现语用失误，他很可能被认为是缺乏礼貌或不友好。"他在交流中的失误会被认为是粗鲁和故意的，很可能会使交际失败。例如：You look nice and younger wearing this dress。这句话可以理解为"you usually look old. It's this new dress that makes you appear younger."这句话涉及西方人视为"禁忌"的妇女年龄问题，并且很有可能得罪听话人，因为，说话者所用的词语不能传递他想表达的意义和所指，以及他说的句子不合规范，表达不出他想表达的言外之意，听话人就可能误解他的意图，使交际出现障碍。掌握两种文化之间语用规则的差异并不是一件容易的事，但却是很必要的。

2. 加强课外学习，增加知识积累

除了正常的课堂英语教学外，教师还应引导学生加强课外练习，如引导学生广泛阅读英美文学作品和英语报纸杂志文学作品所包含的文化信息不但涵盖面广，而且独具特色，是提高跨文化交际能力的好教材。另外，开设英美文化概况，跨文化交际研究等讲座，举办英语角，组织学生和外籍教师进行语言文化交流，或通过影像视听来获取文化信息等，这些对提高跨文化交际能力都是十分有益的。

3. 充分利用现代多媒体技术网络

当今世界，互联网是世界各国文化的交汇点、集合点，又是世界上信息量最大、更新速度最快、覆盖面最广、互动性很强的媒体；广播、电视中的外语节目或其他一些国际性节目也是传播国际文化的重要传媒，而且具有时代性强、生动形象等特点，外语教学就应该充分利用现代各种视听网络媒校的技能学习与将来的继续教育贯通起来。

第三节 跨文化交际教学及大学生跨文化
交际能力的培养

英语作为通用的国际交流语言，在全球一体化的今天，其重要性毋庸赘言。英语交际者应当具备对异国文化的深刻理解力，并具有较强的跨文化交际能力已经成为共识。20 世纪 80 年代以来，培养学生的语言能力还是交际能力已经成为外语教学讨论的一个主要问题。随着对语言和文化关系研究的广泛开展以及交际法的日渐盛行，越来越多的专家和学者开始将注意力从单纯培养学习者的语言能力和交际能力转向培养学习者的跨文化交际能力。培养学生的跨文化交际能力已经成为外语教学的最终目标。然而，我国的外语教学长期受到传统教学和应试教育的影响，大量讲授英语语言知识，从而导致了我国外语教学在培养学生跨文化交际能力方面的欠缺。虽然已经认识到外语教学不仅应该教授语言知识，更要教授语言的社会规则以及语用规则，但是在实际的外语教学过程中，学生的跨文化意识和跨文化交际能力仍然没有得到足够的重视。因此，即使已经接受了几年正式的英语教育，但"高分低能"及"哑巴英语"现象仍然普遍存在，学生仍然不能在实际的跨文化交际中恰当地使用英语。由于文化差异而导致的误解也常常使他们陷入跨文化交际失误的困境。这对英语教学提出了新的要求。老师不仅要培养学生使用语言的能力，而且也要培养学生恰当地使用语言进行跨文化交际的能力。既然外语教学的目的是使学习者能够用所学的外语恰当而有效地进行交际，那么增强他们的跨文化意识以及培养他们的跨文化交际能力就变得非常必要了。

一、跨文化交际与跨文化交际能力

（一）跨文化交际

"跨文化交际"是指本族语者与非本族语者之间的交际，也指任何在语言和文化背景方面有差异的人们之间的交际。它主要指不同文化背景的个人或社团之间相互交往，交流思想、感情等方面的信息。来自不同文化背景的人之间所进行的交际就是跨文化交际，跨文化交际是一个十分广泛的领域，是一门边缘学科。它以众多相关学科的理论研究成果为基础，与它相邻的学科很多，比如：人类学、交际学、文化学、语言学、语用学、符号学等。跨文化交际的形式多样，总的可以概括为两种，即：语言交际和非语言交际。跨文化交际提示不同文化的人们在交际时会发生什么，怎样发生，为什么发生，有什么后果产生，以及为达到有效交际的目的该如何解决和避免交际障碍和文化冲突。

迅猛发展的科学技术、先进的交通和通信手段缩短了不同社会和文化背景间人们的时空距离，但是时空距离的缩短并未消除人们在心理上的距离和隔阂。文化差异的客观存在使来自不同文化乃至异质文化背景的人在进行交流时难免产生困难或困惑，文化误读和文化冲突在所难免。为了避免或减少交际误解和交际失当，必需根据不同的交际对象，建立适当的交际关系，采取有效的交际策略以提高交际质量和效果。

（二）跨文化交际能力

跨文化交际能力指的是跨文化交际环境中的交际能力，即具有不同文化背景的人之间进行交际时具有的跨文化意识，识别文化差异，排除文化干扰，成功地进行交际的能力。它不同于交际能力，更不是简单的语言能力。它包含很多要素，涉及面很广，不同的学者对它有不同的理解、论述和阐释。

20 世纪 70 年代，Hymes 提出了交际能力学说。他认为："语言能力是交际能力的一部分。交际能力由四个部分组成，即'什么时候，什么场合讲什么，以及对谁讲及怎样讲。'"Ruben 认为跨文化交际能力是："具备一种与某一环境中的个体为了实现其性格、目标及期望所应具备的同样的独特活动方式的能力，一种可以达到人的基本要求、满足其性格、实现其目标及期望的相对的能力。"只有根据不同场合、不同文化、不同交际对象及时调整交际方法，才能做到在交际过程中恰当地表现。Bennett 认为，跨文化交际能力包含三层含义：超越民族中心主义思想的能力、善于欣赏其他文化的能力以及能够在一个或者多个文化环境中恰当表现的能力。Fantini 认为跨文化交际能力涉及与人建立和保持关系的能力，交际中尽可能减少缺失和曲解的能力，为了共同的利益和需要进行合作的能力三个方面；跨文化交际能力包括知识、态度、技能、意识四个层面。

Hymes 的交际能力指的是同一文化里不同语境中的交际能力，不能满足跨文化交际环境的要求。Bennett 的论述帮助我们认识跨文化交际能力这一概念，但是它过于抽象，并没有为外语教学提供具体的实践和指导。Fantini 的论述相对具体，对外语教学的参考价值更大。Ruben 的观点比较全面，对外语教学的帮助最大。

跨文化交际能力一般由四个方面组成：（1）语言和非语言行为能力；（2）文化能力；（3）相互交往能力；（4）认知能力。有效的交际能力包括认知能力、情感能力、行为能力、语用能力和情节能力。有效的跨文化交际能力应至少由基本交际系统、情感和关系能力系统、情节能力系统和交际方略能力系统组成。

二、跨文化英语教学的现状和存在的问题

由于受旧的教育思想的影响、落后的教育观念的束缚以及传统教学方式的制约，学生在英语学习上、教师在英语教学上都存在着许多问题。教学上，教师通常以课本学习为主，过分依赖课本知识，脱离语言运用的环境，忽视了对学习者语用能力的培养；重复课型，重复教学内容；过分强调语音、词汇及语法等语言形式的学习和研究；要求学生不断积累词汇和语法知识，忽

视语言形式的交际功能；考试时关注的是学生对语言知识熟记的程度，而不是对语言实际运用的能力。学习上，学生学习方法呆板，缺乏创新性。学生在学习英语时由于受汉语习惯的影响，常常按部就班，由音标到单词，到句子结构分析，到语法，到背诵课文，到听写单词、句子，循规蹈矩，缺乏学习语言的主观能动性。学习和教学往往脱离语境，没有将词、句、语篇及交际联系起来，而是将语言学习孤立了起来；没有真正理解语境与语言单位的关系，语言形式与意义表达及理解的联系。学生记住了成千上万单词、词组，能够头头是道地谈论语法，很流利地朗读、背诵课文，能够很好地应付各种考试，但在实际的英语交际活动中，却用词不准确，或使用语言不得体，缺乏实际的语用能力。最终导致的结果是学生出现"文化错误"，缺乏跨文化交际能力，交际不妥、交际失败和逃避交际。

三、跨文化教学薄弱及大学生跨文化交际能力缺乏的原因

造成目前跨文化教学薄弱及学生跨文化交际能力缺乏的原因综合而言有以下几个。

1. 语言学研究导向偏差

长期以来，语言的结构形式一直是外语教学的重点，人们只重视语言内部的研究而忽视了对语言运用的研究。近年来，对包括语言与文化，语言与跨文化交际，语言与价值观等外部语言学的研究逐渐兴起，但尚处于初级阶段，其深度和广度都有待加深。

2. 跨文化意识教学缺乏

一直以来，我国的外语教学受传统教学思想的影响，重视语言形式，忽视语言运用，没有把教授语言知识与教授文化知识放在同等重要的地位，对学生交际能力的培养和跨文化意识的教学流于形式。

3. 外语教学方式落后

在我国，外语教学中教师是主角，学生是"忠实"的听众，根本没有自主性。外语的教与学都围绕考试转，词汇讲解，语句练习，学生除了机械性地操练外根本没有文化内容可感受。学习外语没有任何乐趣可言。

4. 教材内容陈旧

早先，外语教材一般都由国人自己编写。其内容以国内生活情景为主，缺乏真实语境，又加之强调语法、词汇，学生很难接触到目的语材料，语言和文化人为地被隔离了。近年来，国内许多出版社已经与国外教学机构联合，编写教材甚至联合办学，其教材内容新颖，表达得体。情况虽有所好转，但仍需加倍努力。

四、怎样加强跨文化英语教学及培养大学生的跨文化交际能力

（一）根本目标

外语教学的终极目标是培养更多同时具备语言能力与跨文化交际能力的人才。大学英语教学应充分认识大学英语教学中跨文化交际能力培养的重要性，注重大学生交际能力的培养，提高他们目的语文化和母语文化的修养。在实际教学中，教学模式应多元化，教师必需寓文化教学于语言教学之中，提高学生对西方文化的敏感性和洞察力，培养他们的跨文化交际能力。

（二）主要原则

为了使跨文化英语教学及培养大学生跨文化交际能力更有针对性、目的性、实用性以及公平性，实际操作中应遵循以下的原则。

1. 平等原则

所有的文化都是平等的。每个民族都有自己的文化，不管这个民族如何、是大是小、是强是弱，都各具特点，绝无优劣好坏之分。在进行跨文化教学时，特别是在对两种文化进行对比时，绝对不能褒此贬彼。

2. 同步原则

同步原则指的是在培养学生跨文化交际能力时应与课本保持一致。中英两种文化的差异体现在很多方面，不可能在短时间内完全传授给学生。一般而言，学生对英语文化了解得越多越好、越广越好、越深越好，但在进行跨文化教学时，一定要考虑学生的兴趣、讲授的时机。只有当课本内容包含或涉及两种文化某方面的差异时才能有针对性地进行讲解，不可扯得太远，否则，反而会适得其反。

3. 交际原则

语言最大的特点是他的它的交际功能。语言是人们用来交际的工具，在培养学生跨文化交际能力时，应该充分注重语言的基本特点，注意不同民族在交际中各自不同的习惯和方式。

4. 兴趣原则

兴趣是最好的老师，也是学生获取知识的最大动力。老师在激发学生语言知识兴趣的同时，还必需引导学生对英语文化产生兴趣。老师必需认真设计、创设语境，让学生在课堂内外都能感受到英语语言的魅力，从而产生并保持对它的兴趣，在语境中得到锻炼、实践，提高交际能力。

（三）具体措施

1. 教学大纲及课程设置方面

外语教学大纲应对整个教学起指导性的作用，然而至今还没有任何外语教学大纲给予跨文化交际能力足够的重视。教育部 1999 年发布的《大学英语教学大纲》和 2004 年 1 月颁发的《大学英语课程教学要求（试行）》，提到了语言知识、文化素养和交际能力，却没有强调学生跨文化交际能力的培养。解决这一问题的有效途径就是对文化教学进行研究，开发制定一个文化教学大纲，并在此基础上，将语言教学大纲与文化教学大纲进行整合，形成一套跨文化英语教学大纲。

课程设置方面，大多数高校只开设精读、泛读、听力等语言知识课程，而与跨文化交际能力相关的课程诸如"文化概况""交际学"和"跨文化交际学"等基本不开设。各校应根据学生的实际合理增设与跨文化交际相关的选修课程，介绍英美文化的概况、成因以及发展方向，培养学生跨文化交际的能力。

2. 教师方面

首先，教师应提高自身文化素养。教师本人应对文化具有较强的洞察力、理解力和贯通的能力。教学上，教师在重视语言形式正确性的同时，应多教授目的语所包含的文化知识，以增强学生对文化差异的识别能力。作为语言教育者，面对快速发展的世界，教师必需与时俱进，及时补充和更新知识，接受专业培训，学习英语文化课程，深入细致地了解英语国家的历史、文化、传统、风俗习惯、生活方式；同时，还应更新教学观念，处理好语言教学和文化教学的关系。在教学过程中，以实现跨文化交际为目的，以培养学生跨文化交际能力为要求，教授语言和文化并重。其次，聘请外籍教师。外教在跨文化教学与学生跨文化交际能力培养上有着中国教师无法比拟的优势。社会文化知识所涉及的点多面广，很多东西中国教师没有也无法接触，因而没办法传授给学生。外教此时就是最好的补充。他们在目的语文化和中国文化的环境中都体验过，对跨文化交际有最直接的体会、最敏感的触觉，可以根据自己的亲身经历进行跨文化教学，激发学生的兴趣，培养学生跨文化交际的能力。

3. 学生方面

学生应充分发挥主观能动性，利用一切机会，积极主动地学习跨文化知识，培养跨文化交际能力。不可一味依赖于老师和课堂，而应多动脑筋，多想办法，多与老师，特别是外教交流；多参与英语第二课堂和社会实践，如，参加英语角、从事外事导游等；多利用现代高科技手段，如，互联网、多媒体、影视音像等直观感受和体验外国文化。

4. 教学方法和手段方面

一直以来，英语教学侧重点都放在了语言知识的传授上，而忽略了跨文化交际能力的培养。为了改变这种情况，我们必需改进教学方法，在质和量两个方面对文化教学加以控制。此外，应充分利用现代化的教学手段来调动学生的学习积极性，引导学生广泛接触西方文化材料。如，利用多媒体、幻灯片、音像等，使教学更加生动形象；或是利用因特网，从中获得更多的文化信息；设计多媒体课件，向学生展示英美国家的文化，做好跨文化方面的对比教学。也可以举办一些专题讲座，以满足学生的求知欲望，培养出具有较高跨文化交际能力的人才。举办英语角、开展英语协会活动也是很好的方式。

跨文化交际能力的培养已经引起了外语教学界的广泛重视。外语教学不再是单纯的语言教学，而是应和文化教学相结合，注重培养学生的跨文化交际能力。我国的英语教育正处于大刀阔斧的改革阶段，正在和国际接轨。英语教学应该转向英语教育，即不仅培养人才的外语素质，而且培养其跨文化交际的能力，进而提高综合素质，使学生能使用外语成功地进行跨文化交际。尽管人们现在已经开始进行跨文化交际的研究，但实践上还处于萌芽阶段，我们现在明确了应该进行跨文化交际能力的培养，但路漫漫其修远兮，广大外语界同仁仍需进一步探讨，共同努力。

第十三章 大学英语教学改革与大学生交际能力的培养

第一节 大学生英语交际能力培养探究

随着交通、通讯技术的快速发展，世界经济一体化的步伐不断加快，世界的联系更加紧密，交往日益频繁。世界的人们要想更好地交流，真正融入这个日新月异的地球村，就必需提高各自的外语水平。这就给外语教学提出新的挑战，它要求我们不仅要注重语法、词汇、句型、阅读等语言能力的培养，同时，要求我们能培养出具有较高的口语能力和写作能力，能直接和外国人交流、能用外语完成采访、谈判等任务的人才。在这样的历史背景下，外语教学注重学生交际能力的培养就势在必行。同时，高等院校培养的是应用型人才，他们学英语的目的就是毕业后能马上运用英语。因此，在大学英语教学中，发展学生的语言能力与培养学生交际能力就显得十分迫切和重要。

一、英语交际能力的实质

语言是知识信息的载体，是思想的外壳，是人们用于传情达意的工具。不管哪种语言，交际性是其最大特点，因而在大学英语教学中，以培养交际能力为其终极目标。交际能力是外语教学中最基本的要求，对于英语教学来说，教学的本质就是交际。老师和学生之间的课堂活动是相互发展的。只有老师对学生的悉心教学指导，学生的学习水平才能得到提升。只有学生的积极主动学习，老师的教学理念才能得以发挥。这种交流在教学的平台上得到展示，关键就是教学的目的就是交际。交际就是外语教学的目标和方式，也是外语教学发展的关键核心。

二、大学英语交际能力培养过程中存在的问题

（一）教师的因素

长期以来，大学英语在教学观念、方式和内容上依然较多地偏重理解，偏重语言知识的积累和传授，强调句型的讲解和练习，忽略了具体的应用语境，忽略了具体的应用语境中培养学生英语的思维习惯和口头表达能力的问题。最近职教教材虽然含口语部分，由于总课时的有限性，教师在教学中多以讲授知识点为主，将口语教学放在非常不重要的地位，导致学生口语练习的机会甚少。不仅如此，即使在口语教学部分，缺乏教师对学生口语系统的纠正和训练。蹩脚的语言不仅影响交流效果，而且不利于培养学生用英语交流的自信心，更不利于提高口语能力。与此同时，大多数英语教师在英语教学中忽视交际文化的传授，较少涉及与交际相关的交际文化知识，这也不利于口语表达能力的提高。

（二）"自卑心理"的影响

大学生进入大学学习一般都已经成年了，在思维上已经固定了汉语模式来思考，这就会出现不少汉语英语的口语，同时又处于非常敏感的青春期内，他们不敢也不愿当众说英语，生怕说错了当众出丑，被老师和同学笑话，学会的句子一旦到真实场景，一紧张就说不出来了。大学生在进行口语交流时流露出的紧张就是由这种畏惧心理造成的，这种心理妨碍了学生的一贯思维逻辑的展现。由于学生课下口的口语练习次数比较少，这就产生了畏惧心理的原因，在进行口语交流时缺乏一种操控感，同时又要不停地考虑口语单词和句型的正确性，畏难心理妨碍了口语练习的正常开展。

三、大学生英语交际能力的培养措施

（一）发展交际能力应具备的相关能力

学外语首先要具备语言能力。从语言学的角度看，语言能力是指语音、语法、词汇的知识和语法规则以及运用这些知识和规则的能力，理解和造出正确句子的能力。其次要具备交际能力，即人们使用语言进行交往的能力。作为外语教学培养的交际能力，它应该是指：在真实的情景中运用外语进行听、说、读、写、交流信息和思想感情的能力。美国社会语言学家海姆斯指出：语言能力只是交际能力的一个组成部分，说一个人获得了交际能力，那就是说他不但获得了关于语言规则的知识，而且还具有社交中使用语言的能

力。可见语言的交际性是语言的最本质的功能。外语教学中应抓住发展学生语言能力，培养交际能力这一教学重点去施教。要使学生具备这两种能力。

（二）发展交际能力应遵循的教学原则

在当前的大学外语教学中，我们应辩证地看待语言能力和交际能力的关系。在语言交际过程中培养语言交际能力，既要加强语言基本功的训练，又要注重语言使用能力的培养。为了使这两种能力同步发展，在教学上需要遵循以下几个原则：（1）实用性原则。实用性原则要求所涉及的交际内容与学生的生活密切相关，同时，要考虑到学生毕业后所从事的职业性质因素，尽可能根据现有的教材，增编一些与专业相关的内容，这样可以激发学生的学习兴趣，产生良性循环。（2）循序渐进原则。循序渐进原则是要根据学生的语言水平、接受能力和领悟能力，在教学中贯彻由浅入深、由简单到复杂的原则，使学生学一点，掌握一点，用一点，教学需要考虑多方面的因素防止急于求成。

（三）发展交际能力应采用的教学方法

1. 交际教学法

交际教学法并不是一种单一的、固定的教学模式，它的核心内容是用语言去学和学会用语言，而不是单纯的学语言，更不是学习关于语言的知识。其教学的最终目的，是让学生获得足够的交际能力。在课堂学习中，学生在多数情况下，处于某种交流、交往、交际的场景中，通过听、说、读、写等具体的行为去获得知识和交际能力。

2. 互动法

所谓互动法就是指语言交际中的一种特殊形式。它涉及双向交际、意义协商和交际调整。双向交际就是指交际双方共同参与表达的语言交流。意义协商就是为了克服交际中出现的困难而对交际话语做出的调整。双向交际更多、更广泛地涉及意义协商，而意义协商可以促进语言输入的可理解性。

大学生应该积极主动提升自己的使用英语进行人际交流的能力，学生应该对自己有信心，另一方面还要还应该坚持不懈，认真完成老师安排的口语任务。学生是英语教学中接受知识的人，同时也要让学生感到英语的氛围和气息，关爱每一个学生，让每个学生都快乐并下意识地说英语。不同高校学生的英语知识基础不一样，当我们在使用英语进行人际交流的时候，会遇到各种困难，遇到困难不要放弃，同时也要多向英语口语好的同学学习，汲取他们提升交际能力的方法，只能这样才能更稳定的进步，更快地提升英语交际能力。

第二节 交际教学法对大学生英语交际
能力的培养研究

英语作为全世界商务通用语言，随着中国经济的不断发展越来越受到社会各界的重视与关注；同时英语作为一种语言工具，其作用主要是实现在各种交际场合中与来自不同背景的人顺畅交流并获取信息。针对英语的这一作用，在大学英语教育中也应该要迎合社会和市场的需要，对传统的教学方式进行改革，并采用合适的教学方法来实现提高大学生的英语交际能力。当然，传统的英语教学法也在一定程度上提高了学生的英语水平，但其课堂有效性低，且往往在传统英语教学法下培养出来的学生运用英语进行人际交流的能力非常弱，已经不能适应市场对于人才的需求。而 20 世纪 80 年在欧洲兴起的交际教学法能够很好地弥补这一缺漏，使得其近年来在国内也越来越多的得以利用。简单来说，交际教学法就是教师利用各种方法和媒介，使学生们在课堂上积极交流，同时在实践中完成自己的学习任务，总结自己的学习心得，锻炼自己的思维方式，从而提高自己的英语交际能力，让学生从被动学习转变为主动学习。

一、英语交际教学法简介与剖析

教学法是对英语教学的一个大的概述，它指的是为达到设置的教学目标所施行的一切方法。但值得注意的是，虽然没有特定的教学方法，但教师在制定教学方法时也应当注意一个原则，即手段有效性。在英语交际教学法最开始在欧洲发展的时候，教学的注重点在教学纲领上和学生教材的编写上，并没有对教学法引起重视，直到几十年后的现在，教学法才开始逐渐成为英语交际教学法的核心。一位教师对交际教学法进行了归纳，他认为"所有的教学活动都应该围绕交际二字来展开，注重真实语境的交际过程，而不是一味的对学生错误进行更正。"在笔者看来，英语交际教学法应该包括以下一个特点：

（1）一定程度上弱化学生对于语法正确性的关注，将其注意力引导到表达自己，顺利实现交际目的上来。

（2）在教学活动中，尽量让学生在真实的语境中去体验语言，去锻炼自己的英语交际能力。

（3）弱化学生对词法、句法和语言结构的关注，注重自身表达的流畅性和表达意思的准确性。

（4）让学生在交际环境中通过自身实践去领悟如何使用语言。

笔者认为，在使用英语交际教学法的过程中，最重要的一点就是不要一味地去更正学生所犯的错误，而是将注意力集中到学生表达的流畅性和意思准确性上来，只有这样，学生的英语交际能力才会得到有效提升。当然，这也是交际教学法与传统教学法的区别所在，传统的英语教学法比较死板，更偏向于学术，注重对学生词法和句法的教学，使得学生在交流的过程中过度关注自身语言的语言和结构，造成表达不流利，也会让学生担心犯错或者说错了被嘲笑而在说英语时猎手猎脚。而交际教学法关注的是交流者之间的信息传递，对于语法是否完全正确使用并没有过于严格的要求，减轻了学生的心理压力，让学生更加流畅的表达自己。

当然，不对语法问题进行纠正并不是对学生犯错误的不管不顾，英语作为一门语言，其运用非常复杂，而我们作为第二语言习得者，在学习的过程中不可能不犯错，交际教学法强调的不是对学生错误的忽视，而是让学生在说英语的过程中自己的去领会英语的表达，在错误中领会正确的表达方式，从而从根本上提升自己的英语交际能力。有学者提出了"中介语"理论，即第二语言习得者对第二语言的运用既不同于外语第一语言习得者也不同于自身母语，而是一种介于母语和第二语言之间的一个状态。实质上，每个第二语言习得者在学习的过程中都会经历这样一种状态，用母语的思维来进行外语的表达。但这只是外语学习中的一个过程，交际教学法提倡的就是给学生制造更多锻炼语言表达的机会，让学生敢于说，犯错了很正常，重要的是在不断犯错的过程中积累经验和领悟争取的表达方式，从而使自身使用第二语言进行交际活动的能力不断提高。

中国进行英语教育几十年的经验显示，对于外语的掌握是一个长期的过程，一个外语学习者要想拥有很出色的外语语言运用能力，必需在该外语的语言环境中生活很长时间，才有可能达到掌握的效果。并且，就算是在该语言环境下生活相当长的一段时间也基本不可能实现与外语为母语的人的语言运用能力。所以，从这个层面上来看，学生在表达过程中，其错误是无论如何不能完全根绝的。交际教学法表面上来看好像是提倡不纠正学生的错误，但其实是对学生的错误进行准确的分析，对问题的大小进行划分，对于小问题可以忽略，但对于影响表达意思等大的问题一定不会放过。学生一犯错就进行纠正只会让学生对于英语学习产生更加消极的态度，使实际结果与教师初衷背道而驰。所以，现在很多教师都在这一点上达成了共识，在学生的日常表达中，不对学生犯的无伤大雅的错误进行纠正能够对学生的英语学习产生积极影响，从而在运用英语交流的过程中更加自信。在运用交际教学法进行英语教学的时候，教师也应当注意在设置课堂活动的时候多给学生自由发挥的空间，让学生能够在情景下进行真实的语言交际，让学生自由的选择想要表达什么以及采用何种表达方法。在这样一种长期的锻炼下，让学生的英语交际能力得到有效提升。当然，由于学校不同、班级不同，学生的英语整体水平和整体班级风格都存在着较大的差异，教师应当根据班级学生的基本情况制定出适合的、灵活的教学手段，因材施教，使学生得到最大的提高。

二、英语交际教学法在大学英语教学中的应用

同一种教学方法在不用的教学环境里所收获的结果是不一样的，也就是说，教学环境在一定程度上会影响教学方法的效果。因此，了解我国的教学环境，并根据其特点来对交际教学法进行一系列的改变和优化，从而产生出自己适合我国国情的特色交际教学法就显得十分重要。同时，对于我国教学环境中的不利因素，教师和学校领导们也必需做出积极的整改，才能有效促进教学效果的提高。从我国目前的状况来看，教学方法改革的道路十分艰难。其原因主要有以下几个方面：

（一）教师考评制度与教学成果关联度不高

教师在这样一个环境中要想改革自身的教学方法面临着非常大的挑战。很多学校对于教师教学成果的考核非常的不合理，使得教师在教学上丧失积极性。如让学生来对教师学期教学成果打分，来确定教师的奖惩。这是一个非常不科学的办法，首先，这个办法与教师的受喜爱程度息息相关，对于那些平时上课相对严厉的教师来说，其得分往往较低，不利于教师以后的积极教学。其次，教师对于教学活动的采纳也与学生性格与目标有很大关系，例如，教师本来出于好意想巩固好学生的英语基础，对于一些急于求成的学生来说，这没有达成他们的要求，从而造成对教师不公平的评价。这些因素会大大地降低教师对于教学的积极性，因此，在采用交际教学法的同时，学校也必需好好反省，综合各方面改善以上情况。

（二）教学目标定位错误

很多学校领导用大学四六级过级率来衡量大学生英语整体水平情况，导

致学生认为四六级就是大学英语的主要任务,其教学目标也围绕提升四六级过级率来展开。这是一种畸形的应试教育,表面上看它的确提高了学生的过级率,但实际上对于学生英语交际运用能力是一个大大的打压作用。在引入交际教学法的同时,学校应该扭转这个观念,才有可能使交际教学法达到其所期望的效果。

所以,从上面几个方面就可以看出,要想实现交际教学法的理想效果,学校还得在以上方面多做努力,同时,从以上问题中,我们也可以对教学方法的改革有以下几点启示:第一,减少四六级对大学英语教学的影响,笔者建议,将四六级考试和大学英语教学完全分离开来,使学生能够回到英语教学的本质上来,踏实的提高自身的英语交际能力。第二,对大学生英语能力的评价系统进行改革,注重对学生学习过程的评估,并将之与最终评估结果相结合,从而真实地反应学生的英语能力情况。第三,改革课堂教学设置,去掉应试教育的模块,培养学生在真实语境中无障碍表达自己的能力,教师作为引导者,学生作为主体,从而实现课堂有效性的提高。

交际教学法的引用对于提高学生英语交际能力是一个很好的尝试,但应试教育已经在我国根深蒂固了几千年,一朝一夕之内得以改变是不现实的,要想实现整个教学环境的综合整改和教学观念的转变还需要社会各界和学校领导以及教师们长期持久不懈的努力。

第三节 大学英语教学改革与跨文化交际能力培养策略

一、大学英语教学改革的具体内容和目标

(一)大学英语教学现状分析

由于长期受应试制度的影响,我国大学英语教学主要还是以语言知识教学为重点,尽管大部分高等院校在日常教学中也进行了五项基本技能(即听、说、读、写、译)的基本训练,但也是围绕考试进行的专项训练,与实际场合进行的交际关系不大,对于跨文化交际能力培养方面的教学内容更是微乎其微。学生日常学习也是以应付考试为目的,以大学英语四、六级考试高分为目标,对于跨文化交际能力更是无暇顾及。因此,教师对跨文化交际能力培养缺乏重视。学生跨文化交际能力薄弱是目前大学英语教学中的主要问题。

（二）大学英语教学改革的具体内容

针对目前我国大学英语教学中存在的问题，大学英语教学必需采取有效的改革措施。

第一，英语教师必需注重自身跨文化交际知识的储备。英语教师作为英语课堂的主导者，必需储备足够的英汉两种语言的文化知识，并能针对两者的主要差异进行对比研究，在给学生讲授文化差异的过程中，提高学生对目的语文化的敏感性。

第二，英语教师必需明确语言能力与交际能力的关系。"交际能力大致包括两个方面的能力：语言能力和社交能力。语言是交际的一个主要途径，但并非唯一的途径。语言以外的交际手段包括手势、动作、姿态、表情、是否触摸、讲话人之间的距离等等"。在教学过程中既要注重语言知识的传授，又要强化五项基本技能的训练，同时还必需注重培养学生的实际运用语言进行交际的能力，即社交能力。跨文化交际能力既包括言语行为的语法正确性，又包括言语行为的社交得体性。因此，英语教师在教学过程中，在保证学生掌握正确的语言知识的前提下，借助多种教学手段，努力培养学生的跨文化交际能力。

第三，跨文化知识必需引入课堂教学。语言不是孤立存在的，它深深扎根于民族文化之中，并反映该民族的信仰和感情。语言既是文化的一部分，又是文化的载体，语言反应并体现文化的特点。因此，广大英语教师在日常教学中要借助英文原版教材、电影、电视、多媒体等多种手段，把西方文化知识引入课堂，使学生了解目的语国家的文化习俗、生活方式、思维方式、宗教礼仪、非语言交际等文化背景知识，使学生真正懂得在不同的场合使用不同的语言，减少跨文化交际失误，提高跨文化交际能力。

第四，学生必需明确语言是用来交际的。在英语学习过程中，掌握准确的语言知识是学好语言的前提，这并非学习语言的目的。语言是用来交际的，这是语言的本质所在。那么怎样与来自目的语国家的人进行有效的交际、减少失误正是学习目的语的关键所在。因此，学生在学习英语的过程中，要利用一切有利条件（英文原版电影、英文电视节目、英文原版读物以及广大的外籍教师等资源），了解目的语国家的文化，努力减少跨文化的交际失误，从而提高自身的跨文化交际能力。

（三）大学英语教学改革的目标

外语教学的任务是培养在具有不同文化背景的人们之间进行交际的人才。现在，外语教学不仅仅是语言教学，而且包括文化教学，这一点已逐渐成为人们的共识。1990 年出版的《美国外语教学协会关于外语能力的暂行规定》已经列入交际能力的内容。交际能力包括五个方面，即四种语言运用能力（听、说、读、写）和文化素养（社会文化能力）。

2004 年颁布的《大学英语课程教学要求（试行）》明确指出："大学英语教学是以英语语言知识与应用技能、学习策略和跨文化交际为主要内容，以外语教学理论为指导，并集多种教学模式和教学手段为一体的教学体系。大学英语的教学目标是培养学生英语综合应用能力，特别是听说能力，使他们在今后工作和社会交往中能用英语有效地进行口头和书面的信息交流。"从这一要求我们可以看出，跨文化交际已经被列为大学英语教学的主要内容，而要求中提到的"英语综合应用能力，特别是听说能力"也就是我们所强调的跨文化交际能力。因此，我们可以说，有效实施跨文化交际能力培养策略，提高学生跨文化交际能力，是贯彻和落实《大学英语课程教学要求（试行）》的必要前提和重要途径，也是大学英语教学改革的目标。

二、跨文化交际能力培养策略的内涵

跨文化交际能力培养策略的内涵在大学英语教学中体现在以下几个方面：

1. 在非英语专业的课程设置

除了大学英语课程和大学英语听说课程作为必修课程之外，还应增设英美概况（包括历史、地理、政治经济和文化背景）、语言学、社会语言学、教育学、心理学、文学等课程作为选修课程，同时选一些与这些课程相关的材料供学生阅读，或者请专家学者做些这些方面的专题讲座。

2. 在教学中使用一定比例的国外出版的外语教材，在自编教材中多用一些"真实材料"

有些英美出版的质量较好的课本采用了大量涉及英美文化背景、风俗习惯的材料，有些着重解释文化上的差异。所谓"真实材料"是指从实际交际活动（口头和书面）中选取的材料，而并非编教材的人自己撰写。"真实材料"的好处在于其中许多部分涉及场合、身份、相互关系等社会因素。

3. 引导学生在读文学作品，报纸时留心和积累文化背景、社会习俗、社会关系等方面的材料

对于绝大多数学生来说，了解英美社会主要靠间接地阅读有关的材料。文学作品是了解一个民族的脾性、心理状态、文化特点、风俗习惯、社会关系等方面的最生动、最丰富的材料。阅读报纸是了解当前社会发展各阶层现状、各集团的动态、各种社会问题、社会关系等最直接的途径。

4. 在课堂教学过程中，教师必需不仅注意语言形式的正确，同时必需重

视语言运用得是否恰当

外语教师要具备双重文化的理解能力。这里所说的双重理解能力，是指对目的语文化和本民族语文化的理解能力。在教学过程中，教师应对词语的文化背景知识进行必要的解释，并同本民族语进行适当的比较，以便学生了解两种文化现象的异同点。课堂教学的重要方式之一是让学生编对话，设想自己是什么人，谈什么事。这就涉及角色的身份。要引导学生注意自己的角色，对于语言形式正确而不符合角色身份或场合的话必需及时指出来，使学生逐步获得文化差异的敏感，培养跨文化意识。

5. 充分利用图片、幻灯片、电影、电视等直观教具

电影是了解西方社会文化的一种有效手段。有些是专门介绍社会情况的纪录片十分有用。好的故事片也可以提供丰富有用的材料。由于电视节目提供的场合多，语言材料自然也就富有变化。同时，电视、电影还是观察、研究姿态、表情、动作等语言以外的交际手段的十分有用的材料。

6. 充分利用外籍教师，学外语，和讲这种语言的本族人接触十分重要

在一定意义上，这种接触是别的方式所无法取代的。仅仅让学生在课堂上讲课还不够，在日常的接触中往往能学到许多生动的、课堂上学不到的东西。例如，在什么场合下讲什么话，作何种反应，在课下都能观察到。

7. 开展汉英语言、文化比较研究，将研究成果运用于教学

在外语教学中我们需要重视文化上的差异，了解并研究这种差异，并将研究成果有效地应用于教学实践。

三、实施跨文化交际能力培养策略，实现大学英语教学改革目标

在大学英语教学过程中，实施跨文化交际能力培养策略，实现大学英语教学改革目标具体体现在培养学生以下几个方面的技能：

1. 能够识别所学文化特有的言语和非言语行为，并能解释它们的功能

这意味着学生必需能透过表层文化的"奇怪行为"看到其实质。如"You have a nice skirt."或"I like your beautiful dress."等赞扬之语的功能是表示友好或引起谈话。又如"I love you."广泛应用于朋友和家庭成员之间。

2. 熟悉人们在各种紧急情况以及日常生活情景中习惯的言语和行为方式

这意味着学生必需能针对某一特定的情景，预言一种或几种可能的言语和非言语行为。通晓各种礼仪并对特定情景做出正确判断。

3. "了解不同社会背景的人的言语特征，并能运用适当的言语表达不同的人际关系

性别、年龄、阶层以及受教育层次等都会不同程度地反映到语言使用上"。

这就要求了解最明显的语言特征。在交际中应知道对不同的人必需说不同的话，这包括正确选择谈话的内容和语体。

　　总之，跨文化交际能力培养策略是实现大学英语教学改革目标的重要手段，培养学生跨文化交际能力又是大学英语教学改革的具体目标。因此，在大学英语教学过程中要认真贯彻和落实跨文化交际能力培养策略，切实提高学生的跨文化交际能力。

第十四章 多模态交互教学模式下大学英语跨文化交际能力的培养

第一节 多模态话语理论在大学英语跨文化教学中的应用

随着信息技术的飞速发展，世界经济一体化、文化多元化日趋明显，国际贸易日趋频繁。英语作为国际通用语言，在国际交流与协作中发挥着越来越重要的作用。世界各国有着不同的文化价值、宗教观念和风俗习惯等，英语学习者不仅仅要学习语言本身而且还要学习语言文化，以便在跨文化交际中准确无误地的使用语言。为此，大学英语教学应是以培养学生的跨文化交际能力为目标的跨文化教学，跨文化交际能力的培养只有通过跨文化教学才能得以实现。因此，大学英语教学在教授语言知识技能的同时要注重以思想和文化交流为主的跨文化教学，以此来提高学生跨文化交际的能力。

一、跨文化教学存在的不足之处

《大学英语》作为大学课程中的一门公共必修课，主要目的是提高大学生的英语交际能力，为大学生的成长、发展奠定良好基础。然而，我国大学英语跨文化教学实际却是长期延袭传统的以语言知识体系为中心的教学模式，注重传授语言知识，培养语言能力，没有给予文化教学、文化学习以足够的重视，严重影响了学生跨文化交际能力的培养，致使学了多年英语的学生不能用英语进行简单交流，更谈不上进行跨文化交际。

（一）教学观念陈旧，以语言知识教学为主

大学英语教师对跨文化教学的认识不到位，教学观念没有得到彻底更新，这对跨文化教学模式的构建和实施带来极大影响。在实际教学过程中，英语教师仍然将语言知识作为教学的重点，涉及英语文化和语言背景却一带而过，导致跨文化教学的内容没有得到应有的重视。大学英语教师缺乏培养学生的英语文化学习意识，使大学生忽略英语文化的重要性，只会死记硬背知识点，不能融会贯通，导致大学生的跨文化交际能力得不到有效提高。

（二）教学模式单一，以应试学习为主

英语四、六级合格率是许多院校评价英语教师教学的主要标准之一。许多院校明文规定，学生四级成绩与学位证书挂钩，即四级考试成绩达不到标准，学生将无法获得学位证书。在这一情况下，教师教学以训练学生四、六级应试能力为主，教学生取得高分的技巧，忽视英语的实际应用；大学生学习英语的目标明确，即努力通过大学英语四、六级考试，获得合格证书，为将来的就业增加砝码；教师有意识地删除"不重要"的教学环节，如文化教学环节；学生学习英语的方法是死记硬背与考试相关的内容，进行题海战术，一切以获得证书为学习英语的目的，失去了学习的乐趣，为学习而学习。

（三）教学评价单一，以笔试考核为主

在大学英语的实际教学过程中，教学效果评价主要以笔试为主。笔试主要考核的是读写能力，而无法考核口语能力。在这单一教学评价指挥棒的作用下，学生只注重读写能力，弱化听说能力。笔试考卷成绩达到优秀的同学有时不能准确地读一个简单单词，说一句地道的英语，"哑巴英语"比比皆是。在"填鸭式"的传统课堂教学课堂上，以教师为中心的词汇记忆、难句讲解、语法翻译现象普遍，学生缺乏使用英语交流的机会，学习的主动性和积极性无法被调动，只是机械地记忆老师所讲授的内容以应对考试。口语交际能力的考核，有利于激发学生自主学习的积极性，提高学生的跨文化交际能力。

二、多模态语境下的跨文化教学的必要性

大学生是祖国未来建设的接班人，掌握一定的跨文化交际知识是工作和生活的前提。语言是文化必不可少的载体，学习英语语言就必需了解西方文化相关的知识和理念。营造跨文化的语言学习环境，有助于学生转变长期形成的自身民族思维方式和认知模式带来的思维定势的影响，在多元文化交流和沟通中进行无意识的文化移情和文化认同。在跨文化教学中，使用多种符号模态刺激，比单一的语言讲解更深入，更能激发学习者学习的兴趣，增强学习的主动性，加强学习者的理解记忆，提高学习效率。多模态语境下的跨文化教学，对培养学生的多元文化意识和交际能力至关重要，为大学生英语学习及未来职业发展奠定良好的基础。

三、多模态话语理论下大学英语跨文化教学模式构建

（一）多模态话语理论

多模态话语分析理论产生于20世纪90年代的西方，是多模态在语言学研究领域中的应用。多模态话语指运用多种感官，采用声音、语言、图像、动作、表情等多种手段和符号模态来进行交际的话语。多种符号模态的结合使用和丰富的信息输入方法调动起学习者的多种感官参与学习，刺激学习者多方面联想，强化学习者对教学内容的记忆，从而增强知识的记忆效果。

（二）多模态文化语境的构建

大学英语教学主要包括听、说、读、写、译等方面的内容。这些教学内容受到文化语境和情景语境的制约。因此，利用多样化的媒体技术和多模态的感知渠道模拟真实语境是构建多模态话语理论下大学英语跨文化教学模式的关键。

多模态课堂环境中教师的主要角色是策划、设计、组织实施、教学反思、教学改进。教师应在分析学习者的学习需求、学习目标、现有知识、学习环境的基础上策划设计教学内容和教学环节，综合运用多种教学方法，即多模态优化输入法；解决教学重点、难点，完成教学目标，达到教学目的。学生的主要角色是认知、理解、记忆、消化、应用。通过预习明确的学习目标、学习内容，完成课前自主学习；课堂上积极参与教师设计的多模态课堂教学环节，在真实语境中进一步理解基本知识、训练基本技能。难点和重点在一步步的学习中逐步被解决，被内化吸收，并能被熟练应用。学生在思考、讨论、解决问题的过程中学习和掌握新知识，在师生互动交流的过程中巩固新知识。

（三）跨文化教学设计中的多模态应用

跨文化交际能力的具体构成要素为知识、能力、态度、素养四部分。跨文化交际能力各个组成部分之间是相互关联、相互渗透、相辅相成。在跨文化交际教学中设计中，知识目标、能力目标、情感目标的实现方式均应用了多模态理论。教学目标呈现运用ＰＰＴ，主要模态为语言、手势、面部表情，有助于学生准确理解教学目标。教学导入欣赏英文视频歌曲，讨论两个相关问题，主要模态为声音、图像、语言、表情，有利于激发学生学习课文的兴趣。背景文化知识介绍运用视频，清晰呈现美国奴隶制时间轴，及"地下铁路"组织在解放黑人奴隶制运动在中目的意义，主要模态为声音、语言、图

像，有利于理解课文内容。课文学习运用ＰＰＴ，辅助任务教学法，分解任务、讨论答疑、陈述见解，主要模态为声音、文字、语言、颜色、图像、动作、表情。有助于提高学生听、说、读、写各项能力。小结复习采用讲练结合、问答练习、背诵复述、总结概括，主要模态为声音、语言、图像、动作、表情，学生在一系列教学活动中巩固了新知识，新技能。总之，这一教学设计强调了学生在"做"中学，学生了解了文化背景，掌握了新知识，训练了语言交际能力和非语言交际能力，训练了交际策略。

（四）跨文化教学中多模态话语理论的应用要求

1. 多模态话语理论要求教师转变观念，更新角色

教师由传统教学中的主导者、知识的传授者转变为教学活动的组织者、设计者、引导者、帮助者、辅导者、答疑者。教学设计时，要考虑与教学内容相关的文化教学，让学生明白，跨文化交际中尽量避免使用自身民族的文化标准去衡量来自不同文化的群体。此外，丰富的文化背景知识也有助于学生对教学内容的深刻理解和掌握。

2. 教师要加强对视觉、听觉、表情、姿态等符号的理解和使用，收集或制作丰富的教学资源，合理设定达到每一教学目标使用的模态范围

课堂上，教师得体地运用语言、动作、姿势、手势、面部表情、目光接触等方式启发引导学生在多模态教学中进行师生之间、学生之间、学生与多媒体资源之间的多种互动，帮助学生积极参与知识构建。

3. 学生要积极参与多模态教学。课前，学生明确学习目标，制定自己的学习计划，在规定的时间内完成自主学习任务

课堂上，学生要学会理解老师展示的各种符号，能够鉴别各种文字、颜色、图像和动作等模态如何相互依赖并产生整体意义，能够了解各个符号的意义潜势，能够在自然、轻松、愉悦的环境内通过分组讨论、师生问答、个人展示或集体表演等方式体验视觉、听觉、触觉等多种模态信息表达，积极内化信息。课后，学生应及时复习，认真完成书面作业，主动进行口语练习，自觉完成背诵任务，逐步提高语言敏感度和接收处理多模态话语信息的能力。

4. 完善考核检查制度，以评促学

学生学习效果的评价不能仅以期末的一张试卷为主。要将阶段性评估和终结性评估结合起来，强化阶段性评估，重视终结性评估。每节课课前要有预习作业，课后要有复习作业。作业形式应多样灵活，包括背诵、识记、查阅资料、情景剧、英文小视频、演讲、课外听说、课堂复述等。根据学生完成情况，每节课教师给出评定成绩。期末除书面试卷考核外，必需要有口语

方面的测试，已达到多元评价的目的。

（五）跨文化教学中多模态话语理论的应用意义

跨文化交际能力包括语言交际能力和非语言交际能力。跨文化交际者应具备扎实的语言功底、广博的社会知识、灵活的交际策略。多模态话语理论下的跨文化教学将多种模态符号整合到教学中，多种教学方法和教学手段的结合使用弥补了传统单模态教学的不足，创造了真实逼真的情境教学环境，创建了轻松、活跃、民主的学习氛围，创设了活跃的课堂气氛，缓解了学生的紧张恐惧情绪，更有利于开展教学活动、训练交际策略、内化教学内容。

学生在多模态语境的熏陶下变得自信、大胆、心胸开阔，幽默、风趣。通过学习与语言相关的文化知识，学生掌握了不同地域、不同民族的文化传统。在跨文化交际中学生能够站在交际对方的角度设身处地考虑问题、客观公正地评价问题。面对交际对象，学生会持积极的态度、开放的心态，真诚友好、不卑不亢，对他族文化予以尊重、宽容、理解。在理解语言、掌握交际技巧和策略的前提下，学生会依据不同语境得体、有效地运用语用知识，发现话题、引导谈话、控制谈话气氛和节奏，使得跨文化交际流畅、高效。

第二节　多模态隐喻在大学英语跨文化教学中的应用

一、多模态隐喻研究

隐喻是人类认知和体验世界的产物，即是人们通过身体体验来实现从某一特定领域向另一领域的认知映射。当前的隐喻研究已摆脱了以修辞学为基础的传统隐喻学的束缚，并与人类的认知思维活动结合起来，从传统的辞格和语义研究进入到了一个新的认知领域，大大加速了人们解读隐喻、认知与现实世界关系的进程。而多模态隐喻理论的提出则从本质上丰富了 Lakof 和 Johnson 的概念隐喻理论，把隐喻研究从言语层面拓展到了非言语层面，拓宽了隐喻研究的范畴。

模态是在人类感知过程中形成的一种可阐释的符号系统。视觉、听觉、味觉、触觉和嗅觉是人体验世界的五大基本模态。Charles Forceville 把模态进一步划分为九类，即图像符号、文字符号、口头符号、手势语、声音、音乐、嗅觉、味觉和触觉。他认为单模态隐喻指其目标域和源域完全或主要以单一模态来呈现，而多模态隐喻的目标域和源域则涉及不同的模态。从广义上来说，有两种及以上模态共同参与构建的隐喻就可以称为多模态隐喻。

目前，多模态隐喻研究主要体现在基于 Forceville 的多模态隐喻理论进行的理论综述研究以及多模态隐喻理论在具体语类（如广告、漫画、影视作品、演讲等）中的应用型研究。本节将以多模态隐喻与文化的关系为切入点，借助影视作品进行举例分析，将影视作品更好地应用于语言跨文化教学。

二、多模态隐喻与文化认知模式关系

文化模式是指某一社会群体共享的关于认知世界的模式，该模式在文化成员理解世界及其行为方面起着巨大的作用。文化模式的形成依赖于某一社会群体在特定环境中特有的经历或体验。在文化模式的制约下，该社会群体形成了其特有的思维方式、风俗习惯和文化传统。

隐喻与文化认知息息相关。文化模式建立在概念隐喻的基础上，反映隐喻的内在本质，而隐喻渗透于文化模式中，是文化模式的外在体现。Refaie 阐释了政治漫画中的多模态隐喻，指出多模态隐喻从源域向目标域映射的过程是复杂的，有时会传达出其特殊的文化意义。才亚楠在论述广告中的多模态隐喻时指出，多模态隐喻与文化认知模式之间存在相互作用和互动机制。一方面，多模态隐喻源域的结构往往受到不同社团文化规约；另一方面，具有普遍性的概念隐喻在不同文化中往往会激发不同心智意象。

无论在汉语中还是英语中，抽象思维主要是通过隐喻的方式来传达的。作为人类认知的重要手段，隐喻折射出人类特有的思维认知模式，因而隐喻的文化内涵不言而喻。对多模态隐喻的研究可以使我们深入挖掘其蕴含的文化内涵，加深了解哪些来自于身体经验的隐喻具有共通性，而哪些则具有特定的文化特色，从而探索中西方文化的共通性和差异性。

三、多模态隐喻在英语跨文化教学中的应用

在大学英语跨文化教学过程中，多模态隐喻主要借助视觉模态和听觉模态进行隐喻意义的传达，从而使学生能够获取相关文化认知信息。在跨文化教学中，教师可以借助中西方影片为多媒体素材，分析影片中角色、图像、色调、肢体动作语言、音乐、音响及台词等模态，深入阐释中西方影片通过多模态隐喻折射出的中西方文化精髓。下文将以英语课堂中引用频率非常高的电影《阿凡达》和经典中文影片《让子弹飞》为例分析多模态隐喻是如何建构的及其对大学英语跨文化教学的启示。

（一）多模态隐喻的文化共性

不同民族和不同文化背景的人认识世界的心理过程具有共通性。虽然中

西方人们生活的地域不同，但他们具有共同的身体体验和对世界的感知方式，这就决定了他们通过共同的身体体验实现多模态隐喻的文化共通性。例如，在影片《让子弹飞》一开始，出现了一只在天上自由翱翔的大鸟，张开双翼，从铁轨的上空飞过；而《阿凡达》中纳威人骑的类似翼龙的独特大鸟"伊卡兰"在潘多拉星球自由翱翔的镜头同样令人印象深刻。这两个镜头均配上了轻柔婉转的音乐，通过图像、声音等多模态方式表征出目标域"自由的理念"和源域"飞翔之鸟"间的关联性。"飞翔之鸟"为源域，通过中西方共同的思维体验进行加工，激活了"自由精神"为目标域的隐喻。又如，影片《让子弹飞》的结局中，张麻子和黄四郎在一片绿草地上互述衷肠，这是他们的最后一次交谈。周围绿油油的小草映射出了"和平、宁静"的隐喻意义。在张麻子和黄四郎一次次的惊险对决之后，一切终归于平静。同样，《阿凡达》的潘多拉星球上长满了生机盎然的绿草。这些绿草与瀑布、鲜花交相辉映，隐喻出了潘多拉星球的宁静与祥和。

因而，在英语跨文化教学中，教师可充分挖掘多模态隐喻体现的文化共性，帮助学生理解中西方相似或相同的认知特点。教师应引导学生去寻找两部影片中具有身体经验共通性的多模态隐喻，从而加深学生对文化普适性的直观印象，加强学生对中西方共同文化特点的理解。

（二）多模态隐喻的文化特性

某种社会文化中的社团成员要受到其中特定的价值观、民俗哲理、经验知识、文化传统、当地习俗等文化认知模式的影响，这就产生了多模态隐喻的文化差异性。

1. 多模态隐喻源域结构的文化特性

基于不同文化语境中认知模式的制约，影视作品中多模态隐喻的源域结构及其特点受到不同群体文化影响和制约。例如，影片《让子弹飞》中蕴含了丰富的具有中国特色的政治隐喻。以张麻子为首的麻匪们脸上挂着"筒子"的面具劫富济贫，并伴有"九筒""四筒"等台词同时响起。影片中的"筒子"通过受众者的思维能力映射出"革命志士"的意象。该隐喻源域结构受到中国文化认知模式的制约，表现出明显的民族文化特性。众所周知，麻将起源于三四千年前的中国，原属于贵族的一种休闲娱乐方式，后来慢慢留传到了民间，继而传到了国外。麻将文化盛传于华人文化圈中，是中国特有的文化现象。与其相关的概念深深植根于中华民族文化认知里，并渗透到隐喻的概念域中，构建出中国特有的文化认知。

《让子弹飞》中也涵盖了蕴含中国文化的台词隐喻。例如，黄四郎欲请客张麻子和汤师爷时，汤师爷的台词"鸿门宴"则映射出敌对势力间的居心叵测或暗藏杀机；黄四郎在见到张麻子和师爷后的台词"珠联璧合"则喻指张麻子和师爷的联合对其构成的潜在威胁；在张麻子带着钻石和师爷离开后黄四郎的一声"杀鸡取卵"则反映了其欲杀掉张麻子取回钻石的狡诈；黄四郎的经典台词"三步棋"表征出目标域"达到某一目标的战略"和源域"中国象棋的攻略"间的关系；在胡万假扮麻匪的真相被点破了之后，张麻子把胡万等六人的尸体作为麻匪的替死鬼埋在麻匪的火拼地点引来黄四郎上当，这一场景中师爷的最后一句"狸猫换太子"则喻示张麻子真假互换的计谋和胆识。这些具有中国文化特色的台词配上画面和手势，通过听觉和视觉的多重模态，展示出了中国特有的文化思维模式。

另外，该影片体现了富有中国文化特色的角色隐喻。影片通过图像、台词、文字和手势模态的结合刻画出一袭黑衣的土匪老大张麻子、身着北洋年代华丽服装而面露奸诈的霸主黄四郎、话语圆滑的汤师爷、地位卑微的县长夫人、风尘女子花姐等剧中人物。这些剧中主要人物或穿着北洋军阀时期的中式西服，或戴着这一时代特有的礼帽，一言一行极具中国文化特色，通过体验投射，分别喻指中国旧时革命派人士、手握实权的剥削阶级、兼具革命性和妥协性的民族资产阶级、旧社会弱势女性以及具有觉悟的中国革命女性。

西方影片《阿凡达》同样通过听觉和视觉的多重模态刻画出具有西方文化特色的纳威人。生活在潘多拉星球上的纳威人具有发光的双眼、竖长的耳朵、细长的头发、高颧骨以及全身的花纹。这一外部特征不禁让人联想到了美洲大陆的印第安人，因为两者具有相似的外表，而且印第安人也有纹身和纹面的习惯来庇护自己免受疾病和苦难的折磨。再者，纳威人的衣服也是简单质朴，主要是用布或树叶简单遮掩住隐私部位，这与美洲印第安人的服饰也极为相似。另外，纳威人身上佩戴有亮丽的饰品，如头饰、项饰、腰带、臂链、弓箭袋等，这些饰品一般用天然的石头或树叶制成，这也映射出印第安人佩戴饰品的习俗。由此可见，纳威人遭遇人类屠杀的情节便映射出了北美土著印第安人遭遇资本主义殖民侵略者欺压和杀戮的辛酸血泪史。这些具有古印第安文化特色的纳威人形象通过隐喻性思维加工，激活了"被殖民者"这一认知意象。

上述两部影片中充溢着多模态隐喻，其中的源域结构体现了中西方特有的文化。因而，教师在跨文化教学中的一个主要任务便是引入中西方影片中的多模态隐喻，剖析其具有文化特性的源域结构和特点，从而归类并整理出中西方特有的文化内涵，促使学生思考中西方的文化差异性。以影片中多模态隐喻为出发点的跨文化教学可以使学生通过多重模态深入感受到隐喻所呈现的文化内涵，以加深学生对中西文化差异的理解。

2. 多模态隐喻认知意象的文化特性

具有普遍性的概念隐喻在中西文化中往往会产生不同的认知模式。中西方影片中的多模态隐喻也体现在从相同特点的源域向不同文化内涵的认知意象间的映射。

例如，影片《让子弹飞》中张麻子和他的弟兄们剿匪归来受到了乡亲们的热烈欢迎，这也是最后一次正与反的对决。这时影片的背景颜色为红色，并伴有激昂的音乐。通过图像和音乐，受众基于自身体验可以推断出红色所喻指的"革命"之意。自从马列主义的火种传到中国之后，红色往往与中国革命志士们抛头颅洒热血的精神以及中国人爱国的赤诚之心紧密相连，因而，红色所传递出的"革命"喻意展示了中国特有的文化内涵。又如，在妓院黄四郎和花姐的对手戏中，柔和台词配上了红色的背景。这里的红色则喻指肉体的情欲和不洁。在中国中世纪，妓女的穿着打扮都是以红色为主色调来表明自己的身份，因而红色在中国文化中也逐渐演变成了一种情色的标志。影片《阿凡达》中潘多拉星球的背景以蓝色和绿色为主色调，并有红色等亮丽色的点缀，再配上画面中茂密的参天巨树、飘浮在空中的群山、色彩斑斓的茂密雨林以及纳威人快乐的呼喊声，展示出纳威人美好的原生态世界。影片《阿凡达》中的红色背景则和蓝色、绿色一起通过隐喻共同映射出"生态之美"的认知域。由此可见，《阿凡达》中的红色隐喻揭示了西方对人与自然和谐相处的重要性的认识。

另外，影片《让子弹飞》中张麻子和四个弟兄骑马胜利归来的场景运用了黄色背景，从人物的神情和配音可以推断出这里的黄色通过隐喻映射出"胜利、尊贵和庄严"之意。黄色自中国隋唐起就成了帝王之色，只有皇氏家族才有权穿黄色的衣服，佩戴黄色的首饰，使用黄色的器具，因而黄色在中国文化中渐变成了尊贵与荣耀的象征。而影片《阿凡达》的人类世界则以暗黄色为背景，这里的黄色通过隐喻映射出"生态破坏"之意。影片通过黄色背景展示出了人类被破坏的生态环境与潘多拉星球的美好世界相距甚远，同时折射出了西方的生态文化，即西方人对生态破坏的忏悔和对和谐生机的向往。

再者，《让子弹飞》中小六子死后的葬礼上，张麻子、汤师爷及其弟兄们身穿黑衣，头戴白帽，手捧黑白两色鲜花，在坟墓前向小六子致敬。镜头中的白色通过隐喻映射出"哀悼、缅怀"的抽象概念。华夏文化中，殡葬时人们通常身穿白衣，头戴白帽，胸佩白花，腰系自带，来表达对逝者的敬意，白色因而蕴含了深厚的中国文化底蕴。同样，《阿凡达》中男主人公与纳威公主深情地相望相拥的场景以白色为主背景色调，并伴有浪漫的台词和优美的音乐。他们身后白色的背景通过受众者的思维能力，鲜明地映射出了男女主人纯洁质朴的爱情。这可以追溯到西方文化中白色是宙斯、圣灵、耶稣、圣母玛丽亚等的象征色彩。随后，白色成了教士服装的颜色，因而白色在西方文化中逐渐演变成了纯真的标志。

综上所述，相同的源域在不同的文化中映射出不同的隐喻意义，这为教师在跨文化教学实践中提供了启示。这就决定了跨文化教学的有效方法就是从多模态隐喻中相同的源域特点入手，分析其不同的隐喻意义及其蕴含的中西方文化特性。教师可以引导学生寻找中西方影视作品中相同的源域概念及其所映射的不同的目标域概念，并从中找出不同的目标域概念所折射出的中西方文化的特点。另外，教师也可以引领学生对比从相同源域到不同目标域的映射过程，分析其不同的映射过程所体现的中西方不同的思维特点。再者，教师也可和学生探讨不同的隐喻认知意象如何体现不同的文化特性，从源头上追溯中西方文化特性的成因。

语言和文化相辅相成，文化根植于语言中，而语言则反映出文化的内涵。因而大学英语教学不仅仅是语言表达和语法知识的教学，也涉及文化意识的培养和文化知识的传授。在现今时代，多媒体已越来越多地渗入英语文化教学中。教师往往会借用中西方经典影片作为多媒体素材，引用影片中的台词来阐释中西方文化的异同点。事实上，多媒体素材不仅仅是以文字的形式呈现出来，而是视觉模态和听觉模态共同结合的产物。因而，在英语跨文化教学中有必要挖掘出影片分别在图像、台词、角色、背景颜色、声音等方面的隐含意义，引导学生在欣赏中西方影片的同时，深入把握中西方影片在多模态层面呈现出的文化隐喻意义，从而优化教学过程，并有效地促进英语教学中的文化导入。

第三节　多模态的跨文化交际能力测评模式

随着全球经济一体化的加剧，国际交流变得日益频繁，用人单位对大学生的跨文化交际能力也提出了更高要求。2015 年，教育部进一步修订了全国大学英语教学的纲领性指导文件《大学英语教学指南》，在原有基础上修改和完善了课程结构和内容，并指出为适应时代发展的需要今后大学英语教学内容包括三个方面，即通用英语、专门用途英语和跨文化交际。在中国，跨文化交际第一次被正式列入大学英语教学基本内容。教、学、评是任何一项教学活动必不可少的三个环节，要想把跨文化交际教学真正落到实处，测评与之息息相关。然而，目前我国还没有一套像 CET4 和 CET6 那样全国通用的大学生跨文化交际能力测评体系或工具，不能对大学生的跨文化交际能力进行客观全面的评价，难以有针对性地培养和提高学生的跨文化交际能力。因此，跨文化交际能力测评体系和测量工具的研究是一项重要任务。

一、多模态的定义及多模态教学理论

多模态的概念引入中国的时间并不久，但教师们在教学实践中经常有意识或无意识地运用多模态，绝对单一模态的教学活动少之又少。

（一）相关术语界定

1. 感知模态

从生理角度来讲，人的感知通道包括视觉、听觉、嗅觉、味觉、触觉，社会交往中的交际模态即在此基础上产生，包括视觉模态、听觉模态、嗅觉模态、味觉模态和触觉模态。交际中使用最多的、并且与外语教学联系最紧密的是视觉模态和听觉模态。

2. 模式、媒介和模态

在外语教学与科研活动中，使用频率较大的是模式、模态和媒介三个词语。通常，模式是指话语方式，即交流的渠道，现行的交流模式有口头、书面、电子等模式。媒介表示交际所使用的一种或几种技术，传统媒介包括黑板、粉笔、录音机等，现代使用较多的媒介是计算机。模态则涵盖上述交流的渠道和使用的技术两个方面。

（二）多模态话语的识别标准

在多模态话语识别方面，本节主要参照以下两个标准，满足其中任何一种即被认为是多模态话语：第一个识别标准是看使用了几种模态。顾名思义，如果只使用一种模态，如听广播、看报纸分别只使用了听觉模态、视觉模态，属于单模态话语；而当人们在观看视频或进行视频通话时，两种模态——视觉模态和听觉模态就会被同时使用。如果话语中使用了两种或多于两种的模态，则称此类话语为多模态话语。第二个识别标准是看交际者在交际活动中使用了多少种符号系统。模态和符号系统是两个完全不同的概念，一种模态可能包含两个或两个以上的符号系统。比如，听广播虽然只涉及听觉模态，但包含文字和背景音乐；看漫画虽只涉及视觉模态，但包含了两种符号系统——文字和图画。如果话语中使用了两种或多于两种的符号系统，则此类话语也可称为多模态话语。

（三）多模态教学理论

多模态教学的概念由新伦敦学派于 1996 年提出，强调利用多种模态或多种符号系统，如网络、图片、文字、声音等来获取、传递和接收信息，调动学生的多种感官协同运作，促使学生主动地、自主地参与语言学习。多模态手段能够大大提高教学效果，如多模态能显著提高学生记忆能力，这已经被神经科学和视觉研究所证实。Dale 的研究结果显示，一般情况下人们能够记住"10% 读到的，20% 听到的，30% 看到的，50% 看到和听到的，70% 说的，90% 说和做的"。这足以说明多模态教学的效果优于单模态教学。

在多模态教学环境下，多种资源相互补充，通过多元符号信息建构学习者对意义的理解，调动并提高学习者的学习兴趣和参与度。例如在文学中，无论是文学作品中的故事还是所描绘的画面，在与画面中人物的语言相结合时便赋予了作品生命，使读者产生了身临其境的生活感。又如，教学内容如果具有声音、文字、图像乃至不同颜色和字体的多种模态，就可以将学生的多种感官激活，使图像、声音、文字等多种符号资源充分整合，从而加深学习者的印象，改善其记忆能力，使得教学效果大大胜于单纯的语言讲解。

二、跨文化交际能力的多模态测评

（一）测评内容

尽管国内外学者们未能就跨文化交际能力的构成达成完全一致，但学术界的不同观点中都涉及跨文化交际能力的意识、知识和实际运用技能等方面。本节采用的是高永晨提出的知行合一跨文化交际能力构成模式。知行合一跨文化交际能力构成模式包含形而上层面的知识系统（简称为"知"）和形而下层面的行为系统（简称为"行"）。知识系统由知识、意识和思辨组成：知识包含表层文化知识和深层文化知识；意识包含全球文化意识、本土文化意识和自我认同意识；思辨指在跨文化交际活动中进行逻辑推理的能力，由逻辑性和推论性组成。行为系统由态度、技能和策略组成：态度是跨文化交际中人们在一定文化价值观支配下对人或事物的评价行为倾向，主要由开放性、包容性、灵活性构成，具有正确的跨文化交际态度是实现交际的关键；技能和策略是能在短期内通过学习提高跨文化交际能力的两项内容，技能主要指语言技能、非语言技能以及互动性和适应性等操作技能，策略是指跨文化交际过程中的技巧和对策。

（二）基本思路

测评模态的选取基于布鲁姆的教育思想和崔允漷的教学评一致性原则。"教学评一致性"是指教师的教、学生的学与对学习效果的评价应保持一致，不能割裂开来，教、学、评三个环节都要和教学目标保持一致。测试作为重要的评价方式，其内容和手段不能凭空指定，而应和教学目标、教学方法保持一致。首先根据教学环境（包括教学目的、内容、对象等）选择合适的教学方法，然后选取恰当的教学模态，根据教学评一致性原则，测评模态和教学模态保持一致。

（三）教学方法的选取

根据教学评一致性原则，教学目的、内容、对象、方法、模态等都是密不可分的，教学模态的选择绝不可能被割裂开来、凭空提出，它与教学对象、教学目标和教学方法等因素密不可分。在笔者的测评模式中，教学对象是大学生，教学目的是培养和提升大学生的跨文化交际能力，完整的教学内容是跨文化交际的知识、意识、思辨、态度、技能和策略六个方面，在这个总体目标和内容指导下，具体的教学方法和教学模态涉及更多具体的教学设计和安排。根据因材施教的原则，首先应对学生和教学内容进行分级分层，针对不同的教学内容和教学对象，教学方法和教学模态也不尽相同。

在中国，跨文化交际能力培养的一个非常重要的渠道是大学英语教学，英语水平是大学生跨文化交际能力的重要体现之一。笔者根据学生的英语测试成绩（如全国大学英语四、六级考试成绩，托福、雅思考试成绩等）将学生划分为初级、中级和高级 3 个层次，并将其大体看作跨文化交际能力初级、中级和高级。针对学习者不同的层次，教学内容和教学方法也相应有所区分：在初级阶段，学生的英语水平较低，跨文化交际知和行方面的能力相对薄弱，即"可用设计"掌握很少，需要补充基本的人文、历史、政治、地理、文学、艺术等知识，因此可以较多地运用听说法、视听说法、直接法、情景法等；到了中级阶段，学生掌握了一定量的基本信息，具备了一定的人文知识背景，可以着重培养学生在实际语言环境中的语言 / 非语言交际能力、抽象思维能力和概括能力，更多地运用交际法、任务法、认知法、暗示法等提高学生在交际活动中的英语实际运用能力；及至高级阶段，重点是培养较高层次的素质、素养以及解决较为复杂问题的能力，所以可以用协商法、论辩法等来发展学生的批评、鉴赏能力和洞察力。

上述选择方式只是较宽泛地依据学生水平划分提出的，事实上考虑到学生的个体差异性，在教学过程中不可能千篇一律地照搬同种模式。不同班级、同一班级不同学生在英语学习动机、英语水平、自主学习能力、课前预习程度等方面存在差异，各高校的学习氛围、教学软硬件配备等方面的区别也是不可避免的，具体选择时必需予以考虑。

（四）四类常用模态的特征

在英语跨文化交际教学中常用的模态包括 4 类：文字模态、图像模态、听觉模态和身势模态（手势、动作等非语言符号）。文字模态是当前测试中的主流模态，是任何测试中不可或缺的。它是一种体现各种意义的资源，并且语言教学理应把文字放在中心位置来考虑。图像模态具有形象性、具体性等特征，某些抽象的概念用语言文字表达更加有效，用其他模态则难以精确表达，但有时在文字的基础上配以图形、图表或图片，则表达更加经济和精准。例如，人物肖像、建筑效果等最好用图像来表现，语言虽然可以体现其基本意义，但不能体现肖像意义。听觉模态具有不可逆转性，它不像语言文字那样可以反复阅读，但随着信息技术的不断发展，目前对声音的保留、复制和重放都有了技术保障。听和说是跨文化交际活动中不可或缺的重要方式，交流中的语音、语调、停顿、重音、语气等都是体现交际者内心活动的表征，而在传统的笔试中只能用语言文字描述，不仅交际者表达的内容受限，而且交际活动缺乏生动性。身势模态包括行为、身体形状、手势、感觉、身体动作等模态成分。交际语言测试侧重对语言运用的考察，对语境要求很高，应用身势模态可以模拟复制出现实生活中遇到的各种真实的交际场景。

一般来说，模态越多，人类所获得的信息和体验就越丰富。例如，品尝咖啡、茶、酒等涉及视觉、嗅觉、触觉和味觉，而假如只看到它们的图片便只有视觉，由此获得的信息和体验远没有身势模态所带来的丰满、充盈。初次见面时和对方交流，不仅涉及交流话题，还有声音高低、距离远近、眼神交流等，如果仅用文字或图片便缺失了许多体验，印象也必然不会深刻。尽管上述例子中身势模态带来的体验最佳，但它也无法代替其他模态，因为不同模态各有其特殊的功用特征，有其独特的专业特性，只有在互补、强化、辅助的过程中才能取长补短，使交际效果最佳。跨文化交际能力测评体系中，模态系统的选择和组合是为了服务于测试目标，应根据文化语境和情景语境实现模态系统的最佳匹配，以取得最佳测试效果。

（五）多模态测评模型的构建

在教学评一致性原则指导下，测评的内容和手段不能同其他方面割裂开来，而应和教学方法、教学模态保持一致。

在初级阶段，学生跨文化交际的态度、知识和能力较薄弱，需要补充基本的人文、历史、政治、地理、文学、艺术等知识，此阶段的教学可以较多地运用听说法、视听说法、直接法、情景法等，那么在测评时可选用图像模态、听觉模态、文字模态。图像模态、听觉模态与文字模态搭配使用，在文字表述的同时，图片或声音以其强烈的视觉或听觉冲击力强调了文字所表达的含义，从而更加凸显了文字模态，丰富了学生对于语言文字的理解。例如，对文学作品的知识考查，采用文字模态能清楚表述作品不同的时间分界及分类，而图片则能更好地展现故事的时代背景等信息。视觉模态和文字模态搭配使用，则被试者能通过视频中人物的形态、穿着、神态、动作、言语以及场景等捕捉大量的信息，感受到其体现出的文化差异和不同价值观，再用文字模态答题。

到了中级阶段，学生掌握了一定量的基本信息，具备了一定的人文知识背景，可以培养学生在实际交际活动中的语言或非语言交际能力、抽象思维能力和概括能力。此阶段的教学中可以更多地运用交际法、任务法、认知法、暗示法等来提高学生的实际交际能力，测试中则可以对应地选用视觉模态、语言模态，辅以身势模态、听觉模态。例如，在考查西方餐桌礼仪时，对于饭前男主人为何扫视大家一眼这一细节，如果用文字模态考查的话考生很难快速找到原因，而且容易联想到更多不相关的内容；而如果采用视频模态和文字模态相结合，则在其氛围和场景下考生很容易得到祷告这一答案。两种模态的相互依存所构成的视觉和听觉冲击力，能够补充交际过程的画面感，填补学生感官空白，充分调动学生的听觉、视觉等多种感官，很大程度上消解了学生对纯文字的理解困难。

及至高级阶段，重点是培养较高层次的素质、素养以及解决比较复杂问题的能力，教学中可以用协商法、论辩法等来发展学生的批评、鉴赏能力和洞察力等，此阶段的测试以身势模态和文字模态为主。当然，实际教学过程中也可能因教学媒体、学生偏好的不同而选用不同的教学方法。

本节在高永晨知行合一跨文化交际能力构成模式和多模态教学理论的基础上，主张与教学模态相对应，采用文字模态、图像模态、听觉模态、身势模态及其合理组合来测试不同层次大学生的跨文化交际能力。在借鉴前人测评模式的基础上，构建了跨文化交际能力多模态测评模型，下一步将基于此测评模型设计、制作多模态测评量表，并根据多次小范围测试的反馈数据不断修改完善，以期能够推广应用。

经过多年的发展，跨文化交际在外语教学和科研中的地位不断攀升。随着信息技术发展日新月异、新的研究工具和研究手段的出现以及研究者的不断努力，相信跨文化交际能力测评研究会有更为广阔的天空。

参考文献

[1] 文旭，刘先清．英语倒装句的图形—背景论分析 [J]．外语教学与研究，2004（06）：39-44.

[2] 张德禄，王璐．多模态话语模态的协同及在外语教学中的体现 [J]．外语学刊，2010（02）：101-106.

[3] 张德禄．多模态话语分析综合理论框架探索 [J]．中国外语，2009（01）：26-32.

[4] 胡壮麟．社会符号学研究中的多模态化 [J]．语言教学与研究，2007（01）：5-14.

[5] 曹合建，林汝昌．体势语在确立话语意义中的作用及其类别划分 [J]．现代外语，1993（04）：10.

[6] 李战子．多模式话语的社会符号学分析 [J]．外语研究，2003（05）：3-10.

[7] 李娜．基于分层教学理论的高职高专公共英语教改探索 [J]．河南教育学院学报（哲学社会科学版），2014（04）：134-136

[8] 朱永生．多模态话语分析的理论基础与研究方法 [J]．外语学刊，2007（05）：86-90.

[9] 刘国辉．图形—背景空间概念及其在语言中的隐喻性表征 [J]．外语研究，2006（02）：25-31.

[10] 杨信彰．多模态语篇分析与系统功能语言学 [J]．外语教学，2009（04）：13-16.

[11] 张德禄．多模态话语理论与媒体技术在外语教学中的应用 [J]．外语教学，2009（04）：17-22.

[11] 张立新．基于 ELAN 的多模态话语研究——以大学英语教师课堂话语为例 [J]．现代教育技术，2012（07）：56-60.

[12] 汪燕华．多模态话语中的图文关系 [J]．外国语文，2010（05）：77-79.

[13] 李纪才．跨文化交际中的英语学习障碍及教学对策 [J]．浙江工商职业技术学院学报，2003（04）：87-89.

[14] 王柳梅. 大学英语教学中跨文化交际能力的培养 [J]. 嘉应学院学报，2005（02）：131.

[15] 张素艳. 在英语教学中培养大学生的跨文化交际能力 [J]. 大学教育，2014（03）：141-142.

[16] 吴方. 中国非英语专业大学生跨文化能力关键性因素研究 [D]. 华中科技大学，2011.

[17] 曹霞. 中外合作办学中学生跨文化交际能力的培养 [J]. 价值工程，2011（22）：19-20.

[18] 余洋. 英语专业学生文化智力和专业八级考试成绩的相关性研究 [D]. 广州大学，2012.

[19] 顾蒙蒙. 中学外语教学中母语文化缺失问题研究 [D]. 南京师范大学，2012.

[20] 李莎. 大学外语教学与跨文化交际能力 [J]. 西安文理学院学报（社会科学版），2009（03）：90-92.

[21] 施建华. 在教学中培养学生的跨文化交际能力 [J]. 浙江传媒学院学报，2005（04）：28-30.

[22] 李明洋. 非英语专业大学生跨文化交际能力培养研究 [J]. 吉林工商学院学报，2008（05）：116-118.

[23] 张艳威，许巧军，李人侠. 学习自主性研究与跨文化交际能力的培养 [J]. 哈尔滨学院学报，2008（09）：124-126.

[24] 高永晨. 大学生跨文化交际能力的现状调查和对策研究 [J]. 外语与外语教学，2006（11）：29-31.

[25] 戴炜栋. 构建具有中国特色的英语教学"一条龙"体系 [J]. 外语教学与研究，2001（05）：3-8.

[26] 江庆心. 论教师介入学生自主学习的重要性 [J]. 外语界，2006（02）：12-17.

[27] 郭亚莉，周星. 二语词汇习得实证研究——直接学习与间接学习 [J]. 外语界，2006（01）：30-35.

[28] 束定芳. 外语课堂教学新模式刍议 [J]. 外语界，2006（04）：23-31.

[29] 董卫，付黎旭. 对建构主义指导下大学英语多媒体网络课堂的调查 [J]. 外语界，2004（02）：9-14.

[30] 王守仁. 以提高我国高等学校教学质量为出发点，推进大学英语教学改革 [J]. 外语界，2006（05）：4-8.

[31] 龚嵘. 大学英语自主式课堂教学模式中教师角色探微 [J]. 外语界，2006

（02）：18-24.

[32] 张尧学 . 加强实用性英语教学提高大学生英语综合能力 [J]. 中国高等教育，2002（08）：5-7.

[33] 陈莉萍 . 第二语言阅读研究对中国英语教育的启示 [J]. 外语界，2006（06）：33-40.

[34] 刘朝阳，夏英 . 当前大学英语学科教学的三个维度 [J]. 怀化学院学报，2012（01）：128-129.

[35] 石金霞，韩晓培 . 大学英语课堂教学的优化策略探析 [J]. 科技信息，2013（08）：73-75.

[36] 郭晓春 . 读、听、写、说大学英语教学法 [J]. 教师，2009（22）：78-79.

[37] 龚智敏 . 大学英语课堂教学中的自主学习能力培养 [J]. 江苏技术师范学院学报（职教通讯），2008（04）：88-90.

[38] 饶锐 . 给大学生学习英语的建议 [J]. 科技信息，2009（25）：550.

[39] 孙勤 . 大学英语教学改革的一些建议 [J]. 时代教育（教育教学版），2008（5）：48.

[40] 韩彩虹，梁荣学，赵方辉 ."双乐"式大学英语课堂教学中的学力养成 [J]. 科技信息，2009（07）：637-638.

[41] 蔺敏，刘新荣 ."以人为本"理念在军校英语教学中的确立与实践 [J]. 科教导刊，2010（22）：54.

[42] 金成星；李新国 . 大学英语多媒体网络教学模式的应用研究 [J]. 外语电化教学 2010（03）

[43] 高岩 . 构建大学英语多媒体网络教学新模式的问题与对策 [J]. 辽宁工业大学学报（社会科学版）2013（06）

[44] 张春艳 . 大学英语多媒体网络教学研究综述 [J]. 南昌高专学 .2011（02）

[45] 孙姣夏 . 大学英语多媒体网络教学模式设计探索 [J]. 教育与职 .2006（09）

[46] 李勤 . 建构主义框架下大学英语自主学习模式研究 [J]. 河南广播电视大学学报，2011（04）：107-108.

[47] 唐玮 . 高职院校学生课外英语自主学习状况分析 [J]. 企业导报，2012（10）：245.

[48] 李伟 . 大学英语听力学习现状及对策研究 [J]. 淮海工学院学报（人文社会科学版），2012（11）：49-51.

[49] 郑素杰 . 关于提升大学英语专业课教学功效的研究 [J]. 教育与职业，2008（36）：134-135.

[50] 徐竹青 . 探索提高独立学院大学英语教学质量与效率的有效途径 [J]. 卫生

职业教育，2008（22）：12-14.

[51] 聂玉景，孙丽明．英语自主学习中心：问题与对策 [J]. 纺织教育，2008（05）：63-65.

[52] 马燕．英美文学教育中的自主学习模式构建 [J]. 科技信息，2012（33）：488-494.

[53] 陈鸾．大学生英语自主学习适应能力研究 [J]. 新课程研究（中旬刊），2014（06）：97-99.

[54] 陈荷荣，覃宏怀．多维动态外语学习评价改革促教促学作用探析 [J]. 海外英语，2014：7-9.

[55] 于蕾．通过英语课堂上合作学习培养学习者的自主性意识 [D]. 贵州大学，2009.

[56] 魏琪．元认知与认知策略对学生自主学习能力的提高 [D]. 西安工业大学，2010.

[57] 张华．非英语专业大学生英语学习经历和自主学习能力的研究 [D]. 太原理工大学，2011.

[58] 崔星．元认知策略对非英语专业大学生英语写作自我效能感的影响 [D]. 沈阳师范大学，2011.

[59] 吴彩芹．中学生自主性词汇学习能力的培养 [D]. 山东师范大学，2006.

[60] 陈艳．基于专业需求的英语自主学习 [D]. 南京师范大学，2007.